張程——著

諸侯崛起 × 尊王攘夷 × 弱國求生 × 爭霸中原
見證帝國的興衰與重生，從「外交史」看春秋的風雲變幻！

帝國的曙光
春秋外交博弈

從權謀到策略、從霸權崛起到夾縫求生，
春秋三百年的微言大義，王道與霸道間的歷史思索，
一本外交史──盡覽各諸侯國的興衰存亡！

目錄

目錄

序

春秋時代是一段特殊的歷史。

為什麼特殊呢？司馬遷在寫到這段歷史的時候，第一句就是：

「平王立，東遷於雒邑，辟（避）戎寇。平王之時，周室衰微，諸侯強並弱，齊、楚、秦、晉始大，政由方伯。」「政由方伯」四個字恰到好處地點出了春秋歷史的特殊之處。天子做不了主，對天下失去了控制。在天子底下呼風喚雨的是那些兵強馬壯的諸侯。誰強大，誰就掌握天下大權。這些諸侯原本應該是對天子俯首帖耳的奴僕，有些人（比如秦朝的始祖）原本就是天子身邊的馬伕、雜役。因此在封建禮法的表象之下，殘酷的現實卻是上下顛倒，令人痛心！

司馬光在《資治通鑑》第一卷第一段中描述了理想的封建制度：「天子統三公，三公率諸侯，諸侯制卿大夫，卿大夫治士庶人。貴以臨賤，賤以承貴。上之使下，猶心腹之運手足，根本之制支葉；下之事上，猶手足之衛心腹，支葉之庇本根。然後能上下相保而國家治安。故曰：天子之職莫大於禮也。」孔子是最講究「禮」的，他認為正常的政治狀態應該是：「天尊地卑，乾坤定矣；卑高以陳，貴賤位矣。」五千年的中國歷史，絕大多數時間都處在孔子、司馬光等人規劃的尊卑有序、等級森嚴的社會中。這樣的社會保守、僵化，故步自封，人們規規矩矩，讀書人則沉浸在自己營造的山水詩詞的「童話世界」中。比如，南宋時，臨安的讀書人熱衷的是評選「西湖十景」，歡宴聚會，順便狎妓嬉戲，醉生夢死，「直把杭州作汴州」，忘記了國仇家恨。而春秋社會卻是一個鐵血橫飛、熱血澎湃的社會，人們東奔西走，尋求功名富貴，統治者爾虞我詐，整天想著如何攻城奪地。比如，秦國的將領始終忙於征討西方的戎

狄少數部落，努力突破晉國營造的封鎖線，尋找東進爭霸的道路。

春秋時代是一個沒有權威、不講規則、弱肉強食的時代。這樣的時代在中國歷史上只出現了這麼一次。

我們心中都有一個「春秋情結」。

只要我們搜尋一下自己的記憶，就會從中發現有關春秋的記憶。對於老年人來說，這是一個有關傳統、禮儀和保守的情結；對於年輕人來說，這是一個能讓心情不再平靜的情結。不管差別如何，「春秋情結」都是一個有關成功、紛爭、奮鬥和熱血的情結。春秋大幕一拉開，就是著名的「褒姒不好笑，幽王欲其笑萬方」的故事。這個「烽火戲諸侯」的故事實在太有名了，以至於後人一講春秋，就是從這個故事開始。千百年來，「春秋」這個詞也超越了其本義，在後世泛指歷史，如「甘灑熱血寫春秋」。進而，「春秋」一詞進一步抽象化，成了歷史這門學科的通稱。春秋史官們耿直剛硬，冒著殺頭滅族的危險也要真實地記載歷史。當然，他們不是莽撞地去「當炮灰」，而是間接、委婉地保留真實的碎片，留待細心的後人挖掘真相。一部春秋史，有太多的蛛絲馬跡。微言大義的「春秋筆法」令人敬佩，也是後人學習的對象。

然而，春秋的歷史千頭萬緒，看得人眼花繚亂。從古至今，解讀春秋歷史的人很多，本書從「外交」的角度來講春秋的外交人物和政局，進而展現春秋的歷史和社會。有讀者可能會問：「春秋時代也有外交嗎？」有。春秋時代有外交，只是我們沒有注意到而已。當代外交學基本上是西方外交學，一個以古希臘、古羅馬和中世紀的歐洲歷史為理論根源的外交學系統。美國學者史坦利・霍夫曼（Stanley Hoffmann）乾脆把外交稱為「一門美國的社會科學」。

正是因為我們對古代歷史缺乏梳理，沒有從中截取出具特色的外交案例和外交理論，才會出現這樣的局面。在春秋時期，政治家就已經用

理想主義或現實主義去分析當時的外交。西方的霸權、權力、超級大國、兩極、多極、一超多強、多邊外交、國家利益等西方外交概念或理論都可以在春秋時期找到對應。

而「遠交近攻」、「王道」、「霸道」等名詞和齊桓公、管仲、秦穆公、孔子、子產、伍子胥、文種、范蠡等外交人物，還等著我們重新去審視其價值。

春秋外交既有與現代外交的共同之處，更有自己的獨特光芒。

如果您腦海中也有「春秋情結」，如果您想看看本書中所寫的春秋是什麼樣的春秋，那麼就請您翻過這一頁，進入正文吧！

第一章　風起春秋三百載

下武維周，世有哲王。三後在天，王配於京。

王配於京，世德作求。永言配命，成王之孚。

成王之孚，下土之式。永言孝思，孝思維則。

媚茲一人，應侯順德。永言孝思，昭哉嗣服。

昭茲來許，繩其祖武。於萬斯年，受天之祜。

受天之祜，四方來賀。於萬斯年，不遐有佐。

《詩經·大雅·下武》

引狼入室的烽火

每一次王朝興盛的原因各不相同，但導致每一次王朝衰亡的原因只有那麼幾個。

歷史大多會在王朝末期賜予一位昏庸荒誕的君王，來敗壞祖先的基業。末代昏主與落日餘暉相配，這幾乎成了中國式王朝末路的鮮明特徵。歷史賜予西周王朝的「敗家子」就是周幽王姬宮涅。

姬宮涅是接替周宣王即位的。他的諡號「幽」，是典型的貶義字，是評價那些施政昏暗、品行敗壞君王的專用字。《史記》說，周幽王執政期間，「以虢石父為卿，用事。國人皆怨，石父為人佞巧善諛好利」，造成朝政日壞，上下離心，百姓怨聲載道。

在這種情況下總會出現忠臣勸諫昏君。這時的周朝有個叫褒珦的大臣勸周幽王改革朝政，勵精圖治。周幽王不但不聽，還把褒珦打入監牢。褒珦在監牢裡一關就是三年。其間，褒家的人千方百計地想要把褒珦救出來。不知道是誰想出了一條「美人計」，就是購買一名年輕漂亮的女子，教她禮儀歌舞，精心打扮後獻給周幽王，替褒珦贖罪。褒家的人將這名買來的女子冒充為褒珦的女兒，取名褒姒。據說褒姒長得傾國傾城，周幽王見到褒姒後喜歡得不得了，立即將對後宮三千佳麗的寵愛全都轉移到了她身上。監牢裡的褒珦因為「獻女有功」，隨即被釋放了。忠臣褒珦哭笑不得，心想，周幽王看來是無藥可救了。

周幽王得到褒姒後，千方百計地寵著她，朝政更加敗壞了。褒姒生了一個兒子，取名姬伯服。周幽王愛屋及烏，要立姬伯服為太子。但是他已經立申王后所生的兒子姬宜臼為太子了，而且申王后還是申國的公主。周幽王不顧眾臣反對，一意孤行，廢黜宜臼，更立姬伯服為太子，

還順便廢黜了王后申氏，改立褒姒為王后。不久，申氏就被迫害致死，姬宜臼逃亡申國，依靠外公申侯去了。

話說那褒姒雖然美若天仙，但有一點美中不足，讓周幽王感到遺憾。那就是她整天板著一張臉，從來不會笑。樂工鳴鐘擊磬，品竹彈絲，宮人歌舞進觴，褒姒全無悅色。一個偶然的機會，周幽王發現心愛的褒姒竟然喜歡裂繒之聲。他馬上下令將國庫中所有的繒錦都拿出來撕裂，以博美人一笑。宮人們搬出周朝多年積蓄的繒錦一匹一匹地撕裂，聲震宮外。但褒姒只是看看，依然沒有笑。

美人沒有笑，周幽王很懊惱。但他並不知道，在宮中撕繒聲中，昔日輝煌的西周王朝正在沉淪。

最後還是虢石父以國家安全為賭注，博得了美人褒姒一笑。

虢石父的主意是將驪山的烽火臺點燃，吸引諸侯前來勤王，戲弄一番，讓褒姒開心。此前為了防備西方犬戎等少數民族的進攻，西周王朝在驪山（今陝西臨潼東南）一帶建造了二十多座烽火臺，每隔幾里便分布一座。如果西北敵人來犯，最先發現敵人入侵的烽火臺守將就點燃烽火，其他烽火臺的守將看到烽火後隨即點燃。附近的諸侯看到邊疆烽火後，有義務集合軍隊前來勤王護駕，並將戰事轉告給更遠處的諸侯。從周幽王的父親周宣王時代起，西部少數民族力量強盛，西周抵禦得很吃力，全靠烽火臺匯聚天下諸侯力量，才勉強在西部維持與少數民族對峙的局面。現在虢石父將這個事關國家安全的制度當作兒戲，遭到了部分大臣的反對。大臣們認為，一旦失去了諸侯的信任，若敵人真的來犯，將無人來救，京師和王室就危險了。

周幽王堅定地支持虢石父，說：「如今天下太平無事，何來的戰事？」

他下令所有烽火臺立即點火，然後和褒姒一起擺駕去驪山上觀看諸侯軍隊到來時的盛況。

王畿附近的諸侯看到升騰的烽火，以為西部少數民族進犯京師，趕緊集合部隊勤王，並將消息傳播出去。第二天，附近的諸侯就陸陸續續趕到了驪山。驪山下萬馬奔騰，將士們長途跋涉，而山上卻隱隱飄來歌舞之聲。諸侯們很吃驚。這時候周幽王派人傳旨說：「我就是想讓美人看看天下諸侯的軍隊，並沒有戰事發生，大家回去吧！」

諸侯們只好率領軍隊，打道回府。當時的場面非常混亂，有的軍隊殺氣騰騰而來，如今驟然回師，士氣低落，隊伍不整；有的軍隊剛趕到驪山腳下，卻見前面有軍隊散漫湧來，一下子亂了陣腳……山上的褒姒看到下面人仰馬翻、亂七八糟的景象，哈哈大笑了起來。

周幽王大喜，當著諸侯的面賞賜了千金給出這個餿主意的虢石父。

周幽王的岳父、申國國君申侯之前也接到了烽火警報。按制，他也應該出兵勤王。申侯正在猶豫要不要去救那個害死女兒、趕走外孫的昏君的時候，其他諸侯又傳來消息說這完全是周幽王「烽火戲諸侯」的鬧劇。這個消息讓申侯靈光一閃，想到了一條報復周幽王的計策。他決定聯結犬戎軍隊進攻國都鎬京，為女兒報仇。

犬戎非常贊同申侯的計畫，立即出兵和申國軍隊會合，向鎬京殺去。周幽王趕緊命令驪山燃起烽火。但是這一次，卻沒有一個諸侯發兵前來救援。結果鎬京的軍隊在犬戎和申國聯軍的進攻下潰不成軍，國都失陷了。

申侯的本意是借助犬戎的軍力來報復昏君。但他忽略了關鍵的一點：犬戎的軍隊遠比申國軍隊強大，怎麼可能會受制於自己呢？果然，犬戎軍隊殺入鎬京城中後，逢屋放火，見人就殺。申侯根本阻擋不了犬戎軍隊的暴行，眼看著西周數百年的國都被劫掠成廢墟。犬戎的人馬像潮水一樣湧進城來，虢石父被殺。司徒鄭桓公拚死護衛著周幽王和太子姬伯服向驪山方向逃跑，希望能夠在那裡與一兩個諸侯的軍隊會合。結果路上被犬戎追兵趕上，鄭桓公陣亡，周幽王、姬伯服被殺。褒姒則被犬戎

軍隊搶走了。

戰爭的目的達到了，申侯搜集了金銀財寶請犬戎退兵。犬戎卻拒絕退兵，反而大肆劫掠了國都周圍的關中地區。申侯終於因為一己之私，引狼入室，引發了國家的大災難。

關中的大亂終於讓諸侯們相信這一次是真的有外敵入侵了，而且鎬京和天子都沒了。鄭、衛等國趕緊帶頭，組織了諸侯聯軍在申侯的配合下向關中地區進攻。犬戎軍隊看到諸侯人多勢眾，便一把火燒了鎬京，帶著西周聚斂多年的物資財寶退回了西北地區。

鎬京光復了，西周也滅亡了。

讓周幽王一個人來承擔西周滅亡的責任，是有失公允的。西周數百年的家底不是一個周幽王就能夠敗完的。西周的衰亡是一個長期的過程。《史記·周本紀》歷述從周昭王時，西周王道就開始衰微。到了周夷王時期，王室勢弱，少數民族和諸侯勢強。當時諸侯有來朝的，周夷王都不敢坐受朝拜，甚至還要「下堂而見諸侯」。周幽王的父親周宣王時期，王室希望透過四處征伐來實現復興，結果耗費了西周最後的力量。周幽王即位的時候，西周已經顯露出了末世跡象。

西周末年的長期乾旱在周幽王時更加嚴重。周幽工二年（西元前七八〇年），岐山又發生了「三川皆震」的大地震，「百川沸騰，山塚崒崩，高岸為谷，深谷為陵」。接連而來的災難嚴重破壞了當時的農業經濟，引發了嚴重的饑荒。天災之外，還有人禍。膾炙人口的《碩鼠》詩說道：「碩鼠碩鼠，無食我黍！三歲貫女，莫我肯顧。逝將去女，適彼樂土。樂土樂土，爰得我所。」從詩中可見當時的社會衝突非常嚴重，人民逃亡現象普遍存在。風雲變幻，一場沖洗大地的疾風暴雨即將到來。

周幽王在這種情況下就變成了壓死駱駝的最後一根稻草。

周幽王死後，申國、許國、魯國等諸侯擁戴太子姬宜臼為天子。這

就是周平王。

周平王是在一片焦土的鎬京城裡即位的，不僅沒有天子應該有的尊貴和享受，而且始終處於犬戎軍隊的威脅之下。周王室的軍隊在之前的戰爭中受到重創，在與犬戎軍隊的對峙中更加處於劣勢。犬戎自認為在推翻周幽王統治上有大功於周朝，可是非但沒有受到犒賞，還被諸侯聯軍趕了出來，一直耿耿於懷，便對關中地區發動了更頻繁、更猛烈的騷擾和進攻。周平王即位初期，時刻擔驚受怕，唯恐重蹈父親的覆轍。

於是周平王決定遷都。遷都就要找個理由，這個理由當然不能說是因為天子打不過化外蠻夷犬戎，怕被犬戎殺死，所以要找個地方躲起來。周平王遷都的理由是鎬京殘破，所以要遷到相對繁榮穩定的東都雒邑去。

群臣們都知道是怎麼回事，儘管有幾個人對放棄祖先耕耘龍興的關中地區有所顧忌，但最終還是同意了遷都的提議。周平王君臣一干人等，拋棄關中的百姓，在諸侯軍隊的護衛下，匆忙遷都到雒邑去了。因為鎬京在西邊，雒邑在東邊，所以歷史上把周朝國都在鎬京的時期，稱為西周；遷都雒邑以後，稱為東周。

周平王被諸侯擁立的同時，虢公翰也擁立王子余臣在攜地稱王。周王朝一度出現了「兩周並存」的局面。此時的周王室無力改變這個局面。直到十餘年後，晉文侯姬仇攻殺了余臣，才結束了「兩周並存」的局面。後世稱余臣為「攜王」。

在這期間，東周王朝是靠著晉國和鄭國的輔助才得以立國的。晉國在黃河以北，鄭國在黃河以南，一北一南護衛著周王室；同時有虞國、虢國、申國、呂國等國還服從周王室。加上當時戎狄尚遠，被周朝分封的諸侯國阻擋著，所以東周王室算是站穩了腳跟。

時間是西元前七七○年，這一年就是我們春秋外交故事的開始。

蹣跚東行的傷者

西元前五二七年，周景王在雒邑宴請晉國的使節。

周景王指著席上魯國贈送的酒壺對晉國的使節說：「各國都有器物送給王室，為什麼唯獨晉國沒有呢？」晉使的隨從籍談回答說：「晉國受封時王室就沒有給我們器物，所以晉國現在沒有可送的器物。」周景王憤怒地歷數了之前王室賜予晉國的土地、器物加以反駁，使籍談無言以對。籍談的家族在晉國世代掌管典籍，對晉國與王室的關係非常清楚，周景王於是諷刺他是「數典忘祖」，這個成語就是這麼來的。

天下真的是變了。以前，像籍談這樣的諸侯卿士能夠見到天子，就已經是莫大的恩典了。現在他竟然公然頂撞天子，而且是否認事實地頂撞。如果是在周武王時期，籍談馬上就會被推出去砍頭。而現在，周景王還要親自出面與籍談辯論，證明他的頂撞是錯誤的。整件事情背後暴露出王室尷尬的處境：不僅沒有能力懲罰頂撞的臣下，而且公然向臣下討要進貢。周王室的財政情況已經窘迫到了不得不向諸侯要錢的地步了。可以說，周景王遭遇到的頂撞，在一定程度上是自取其辱。

東遷後的周王室經濟狀況越來越糟糕。經濟窘迫的周王室曾派人去魯國「求賻」、「告饑」、「求金」。這原本是諸侯國對王室的「貢禮」，現在卻要王室反過來去求取了。到周襄王即位後，甚至連乘坐的車子都沒有，只好又派人去魯國索取。

為什麼會出現這樣的情況呢？

周平王東遷後，周王室只擁有現在的河南西北部地區，方圓六百里左右。其後，周王室又將北部地區賜予晉國，虎牢以東地區賜予鄭國，陝西賜予虢國，而允姓的戎族又占領了南部地區。如此一來，東周王室

直接掌控的地區也就在方圓一二百里，相當於一個中等的諸侯國大小。

土地雖然縮小了，但周王室依然是「天下共主」，維持著名義上統治全國的政府機構，需要有與天子相配的儀仗、飲食、出巡和參加各式各樣的典禮。這筆開支是非常龐大的。在王室權威強盛的時候，諸侯定期向王室進貢財物珍寶，「比年一小聘，三年一大聘，五年一朝」，支撐著這一套機構和禮節。東遷後，周王室權威大減，失去了對天下的控制。諸侯不再按禮向王室述職納貢。雒邑周邊地區的經濟支撐不了龐大的王室用度，周王室的財政狀況隨即陷入了危機。

為了展現僅存的權威，王室的架子不得不擺。如果連王室的架子都沒有了，周王室還算是「天下共主」嗎？

於是，周王室就陷入了惡性循環。在春秋時期，周王向諸侯「要錢」的情況很常見。史官們顧及王室的面子，稱為天子「聘問」諸侯。整個春秋時期，魯君朝見王室只有兩次，到達雒邑的只有一次，魯國大夫朝見王室四次。但魯君去了齊國十一次、晉國二十次。而這還算是被稱為「禮儀之邦」的魯國的情況。相反，周天子「聘問」了魯國七次。

除了出去「要錢」和之後少數幾次被霸主所利用，周天子的活動範圍被局限在雒邑周邊地區。東都雒邑在今洛陽市澗河和洛河交匯地帶，是周成王時期開始營建的都市。雒邑其實是兩個城市。周平王居住的城池被稱為「王城」，裡面有王室的宗廟宮寢。在王城的東邊，是周公時期參加過「三監之亂」的商朝遺民聚居的地方。這些人被稱為「頑民」，從東方遷徙而來，經過幾代人的努力在王城東郊發展成了一座新的城市，這個新的城市因為地處洛水之北而得名「洛陽」。由於王城和洛陽都建於周成王時期，又合稱為「成周」。

西元前五二〇年，在周敬王即位的時候，東周王室發生內亂。王子朝爭位，他和黨羽控制了王城，周敬王只能搬遷到「頑民」所居住的洛

陽城裡。十年後，晉國出兵出力，在東邊的狄泉為周敬王修築了新城。至此雒邑自西向東出現了王城、洛陽、新城並立的情況。

到了戰國時期，狹窄的雒邑發生了分裂。周王室一分為二，稱為「西周」、「東周」。王城就成了西周國君所居之地。

可見周天子在雒邑也沒有閒著，要錢、逃難和內鬥，忙得「不亦樂乎」。

周王朝的先祖為了防止王權旁落，曾經設計了自以為「萬年永續」的政治制度。

周朝在疆域內實行成熟的封邦建國制度。周朝一建立就分封王室、貴族和功臣為諸侯，加上原來存在的各諸侯，構成了圍繞天子的統治格局。周朝分封制的基礎是宗法。國君的嫡長子繼承君位，其他各子稱為「別子」或「公子」。別子分出去自立家族，成為新的家族中嫡長繼承系統的始祖，稱為「大宗」。別子的別子再行分立，稱為「小宗」。小宗圍繞大宗，卿、大夫拱衛國君，諸侯藩屏周王。這一切構成了封建制度的血緣基礎。各國的國君通稱為「公、侯、伯、子、男」。這五等人對周王室擔有進貢、護衛、協同征伐等義務。

天子直接治理的地區稱為「王畿」；全國以王畿為中心，擴散到王朝勢力所及的邊緣，劃分為若干服，合稱「畿服」。不同的服不僅代表地理關係的遠近，更是宗法關係疏密的表現。王畿和各諸侯國又分國、野。王或諸侯所居都城及其近郊稱為「國」，郊以外稱為「野」。居住在國中、與貴族有宗法血緣關係的士階層和工、商或其他一些平民被稱為「國人」。他們有議政的權利，有義務參加國家組織的田獵、力役，還是軍隊的主要組成部分。君主把野的一部分分封給卿大夫，由卿大夫去統治。士在國人中屬於主體部分，具有重要的政治地位。野中的居民稱「野人」、「庶人」、「野者」，屬於具有自由民身分的平民階層。春秋前

期，野人的社會地位較低，不服兵役，僅承擔繳稅和服徭役等義務。到了春秋晚期，野人地位有所改變，也開始服兵役。各國的統治集團由國君的宗親或少數異姓貴族組成，實行嫡長子繼承制，次子則分封出去成為小宗的始祖。由於其貴族身分世代相傳，又稱為「世族」，並享有封邑和田地。卿大夫在其封邑上建立起一套較為完整的統治機構，這類都邑實際上是侯國的一個縮影。

這是一套以血緣為基礎，以宗法制為紐帶，以周天子為中心而形成的固定的政治制度。

但是，世界上沒有什麼東西可以萬年不變，萬世永續。

周朝政治制度隨著社會的發展日漸衰落，不可避免地走向崩潰。崩潰的原因很多。首先，這套制度是以周王室的實力優勢為基礎的。周王室地位最高，從中獲得了最大的利益，最具有維持制度穩定性的可能。但是隨著周王室實力的衰落，整套制度就缺乏強大的維護力量了，難以應付針對制度穩定性的挑戰。這種情況在王室東遷後越來越明顯。其次，整個制度設計缺乏靈活性和流動性。也許是先人們過於關注政治穩定，他們將能考慮到的各方面都設計好了，卻忽視了為後世的實際變化留下調整的空間。就拿宗法制來說，嫡長子、大小宗的設計固然是好，但誰又能擔保每個家庭都世代團結和睦呢？誰又能保證其中沒有人會產生私心呢？另外，在國與野的分化中，萬一野地的發展超過了國城，又當如何呢？

這些問題在實際發展的過程中都出現了。所以說，西周開國政治制度設計者的出發點是好的，但設計的制度並不完善。

事實上，帶頭破壞周朝宗法制度的就是周宣王。他為了顯示自己的威風，強迫魯國國君廢長立幼。

西周禮制，諸侯即位之前要先素衣朝見天子，天子按照即位者家中

原來的爵位賜予衣冠和禮器，所謂天子「賜命」，諸侯「受命」。這一賜一受雖然只是儀式，卻表明諸侯權力由周王室而來。周王室東遷後，諸侯即位都不再去國都「受命」。但千古的制度又不能輕易廢除，因此諸侯們就派人去向周天子「請命」，也就是要求對自己的任命。周天子也很無奈，只好派大臣將冊命送去。最後，在魯桓公即位時，連表面功夫都不做了，根本不理會天子的「賜命」。魯桓公死後，魯莊公即位，這才去周王室為已經死去的魯桓公「請命」。周王室也睜一隻眼，閉一隻眼，將承認魯桓公為合法國君的冊命送到魯國。而當時魯桓公早已入土多時了。

至此，西周開國設計的政治制度在春秋時期土崩瓦解，成了各國爭雄的背景點綴。

在封邦建國制度瓦解的同時，諸侯國國內政治也脫離了宗法制的制約。

越來越多地位低微甚至與國君沒有血緣關係的人進入了權力中心。比如，孔子就是「少而賤」的出身，一度做到了魯國的司寇，掌握國家治安大權；晉國的六卿大多不是公室宗族，朝堂上，世代公卿的卿大夫身邊並列著異姓異國的政治家。

春秋時，各國之間的人才流動非常頻繁。他們憑藉勇氣、智慧和才華南來北往，東征西討。如孔子率徒數十人曾遊於齊、宋、衛、楚、蔡、鄭等國，遊說各國採納自己的政治主張。孟子遊歷天下時，「後車數十乘，從者數百人，以傳食於諸侯」。農學家許行到滕國，也有「徒數十人」。有一個成語叫做「楚材晉用」，說的就是楚國的臣子逃到晉國被晉國起用的情況。其實晉國也有伯州犂等人跑到楚國做事的情況。

其中，最傳奇的人物當屬五張羊皮換來的大夫百里奚。相傳，百里奚是楚國宛人，平民出身，家境貧苦。成年後，自信滿滿的百里奚本想去齊國謀事，結果後來去了周王室，做王子頹的侍從小官。見王子頹志

大才疏後，百里奚去虞國做了大夫，不想虞國被滅，轉而成為晉國的俘虜。晉國出嫁公主的時候，百里奚成為陪嫁奴隸，逃往楚國養馬。秦穆公發現了百里奚的才華，用五張羊皮的價格贖回他時，他已經七十歲了，被秦穆公用為大夫。

春秋時期，在自由寬鬆的氛圍中，齊人去魏，魏人入秦，燕人南下，楚人北上，人員四處流動基本上沒有什麼限制。有才能的人擇主而事。誰賞識他們的才幹，誰給的報酬待遇高，他們就為誰效力。合則留，不合則去，「朝秦暮楚」成為很平常的事情，也不會被視為道德上的缺陷。這就使春秋時代的人們往往根據社會的需求、行業的興衰、個人的能力及喜好，或從事遊學，學習詩書；或掌握技藝；或任俠為奸，不事農商，不拘一格。

簡單地說，春秋是一個「踴躍跳槽」的時代。

和東周的衰落形成鮮明對比的是，社會經濟掙脫羈絆，取得了飛速的發展。

「這時代的初期，零星所見的夫耕婦饁的自耕農民，待到後期成群結隊出現了；田裡不鬻、死徒不出鄉，變為可以賣宅圃，棄田事而『僕賃於野』、自由遷徙了；由政府虞衡之官壟斷的山林川澤，逐漸可由民間交稅開發了；『工商食官』演變為『百工居肆』，個體手工業獨立開業了，出鄭入周，浮海入齊，治產巨萬的私商出現在通都大邑；從前人煙稀疏、聚族而居的邑落之間有了異姓雜處的城市。」

鳳鶴翔舞、荷蓮出水的自然風采裝飾著的青銅器，開始挑戰那些雕鑄著饕餮夔龍、鼓睛舞爪的神祕且嚴肅的傳統禮器。之前被人輕視的「野人」們隨著經濟實力的增長和郊區的發展，越來越頻繁地出現在政治舞臺上。他們在春秋中後期不僅能夠參軍作戰，而且多次成為國內政變和決策的主導力量。如果把春秋城邑比作城邦，那麼野人所在的郊區就

是沃野。城鄉之間的差別逐漸縮小，在沃野中發展出了新的城池。那些新生的城池沒有舊貴族的身影，沒有宮殿，更多的是普通市民的樂園。

在周王朝受傷的軀體上，新的社會因素正在萌芽生長。待到一切塵埃落定時，周王室已經逐漸沒入歷史的深處，新的帝國開始隱現了。

起始的國際形勢

春秋時代是「王冠紛紛落地」的時代。

司馬遷在概述春秋時期的歷史時說：「弒君三十六，亡國五十二，諸侯奔走不得保其社稷者不可勝數。」在他統計的春秋二百多年間共有三十六名君主被殺，五十二個諸侯國被滅，發生大小戰事有四百八十多起，諸侯的朝聘和盟會有四百五十餘次。

見於史書的春秋諸侯國國名超過一百二十個，但比較重要的不過十幾個。

《史記·十二諸侯年表》記載了其中十四個國家的世系：魯、齊、晉、秦、楚、宋、衛、陳、蔡、曹、鄭、燕、吳、越。它們主要是位於今天山東的齊國、魯國，位於今天河南的衛國、宋國、鄭國、陳國、蔡國，位於今天山西的晉國，位於今天北京及其周邊地區的燕國，位於今天陝西的秦國，位於今天河南、安徽南部、江西、湖南、湖北的楚國，位於今天江蘇中南部的吳國和位於今天浙江一帶的越國。

在展開春秋外交故事之前，我們先來熟悉一下這些外交「主角」。

最西邊的大國是秦國。在主要國家中，秦國立國最晚，出身最卑微。秦國，嬴姓，先祖非子是周王室的馬伕，因為養馬有功，被賜予西戎偏遠的一塊土地。

這塊在今天甘肅天水的土地叫做秦，非子於是就取國名為「秦」，身為西周王朝的附庸，而非諸侯。也就是說周天子只是賞賜了非子一塊土地，而沒有晉升他做諸侯。在西周末年的犬戎之亂中，秦國是最大的受益者。一方面，秦襄公勤王護駕有功，被封為諸侯，史稱「秦始為諸侯」。東方的諸侯國這才將秦國視為一個對等的諸侯國來看待。另一方

面，東遷後的周王室將岐山以西的土地和人民都順便賞賜給了秦國，秦國的國土面積一下子擴大了好幾倍。之後的秦國歷代國君都埋頭去接收、消化王室賞賜的土地，與犬戎等少數民族進行艱苦的拉鋸戰。到秦穆公時代，秦國才開始插手東方事務。但在整個春秋時代，秦國基本上算是蜷縮在西戎之地慘淡經營。

秦國的南方，今天的四川、重慶地區存在著蜀國和巴國。這是兩個獨立發展的古代國家，並非周朝分封的。它們的存在證明了中華文化多元發展的歷史。三星堆古文明的發掘情況顯示，巴蜀地區在春秋時代已經發展出了既燦爛輝煌又獨特的文明形態。但是在春秋時代，巴蜀兩國並沒有參與中原的諸侯爭霸。

圍繞在雒邑王室周圍的是一系列與王室親近的諸侯國。北方山西地區是周公時代分封的、出自周成王弟弟叔虞一系的晉國。據說當初周成王只是一句玩笑話，把一片桐葉遞給弟弟叔虞說：「我把它封給你。」結果天子無戲言，桐葉轉化成了真實的土地。叔虞所封國最先稱為「唐國」，其子遷都到今天的太原地區，改稱為「晉國」。晉國與王室關係密切，在西周大亂的時候晉文侯出兵勤王，還消滅了與周平王並列的攜王。周平王很感激晉文侯，專門寫了一篇〈文侯之命〉的文章來宣傳晉文侯的功勞，還賞賜了許多車駕等器物。經過春秋初期的內亂後，晉國最終崛起，在春秋時長期是中原的超級大國。

衛國在晉國的東南方向，占據著今天黃河兩岸的河北南部和河南北部地區。

衛國是原先商朝的核心地區，國都就是商朝的舊都朝歌。這一地區本來是封給商紂王的兒子武庚的，用來延續商朝的血脈。武庚後來叛亂失敗，國滅。周武王的弟弟、被封在康地的康叔被轉封到這一地區。因為此地處於周王室的衛服地區，所以國名為衛，希望它能夠成為周王室

的護衛。衛國國君稱公，爵位很高。康叔的九世孫衛武公在犬戎之亂時勤王積極，得到了王室的特別嘉獎。可惜的是，衛國在春秋時一直沒發展起來，一度還被少數民族狄人滅國，復國後就苟延殘喘了。

鄭國在衛國的南邊，占據著今天河南中部靠北地區，緊挨周王室。鄭國封國很晚，但爵位很高。鄭國的始封祖是周厲王的小兒子，名友。友在周宣王的時候受封於鄭（今陝西華縣），稱鄭桓公。鄭桓公就是那個在犬戎之亂中護駕被殺的忠臣，在朝廷中擔任司徒。他消滅了東方的東虢等國，舉國搬遷至此，以新鄭為國都。鄭桓公的兒子鄭武公因積極勤王有功，繼續擔任朝廷司徒，鄭國在東方繼續得到發展。春秋中期後，鄭國衰落，左右逢源，勉力支撐才熬到戰國。

順時針往西，今天的河南三門峽地區是封國很早、國名出自周文王弟弟虢仲的虢國。虢國有東虢國、南虢國、西虢國、北虢國、小虢國五國，此處是北虢國。虢國地方很小，實力很弱，但與周王室的關係卻很親密，虢國國君一直擔任朝廷的卿士。虢國也一直作為王室的屏障之國。但在東遷一百多年後，虢國被晉國所滅，還由此多出了一個成語：假途滅虢。

在周王室南方是強大的楚國。楚國是獨立發展起來的非華夏民族國家。西周初年的時候，楚國接受了西周封賜的子爵稱號，稱「楚子」。楚國每年僅象徵性地向強大的西周王朝進貢幾車茅草。成語「名列前茅」就出於此。出土的西周甲骨中還有「楚子來告」的記載。但隨著周王室衰微，楚國和中原王朝的關係也日益緊張。周昭王曾親征楚國，結果溺死於漢水。王室東遷後，楚國迅速擴張。

三十年後，楚君熊通說：「我蠻夷也……王不加位，吾自尊耳。」公然稱王，與周天子平起平坐。春秋早期，楚國滅國無數，逐漸進入中原地區，在春秋中後期成了左右中原政局的超級大國。

　　在楚國和中原各國之間有周天子為了防備楚國分封的眾多小國，如地處南陽盆地的申國就是其中一個。因為封君主要是出自王族的姬姓貴族，所以被稱為「漢陽諸姬」。這些原本防楚的小國在春秋時成了楚國兼併擴張、壯大自己的對象。春秋後期，這些國家就只剩下作為楚國附庸的蔡國和隨國了。蔡國在春秋時期是南北爭奪的對象，是耀眼的小國。隨國還有一個更有名的國名 —— 曾國。湖北出土的曾侯乙編鐘就證明了隨國的存在及其昔日景象。

　　燕國是最北邊的國家，在今天的北京及其周邊地區。始封君是姬姓的召公，滅商即封。燕君的地位很高，是周初三公之一，但燕國長期與北方的孤竹、肅慎、北戎等少數民族交往，在春秋時期沒怎麼參與中原事務。然而在考慮北方力量平衡的時候，燕國是不可忽視的。

　　齊國在燕國的南邊，占據今天山東的北部和東北部地區，國都是臨淄。齊國的始封君是滅商有功、大名鼎鼎的姜子牙。周武王將地域廣闊、有待開發的東方沃土封給了齊國，為齊國在春秋時期的崛起奠定了基礎。整個春秋時期，齊國經濟發達，國力強盛，成了霸主，即使是在春秋中後期不是霸國也是強國。

　　魯國在齊國的西南方向，與齊國隔泰山山脈相對，國都在曲阜。魯國是開國功勛、一代名臣周公旦的封國。因為功勛卓著，周天子賜予了魯國全套禮器，由此魯國保存周禮較為完備。這就可以解釋魯國為什麼會被稱為「禮儀之邦」，也是宣揚「克己復禮」的孔子出在魯國的原因之一。但是魯國在國力上並不像在禮制上那麼出色，儘管在春秋初期國力尚強，但到春秋中期後江河日下，最後淪為看人眼色行事的小國。

　　齊魯的西南方向是宋國、陳國、杞國。宋國的始封君是商紂王的異母兄微子，國都在今天的河南商丘；虞舜的後裔胡公被封在陳國，都城在河南淮陽；夏朝的後裔東樓公被封在杞國，都城先是在河南杞縣，後

來遷到了山東安丘等地。

這三個國家是周朝為了表示對前代王朝的敬意分封的，因此被稱為「三恪」。其中，宋國地處豫魯皖交界處，扼南北交通要道，力量最為強大。宋國在春秋初期力量尚強，之後一年不如一年了。因為地理位置重要，宋國成了列強爭相控制的目標，多次成為春秋大戰的戰場。

東南地區有中國歷史上著名的吳越兩國。吳越兩國一北一南，主體並非華夏族人。這一地區現在是中國的經濟中心，但在春秋時期還是有待開發的荒野。經過春秋時期很長一段時間的開發，吳越兩國在春秋晚期逐漸強大，開始登上春秋外交舞台。春秋末期的外交捭闔就聚焦在東南吳越之地。

除了這些外交主角，春秋時期還存在令人目不暇接、難以計數的小國。這些小國存在於列強縫隙之中，如應國、肥國、極國、共國、凡國、祭國、蘇國、茅國、大荔、綿諸、介國、舒鳩、黃國、江國、弦國、屬國、須句、原國、西不羹、東不羹等等。一長串的國家資料提供了後人研究、獵奇的豐富資源。比如，除了燕國，還有南燕。南燕相傳是由黃帝的後裔建立的，姞姓，領地在今天河南延津東北。在春秋初年，南燕也還上臺「跑過龍套」。

如何記住這些外交「主角」呢？記住這些主要國家是理解春秋外交的基礎。

筆者草擬了一首打油詩，希望有助於讀者的記憶：

自西向東百餘國，犬戎西秦與巴蜀。
晉衛鄭虢護東周，南楚北上隨蔡地。
燕國在北連齊魯，西南三恪宋為大。
吳越爭霸東南角，小國存隙列強間。

做人難，做小國人更難。

一次，衛莊公蒯聵閒來無事，登城賞景。他望見遠方有一處部族，問知是戎州。蒯聵就大大咧咧地說：「我，姬姓也，何戎之有焉？」下令消滅之。就這樣，戎州被衛國消滅吞併了。這就是春秋時期小國命運的真實寫照。

春秋時的外交力量格局是這樣的：大致黃河下游開化程度最高，社會最為發達，黃河中游次之，長江中游又次之，長江上游、下游和黃河上游地區最不發達。因此處於黃河中下游的國家力量相對強大。《史記·十二諸侯年表》說，最大者則為齊、晉、秦、楚四國。除了楚國，其他三國都在黃河流域。如果從今天的地域上講，各國之中楚國最大，大約占據了天下的四分之一；晉國次之；齊國、秦國、吳國又次之；越國、燕國、宋國、魯國再次之。

綜合起來看，國力最強的是楚、晉、齊、秦四國，可以視為天下力量的「四極」。史載：「齊、晉、秦、楚，其在成周，甚微，封或百里，或五十里。晉阻三河，齊負東海，楚介江淮，秦因雍州之固，四海迭興，更為伯主，文武所褒大封，皆威而服焉。」

列強劃定各自勢力範圍，相互征伐。在各諸侯國勢力範圍內的小國，則在「弱肉強食」的叢林法則支配下，不是降為列強的附庸，就是淪為列強貴族的采邑。這些附庸和采邑最後都逐漸消亡，成為列強的領土。春秋時期是華夏大地國家數目急遽縮減的時代。比如，山東諸小國被齊國兼併，河北、山西諸小國被晉國吞併，江淮、漢水流域各小國被楚國所併，西北各小國被秦國吞併。吞併的速度在春秋後期越來越快，力量格局的對比也越來越懸殊。

也有一些小國因為列強追求均勢的需求而僥倖存活下來。

大魚吃小魚，小魚吃蝦米；強者越強，弱者越弱；順我者昌，逆我

者亡……不管你用什麼類似的詞來形容春秋的兼併征伐都不為過。

隨著天子衰落，諸侯列強興起，周朝的天下變成了類似於「聯合國＋列強」的「無中央狀態」格局。

東周王朝就是那個「聯合國」，是天下名義上的管理機構。但它的權威來自大國的承認和配合。如果大國都像熊通那樣不搭理周王室，那麼周王室就什麼都不是了。它更主要的是發揮一個象徵性作用。在以周朝為中心的世界中，中心、次中心、次外圍、外圍等層次是清楚的。在政治關係上，華夏民族形成中心區，是天下秩序的主要力量，與周王室的關係最明確，也最密切；在華夏之外的蠻夷地區是拱衛中心的次外圍地區，它們受華夏文化影響，與政治中心形成時緊時鬆的關係；而未開化的荒涼地區的民族則處於最外層，與華夏文化沒有什麼關係，與政治中心之間只是偶然發生的關係。

這種格局類似於「同心圓」結構，圓心是周朝，各國按照血緣、地域和強弱的綜合考量環繞在圓心周圍。

中心與外圍的關係透過「聯合國大會」──「四方民大和會」得到確認。中國最早的史書《尚書》記載，周公當時為在東方的洛水營建新的都市，把各地的諸侯召集到一起。「周公初基作新大邑於東國洛，四方民大和會。侯、甸、男邦采、衛百工、播民，和見士於周」。周公在這次會上向各諸侯發表了著名的〈康誥〉。這也許是華夏各國的第一次「聯合國大會」。

衰微的周王室雖然被漸漸拋棄，但它投射在歷史深處的影子始終籠罩著春秋外交。

周朝的第一個長影子是它作為「圓心」的象徵性作用始終存在。春秋各邦國都已自立，弱時不能指望周王室的支援，強時也不向周王室施捨，但周王朝依然具有各國盟主的影響。絕大多數國君至少對周天子還

抱有一絲名義上的禮貌；春秋時期，人在祭祀祖先神靈的時候，還心存幾分虔敬。春秋諸侯征伐如果能夠得到周天子的授權或者贊同，彷彿就增了幾分「師出有名」。這在春秋初期表現得比較突出。就像聯合國安理會是全世界唯一有權採取包括軍事在內的行動來維護世界和平和安全一樣，周天子是對諸侯和蠻夷進行征伐的權力來源，天下的許多大事名義上還是需要向周天子匯報，聽取意見。

周朝的第二個長影子是它制定的許多禮儀和制度依然被春秋邦交所遵守。儘管「禮崩樂壞」，但是春秋時國際交往間相互遵守的公約、禮儀都是發源於西周的。所謂的「周禮」為世人的言行樹立了標準。魯國的孔子甚至將春秋亂象和人民的困苦歸結為沒有嚴格遵守周禮，將「克己復禮」作為解救困局的良方和畢生追求。宋襄公在泓水之戰還煞有其事地舉起了仁義的大旗。

周朝的第三個長影子是展現在天下觀念方面的。春秋各國對世界的認知和對國際形勢的判斷延續了西周的思想觀念。西周的宗法分封、華夷觀念和天下認知，使春秋諸侯在思想觀念和民族文化上形成了「諸夏」的認同感。這就使得多數諸侯儘管在戰場上打得死去活來，但還是認同彼此為同一個民族。這種共同的思想觀念使春秋走向戰國，最終走向了統一。

共同的天下觀念表現在中原和周邊民族的關係上演繹了華夏族和少數民族的和平與戰爭。在「凡今之人，莫如兄弟」、「兄弟鬩於牆，外御其侮」、「非我族類，其心必異」的意識支配下，諸夏各諸侯之間雖然宗法關係已經淡化，但在抵禦外敵和對外征伐上的利益及行為卻是一致的。各國「存邢救衛」、「救災恤難」、「迎逃送歸」等扶持救助的事例也不勝枚舉。諸侯普遍認為周朝的禮儀和制度只對諸夏諸侯國有效，對蠻夷外邦無效。

周朝的這些影子使得春秋外交是中國的外交，而不是現代的外交。

周朝的這些影子也有投射不到的地方。在那些地方，春秋外交明顯有所突破。

第一個就是各諸侯國開始發展成為獨立國家。諸侯國從嚴格意義上來說，都是周天子主導的天下的組成部分，在內政上受到天子的制約，不能展開外交活動。但是王室東遷後，各國的獨立性越來越強。它們不斷地拓展領土，發展軍隊，獨立決定自己的內政外交，根本不理睬周天子的約束。其中，許多諸侯國的疆域大小和政治獨立性並不比現在歐盟框架下的歐洲國家來得少，這樣的國家完全能夠成為獨立的外交主體。

第二個是「諸侯無外交」的禁忌被打破了。西周制度規定外交是天子的專屬物。魯隱公元年（西元前七二二年）祭國國君出訪魯國。《春秋穀梁傳·隱公元年》對此記載道：「寰內諸侯，非有天子之命，不得出會諸侯，不正其外交，故弗與朝也。」意思是說：周朝範圍內的諸侯們，沒有周天子的允許，是不能相互交往的。這可能是在史籍中最早出現的、明確的「外交」一詞的記載。諸侯外交在這裡是貶義的。因為外交是天子的特權，諸侯貿然交往就是僭越。但這並不妨礙諸侯國之間外交往來的現實存在。諸侯有外交，大夫更是進行外交活動的主要人員。春秋時，魯國大夫就出使齊國十六次，去晉國展開了二十四次外交活動。

不管承認與否，春秋各國都接受了周朝的外交遺產。

在開章的最後，我們說個題外話：「春秋」這個詞是怎麼來的？

「春秋」是因為孔子修訂魯國的《春秋》而得名。這《春秋》本是魯國的國別史。

那時各個諸侯國都有記載時事、修編史書的傳統。各國之間還互相通報消息。王朝和列國每發生一件大事，就像現代的新聞報導一樣在天下傳播。各國負責搜集資料和修史的人兼有今天記者、編輯，甚至是

「狗仔隊」的職責。每當天下發生「爆炸性新聞」時,「狗仔們」無不以搶到內幕消息為樂。專門的史官把這些事件、消息按照年月日忠實地記載下來。因為一年之中有春、夏、秋、冬四季,因此史官們就將自己的勞動成果叫做「春秋」,作為一年四季紀錄的簡稱。

因此各國都有《春秋》,但是只有魯國的《春秋》保存到現在。這得歸結於孔子的功勞了。

孔子修訂的《春秋》記載了從魯隱公元年(西元前七二二年)到魯哀公十四年(西元前四八一年)的歷史。為了方便起見,我們將從周平王元年(西元前七七〇年)周王室東遷,到西元前四七〇年越國滅亡吳國大規模戰事告一段落,這段大約三百年的時間稱為「春秋時期」。

春秋風起,吹過頁頁書卷。從外交觀點閱讀其間,將會別有一番認知和感悟。

第二章　揭開爭霸的序幕

風雨淒淒，雞鳴喈喈。既見君子，雲胡不夷？

風雨瀟瀟，雞鳴膠膠。既見君子，雲胡不瘳？

風雨如晦，雞鳴不已。既見君子，雲胡不喜？

《詩經‧鄭風‧風雨》

春秋小霸鄭莊公

　　春秋歷史第一個主角當屬鄭莊公。鄭莊公這個人，身上集合了政治家應該具有的所有優點，也存在政治染缸裡的所有缺點。

　　為了權力，鄭莊公可以不顧親情，拋棄手足。鄭莊公名叫寤生，顧名思義就是逆生，足先出而產下的孩子。鄭莊公的母親姜氏難產生下了長子，所以為他取了這個奇怪的名字，並且非常厭惡他。寤生之後，姜氏又生下了第二個兒子段。

　　段長得漂亮，人又乖巧，很得姜氏喜愛。寤生先被立為太子，但地位始終受到弟弟段的威脅。

　　好在父親鄭武公不願意廢長立幼，寤生得以順利在父親死後成為國君，是為鄭莊公。

　　鄭莊公的母親姜氏還是沒有放棄擁立段為國君，取代鄭莊公的計畫。她強迫鄭莊公把京城（叫做京的城池，而不是國都的意思）封給段。京城是僅次於都城新鄭的重要城池。鄭武公在世時規定京城永不分封。鄭莊公很快地屈服了，將段封到京城。段到京城後，仗著母親的支持，招募勇士，整治城郭，儲備糧草，訓練甲兵，加緊擴張自己的勢力，行分裂國家之實。鄭莊公漠然處之，段更加肆無忌憚，野心昭然若揭。鄭國的大臣們都感到忍無可忍，力勸鄭莊公早做準備，以免禍起蕭牆。其中，以大夫祭仲勸的次數最多，也最堅決。鄭莊公這才吐露真心：「段雖不道，但叛逆尚未明顯。我若驟加誅滅，百姓不明真情，難免議論紛紛；姜氏必定從中阻撓，那我就陷入不友不孝的指責中了。我現在置之度外，任其所為；段恃寵得志，罪行就會日益明顯，等他公開造逆的時候，我們再明正其罪。那時，國人必不敢助，姜氏也就沒什麼話可說

了。」可見鄭莊公從一開始就放棄了段這個弟弟，還引領他走向不歸路。

段顯然沒有哥哥這般心機和謀劃，只知道與母親姜氏合謀，做著裡應外合篡權奪位的美夢。段開始命令西部和北部的地方官聽從自己的命令。大臣公子呂勸諫道：「天無二日，國無二君。如果國君不留戀國家，就請把王位讓給叔段，並請允許我去侍奉他；如果國君還想保留君位，那麼就請允許我去攻殺叔段。請不要再讓大臣和百姓有其他想法了。」公子呂的勸諫很直接，也很尖銳，表明春秋時期的君臣關係還相對平等。

鄭莊公就喜歡這樣的臣子。他將公子呂收為心腹，開始暗地裡準備剷除段的軍事部署。一無所知的段見鄭莊公沒有反應，便進一步將西部和北部地區吞併為封邑。公子呂說：「現在可以動手了。段的勢力已經很大了，會逐漸得到民心的。」鄭莊公還是不急：「段謀反肯定不能號召人，勢力再大也會崩潰。」西元前七二二年，姜氏和段都被憧憬沖昏了頭腦，段親率甲兵萬人準備襲擊新鄭，姜氏計劃打開城門接應他。鄭莊公很輕易就截獲了消息，從容地對公子呂等人說：「該收網了！」他隨即公布了段的罪狀和截獲的一系列密報、證據，公子呂率兵車二百乘討伐段。京城等地百姓聞訊紛紛叛段。段很快就兵敗逃亡了。

鄭莊公母親姜氏是兄弟相爭的幕後推手，不僅偏袒小兒子段，還慫恿段發動政變。在兵變事實和鐵一般的證據面前，姜氏無話可說。鄭莊公厭惡母親。段死後，鄭莊公發誓：「不及黃泉，無相見也！」他將姜氏從新鄭遷徙到一個叫潁的地方居住。

史載：「莊公二十二年，段果襲鄭，武姜為內應。莊公發兵伐段，克段於鄢。」一個「果」字暗示事態的發展完全在鄭莊公掌握之中。鄭莊公在內亂中扮演了不光彩的角色，對段的死負有不可推卸的責任。馮夢龍在《東周列國志》中就認為鄭莊公故意養段作惡，以塞姜氏和百姓之口，是千古奸雄，還作詩曰：

子弟全憑教育功，養成稔惡陷災凶。

一從京邑分封日，太叔先操掌握中。

權力鞏固後的鄭莊公很快就後悔了，因為他感到了國內的道德壓力。

春秋初期的宗法統治秩序雖然開始動搖，但餘威仍在。鄭莊公將其母幽居在潁，國內難免對他指指點點，其他國家也議論紛紛，說鄭莊公不孝和鄭國內亂的都有。如此一來鄭莊公就覺得沒必要把武姜公開地遷居別處，還不如照舊安置在新鄭，不見就行了。

但是鄭莊公已經立下了「不及黃泉，無相見也」的誓言，斷然不會主動認錯，去見姜氏。

就在鄭莊公發愁的時候，有個名叫潁考叔的潁谷封人求見，稱有野物獻給鄭莊公。鄭莊公就留他吃飯。席間，潁考叔將肉裝進袖子裡。鄭莊公好奇地問他為什麼這麼做。潁考叔回答說：「小人家有老母，都是吃小人做的飯菜；老母沒有吃過國君的美味佳餚，請國君允許我帶些回去給老母品嘗。」鄭莊公感嘆道：「你有老母親，就我沒有！」潁考叔說：「國君何出此言？」鄭莊公將前因後果告訴了潁考叔，也說了自己的悔意。潁考叔建議道：「國君不用擔心，向地下挖掘就能見到黃泉了。您只要挖個隧道相見，就可以了。到時候，誰又能再說國君什麼呢？」鄭莊公就依潁考叔的計策，掘地見母，平息了輿論紛爭。

如此看來鄭莊公並不是一個道德君子。

但是政治與道德無關。道德的欠缺並不能阻礙一個人參政執政。相反，心思縝密、虛偽狠毒可能是從政的必要條件。鄭莊公就具備這種條件。身為開國的第三位國君，鄭國也需要他這樣的國君。

鄭國國君的始封祖是周厲王的小兒子友，原封地是鄭（今陝西華縣）。友就是鄭桓公，他在周幽王時入為周朝的司徒。當時周王室已衰，

戎狄強盛，鄭桓公怕自己的國家和周王室同歸於盡，就向周朝的太史伯請教避禍之計：「王室多故，予安逃死乎？」太史伯分析了天下大勢後建議道：「獨有雒之東土，河濟之南可居。該地地近虢、鄶。虢、鄶之君貪而好利，百姓不附。今公為司徒，民皆愛公，公誠請居之，虢、鄶之君見公方用事，輕分公地。公誠居之，虢、鄶之民皆公之民也。」太史伯的意思是濟、洛、河、潁四水之間的虢、鄶兩國所在的地方最穩固；讓鄭桓公先讓妻子帶著財物寄居在那裡，國家有事的時候可以把那裡占為己有。鄭桓公就按照他的話去辦，占領了東方的虢、鄶地區，舉國遷移到了東方。

西周滅亡的時候，鄭桓公殉難。他的兒子鄭武公因擁立周平王有功，依然做周朝的卿士。鄭武公乾脆放棄了舊地，將新鄭作為新國都，並逐步占有今河南省中北部一帶，成為周都雒邑以東的重要諸侯。鄭武公先後滅掉了東虢、鄶、鄢、蔽、補、丹、依、疇、歷、莘、胡等國，將其地納入鄭國版圖。他在位的二十七年，鄭國國力迅速增強。

在宗法制和道德尚未泯滅的春秋初期，鄭武公就實行了相當務實的現實政治。鄭武公對鄰國胡國覬覦良久，一心想要吞併胡國。但他還是把自己的女兒嫁給胡國國君，先建立友好的雙邊關係。在國內，鄭武公問大臣：「我要用兵，應該先攻擊哪個國家呢？」事實上，鄭國君臣都想吞併胡國，大臣關其思就斗膽說：「攻打胡國，兼併人民土地。」鄭武公大怒，立即將關其思推出去砍了頭。他公開宣稱：「鄭胡乃是兄弟之國。你竟然要攻打它，是何居心？」胡國君主聽說後，認為鄭武公推行的友好政策是真心的，也就對鄭國君臣失去了防備之心。就在胡國毫無防備的時候，鄭國趁機偷襲胡國，一舉吞併了它。鄭武公不惜以大臣的性命，吞併自己女婿的國家，其奸詐狠毒可見一斑。

鄭武公選擇鄭莊公為繼承人，極可能是看中了鄭莊公也是和自己一

樣輕道德、重實利的政治家。

每一位有作為的君王都是幸運的，因為歷史為他們的大展宏圖準備好了各方面的條件。

鄭國的前三位君主在位時間都很長。鄭莊公在位四十多年，前人的基礎和長壽為他在外交舞臺上施展拳腳提供了有利條件。

鄭國雖不大，但在半個世紀裡累積了雄厚的國力，正尋找爆發的出口。鄭國遷移到交通便利、基礎雄厚的中原腹地後，便利了農業和工商業的發展。春秋初期各國經濟都取得了發展，為市場供應各自的商品。如齊國盛產魚、鹽、鐵器、文彩布帛；晉國的礦產、畜產品和池鹽豐富；楚國提供杞梓、皮革、鳥羽、象牙等。鄭國地處中原中心，是各國商業往來的中繼站和經銷人。鄭國充分利用了有利的地理環境和經濟形勢，以發展商業為立國之本，齊、楚、晉、秦、東周王室及其他國家所需要的別國的貨物，往往由鄭國的商人轉輸買賣。鄭國境內商旅往來頻繁，過境商品的稅收、商人所繳的市稅不斷增多。鄭國雖然國小新立，但商稅收入卻使國家富裕起來。

在鄭國舉國東遷的時候，商人發揮了重要作用。鄭桓公打破了「工商食官」的慣例，也就是說廢除了國家管制商業，以商人為奴的制度，給予商人相當的經營自由，解除了商人的奴隸身分。這個盟約在春秋時期是一直發揮作用的。鄭國對商業的這種依賴，使鄭國統治階級給商人以較高的社會地位和人身自由。鄭國官府還與商人簽訂了盟約，規定「爾無我叛，我無強買，毋或丐奪。爾有利市寶賄，我勿與知」，規定只要商人不背叛統治者，統治者就不強買強賣；商人有利可圖，國君也不得與聞。商人有了制度保障後，就安心在鄭國經商，努力追求利潤。鄭國商人往來各城邑，足跡東到齊國、魯國，西到秦國，南達楚國，北至晉國、燕國。鄭國從中抽取商稅，每每獲得大量財政收入。

在這裡，筆者插一句話。人們似乎總以為古代中國是個「重農抑商」的社會。其實那是秦朝以後的政策，春秋時期的商業是相當繁榮的。商業推動了許多諸侯國的興起，商人群體在春秋政治中發揮了重要作用。商人所販賣的貨物，包括絲、布、穀、米、牲畜、木料等一般人的必需品，也有許多珠、玉、皮貨等珍貴物品專供貴族所需。商人在春秋時被視為不可缺少的社會成員，貴族階層就有「商不出則三寶絕」的評價。

鄭國是春秋時期第一個拜商業發展之賜崛起的諸侯國。莊公與段內戰時，鄭國能夠輕易調動二百乘兵車，估計其總兵車數在千乘以上。當時鄭國擁有三軍，此外還有徒兵和臨時添置的軍隊，總兵力接近十萬。其中，有六萬兵力聚集在都城，由鄭莊公直接指揮。

鄭國崛起的第二個有利條件是優越的外交環境。

從周王朝東遷算起，之後的四十多年時間裡，因為史料異常缺乏，致使我們對當時的外交局勢不能做出詳細而準確的分析，以為當時的國君們都在關注內政，喝酒行樂。最大的可能是，周王朝猛然崩塌，周天子式微，諸侯們一時還沒有徹底轉換角色，適應不了。這才在周王室東遷後的近半個世紀內沒有重大的外交舉措。可是這並不意味著沒有外交暗流的湧動。

黃河中游地區最為發達，地理位置最為重要，外交爭霸首先發生在這個地區。當時西方的秦國還在與蠻族爭奪王室賞賜的土地；漸漸興起的南方楚國正在侵略申國、呂國、許國等諸侯國，它們的勢力還遠未涉足中原腹地的黃河中游地區。北方強大的晉國不幸分裂了，分為翼和曲沃兩個國家，內亂不止。東方齊國還沒有強大起來，正在專心於內政。剩下的就只有黃河中游地區基礎比較好的各諸侯國了。

東周王朝初期真正的屏障只有鄭國和虢國。虢國隨周王室東遷，遷徙到了現在的河南陝縣附近，占據著崤山和函谷關的險要，抵禦西戎的

侵略。國小事忙，沒有參與中原的爭霸。那麼剩下來的大國就只有鄭國和宋國，次等的當屬魯國和衛國。宋國是「三恪」中最強大的國家，國大爵尊。春秋初期，宋國的東南面是力量較為分散的東夷和淮夷，對其不構成威脅；南面的陳國、蔡國勢力更弱，北面的魯國、衛國實力也不強，只有西面的鄭國國力較強，使之倍感壓迫，所以春秋時期，宋、鄭兩國矛盾較大。魯國和衛國的力量比不上鄭國和宋國，但它們的取向決定著中原爭霸的走向。與衛國相比，魯國比較脫離中原爭霸，因為它正困於和齊國之間的恩怨。

　　鄭國的國力比這三國稍強一點，同時它還有一個政治優勢。鄭國國君的出身很好（周天子弟弟），還擔任朝廷重臣（司徒，王朝卿士）。這就使得鄭國國君具有意識形態上的優勢，能夠以周天子的光芒給予對手打擊。這種打擊有的時候是實實在在的，因為鄭莊公繼承了家族的司徒職位，能夠指揮周天子尚存的軍隊。

　　需要提醒的是，當時鄭國的國力並沒有取得壓倒性優勢。外交的成功和實力關係密切，但不一定要取得絕對實力優勢才能取得外交勝利。絕大多數情況下，實力就像是投資者手中的本錢，關鍵要看他怎麼將並不雄厚的本錢和風雲變幻的局勢相結合來獲得最大的利益。外交成果是從錯綜複雜的局勢中獲得的，而不是單憑實力產生的。

　　現在，就讓我們來看看鄭莊公是如何帶領蓄勢待發的鄭國參與爭霸的。

周天子敗於諸侯

鄭莊公將爭霸的第一拳揮在了衛國身上。

選擇衛國的原因很簡單。段發動叛亂的時候，曾派兒子去衛國請求援軍。雖然後來段逃亡了，但他的兒子留在了衛國。衛國君臣就簇擁著流亡的公子，奪取了鄭國北部邊界的一小塊地方，扶持了一個流亡政權。鄭莊公就以衛國干涉鄭國內政為由，於西元前七二二年大舉進攻衛國。

在出兵前，鄭莊公以在雒邑任職於朝廷的權力，以周王室的名義，率領周、鄭、虢三國聯軍進攻衛國。一貫講「禮」的魯國也出兵援助鄭莊公率領的聯軍。

戰爭的結果是衛國大敗，不僅扶持的流亡政權被殲滅了，還被聯軍一直打到國都的南郊。衛國求和。鄭莊公本來是要衛國交出流亡作亂的侄子並殺掉他的，後來怕背負殺親滅侄的惡名，就在衛國答應再不干涉鄭國內政的前提下允許侄子永久流亡在衛國。

鄭莊公其實是在「打狗給主人看」。當時衛國和宋國關係很好，鄭國進攻衛國，就是與強大的宋國過不去。

衛國和宋國關係好的主要原因是兩國國君的權力來源都不正。當時宋國的國君宋殤公繼承的是叔叔宋穆公的君位。宋國時興「兄終弟及」，宋穆公的君位是哥哥宋宣公傳下來的，他去世時將國君的位置傳回哥哥的一系血脈。宋宣公的兒子與夷繼位為宋殤公。宋殤公的堂弟、宋穆公的兒子本來很可能繼承君位，但未來的君位繼承人公子馮讓宋殤公很不放心，致使公子馮被迫流亡到鄭國。鄭莊公很慷慨地收留了公子馮。春秋時期，公子流亡是很普遍的現象。挑選、接納流亡公子也就成了各國

外交的重要內容。挑對了，可以在他國為本國安插親密夥伴，獲取未來和現實的外交利益；挑不好，起碼也能用來作為干涉、威脅他國的籌碼。

當時衛國的國君是臭名昭著、殺了衛桓公自立為君的州籲。州籲當了國君後，衛國國內政治動盪，於是州籲就想透過對外戰爭來轉移社會衝突。剛好鄭國幾年前進攻過衛國，於是州籲決定發動對鄭國的戰爭來鞏固自己的地位。但他又不敢獨自發動對鄭國的戰爭，於是派人約宋國一起出兵。衛國對宋殤公說：「您的政敵公子馮可正在鄭國謀劃著對您不利的事情啊，我們一起伐鄭，衛國報仇，宋國消災。」宋殤公同意了州籲的請求。

鄭莊公剛得知衛國公子州籲殺死衛桓公自立為君的消息時，就長嘆道：「我們鄭國即將遭受兵災了！」大臣們問鄭莊公是如何預料的，鄭莊公回答說：「州籲素好弄兵，現在篡逆奪位，肯定要透過用兵來揚名立威。鄭衛兩國素有嫌隙，衛國用兵的首要目標就是我國。我們應該早做準備。」

事情和鄭莊公預料的一模一樣。州籲說動了宋國後，宋國又叫上與自己關係密切的陳、蔡兩國，四國再出面邀約很愛湊熱鬧的魯國，組成五國聯軍浩浩蕩蕩地伐鄭。這是西元前七一九年夏天的事情。聯軍共有甲車一千三百餘乘，在實力上完全壓倒鄭國。鄭國剛發動過一場戰爭，又突遭重圍，一時間形勢非常嚴峻。

鄭莊公在危急時刻展現出了他政治家的冷靜。鄭國與五國聯軍硬碰硬作戰是肯定不行的，只能根據五國出兵動機的不同分別應對。在五國聯軍中，作戰目的最明確的是宋、衛兩國，只要滿足了這兩國的要求，就能促其退兵。宋國無非是衝著公子馮來的。鄭莊公於是將公子馮移居長葛。宋兵果然尾隨而去，拋棄四國部隊走了。衛國繼續聯合陳國、蔡國進攻鄭國都城，圍困了都城東門。鄭莊公閉門不出，聯軍將東門圍困

了五天，史稱「東門之役」。

衛國的出兵是為了為國君立威。鄭莊公抓住州籲的心理，派出一支部隊與衛軍接戰，假裝戰敗潰退回都城。衛軍取得了「勝利」，州籲也賺到了面子。這年秋天，四國聯軍驅趕鄭國的守衛，搶割了鄭國的稻穀，揚長而去。

應該說，鄭莊公爭霸的第一步走得並不順利。

第二年（西元前七一八年），鄭莊公發動了復仇之戰。

鄭軍首先主動出擊衛國，很快就逼近了衛國的都城。衛國慌忙聯合南燕國抵抗。鄭軍在腹背受敵的情況下，一面在燕軍正面擺出傳統陣式對抗，一面派出兩支軍隊偷偷繞到燕軍背後，前後夾擊。南燕本來就是小國，經此大敗，一路狂奔回國去了。觀戰的衛國嚇得緊閉城門，高掛免戰牌。

得勝的鄭軍還獲得了周王室軍隊的支持。鄭莊公打敗了衛國後，乘勝率領周、鄭聯軍進攻主要的敵人宋國，直趨宋國國都。宋國也不敢硬碰硬接戰，轉而向魯國求救。魯隱公答應救助，但在與宋國使者就軍事問題進行討論的時候，雙方卻發生了口角。魯隱公一賭氣，不發一兵一卒。鄭莊公乘機對魯國展開靈活外交，主動提出將鄭國在魯國境內泰山腳下的一塊祭田與魯國在許國的一塊田相交換。鄭莊公和魯隱公會面，正式訂立了鄭魯友好關係。

在鄭宋爭端中，宋、衛、陳、蔡四個國家關係密切，形成了一個不成文的小聯盟。在結好魯國、圍困宋國的同時，鄭莊公為瓦解宋衛陳蔡聯盟，向陳國展開和平外交，要求締結友好關係。在位的陳桓公傾向宋、衛兩國，拒絕了鄭莊公拋過來的橄欖枝。第二年，鄭莊公率軍繞開不接戰的宋軍，對陳國發動突然襲擊，並大獲全勝。得勝的鄭莊公沒有要求陳國割地賠款，只是要求鄭、陳兩國講和結盟。陳桓公很感激鄭

國，還將女兒許配給鄭莊公的兒子公子忽為妻。鄭陳正式結盟，宋衛陳蔡聯盟瓦解了。鄭國在拉攏了魯、陳兩國後，中原爭霸力量的天平傾斜向了鄭國。

就在鄭國和宋國相互攻戰時，東邊的大國齊國希望發揮作用，出面調停宋、鄭兩國的戰爭。鄭莊公已經處於有利地位，本不願停戰，但又不能得罪齊國，就同意了齊國的調停。西元前七一五年，齊國、鄭國、宋國、衛國四國在瓦屋（今河南溫縣西北）結盟。在這次盟會中，鄭國是當之無愧的主角，外交手段高超，成果顯著，歷史用「鄭昭宋聾」這個成語來形容鄭、宋兩國的外交優劣。

瓦屋盟會是春秋諸侯之間第一次大規模的盟會。原本盟會是天子特權，現在周天子被公開、徹底地拋棄了。

和平協定從來都不能制止戰爭的爆發。

瓦屋盟會很大程度是看在齊國的面子。其他三國，尤其是鄭莊公，本來就沒有實現和平的意願。而齊國得到了外交面子，實現了自己倡導的和平後也不再把和平協定放在心上。鄭莊公一心要尋找宋軍進行主力決戰，給宋國以沉重的打擊。條約簽訂兩年後，鄭國就以宋國沒有去朝見周天子為由，在西元前七一三年六月，邀集齊國、魯國共同伐宋。魯軍打敗了宋軍，鄭軍占領了宋國兩個城邑，聯軍長驅直入。

這是一場決定黃河中游誰主誰寇的關鍵戰役，宋國自然不敢怠慢，聯合衛國組織了一支生力軍繞開三國聯軍，偷襲鄭國的後方。鄭莊公只好緊急回軍。

宋衛聯軍的偷襲戰術非常精彩，操作得宜能夠造成策略效果。但是宋衛聯軍在途中並沒有抓住時機進攻鄭國，而是要求蔡軍進攻戴國。蔡國非常不滿，儘管出兵相助，但在進攻方向問題上和宋衛兩軍爭吵不休。偷襲的最佳時機就這樣被三國自己錯過了。

鄭莊公很快就得知了三國聯軍的方位，指揮軍隊迅速包圍三國聯軍，將其全部殲滅。這畢竟是在鄭國國內作戰，鄭軍具有優勢。偷襲和反偷襲戰最終增加了鄭國的勝算。戰後，宋國歸服，衛國求和，主動承認了鄭國的霸主地位。

打敗大國後，鄭國開始將矛頭對準周邊的小國，進一步擴大自己的聲勢。鄭莊公以戴國、許國不派兵幫助伐宋為由，進攻兩國，還滅亡了戴國。鄭莊公的出兵理由是明顯的霸權理由。戴國和許國本來沒有義務追隨鄭國去討伐宋國。但是現在鄭國勝利了，就要挾勝問罪了。西元前七一二年，鄭國滅亡了許國。許國是在今天河南許昌附近的一個姜姓小國。當年夏天，鄭國會合齊魯兩國軍隊，進攻許國。鄭國軍隊首先攻入許都，許莊公逃亡衛國。因為距離遙遠，魯、齊兩國就將許國讓給了鄭國。鄭國占領許國後，讓許國的大夫百里侍奉許叔居住在許國東部，以安撫許國人民，服從鄭國的統治；又讓許國的大夫公孫獲居住在許國西部，名義上是協助許叔、百里，實際上是進行監督。同時，鄭國還打敗了郕國、山戎、北戎。

齊國一度遭受戎族的進攻，還向鄭國求援。鄭莊公派公子忽帶兵救援。戰勝後，齊國國君想把女兒許配給公子忽。公了忽卻說：「鄭小齊大，非我敵。」他不僅拒婚，還對齊國國君的賞賜公開表示不滿。齊國國君只能好言相勸。鄭國當時的威望和氣焰可見一斑。

鄭莊公終於將鄭國帶上權勢的頂峰，開始功高震主了。

周平王當時還在位，他對鄭莊公很是不滿。

周平王不滿的理由是充分的。首先，鄭莊公口口聲聲以其他諸侯不朝拜天子、不進貢朝廷的理由進攻他國，但他本人也沒有對周平王畢恭畢敬，更沒有認真上朝，做好司徒的職責。其次，鄭莊公總是為了封國的利益，調動周王室的軍隊四處作戰，讓周天子為鄭國的戰爭軍費買

單。當然了，鄭莊公因為霸主地位的確立，在朝廷裡姿態不像以前那麼謙恭。這一點讓周平王和其他大臣心裡很不痛快。

　　相反，周王室更喜歡虢公。虢國雖然沒有鄭國的實力和權威，但虢公天天在朝廷上，在周天子面前執事。政治有的時候就是這麼簡單，很多權勢者不看一個人的能力和作為，而是看他是否經常在自己身邊出現，是否能夠聽從使喚。虢公就是這樣的人。於是周平王醞釀著讓虢公擔任王朝卿士，取代長期不上朝的鄭莊公。

　　鄭莊公很快便知道了周平王的心思。王朝卿士的地位對鄭莊公來說非常重要，它是鄭國爭霸的意識形態武器。於是，鄭莊公決定來個以退為進，連忙驅車趕到雒邑，面見周平王。鄭莊公非常有技巧地主動提出要辭職讓賢。周平王一點心理準備都沒有，因為王室離不開東邊緊鄰的鄭國的支持，周平王沒有答應鄭莊公的辭職。鄭莊公於是說：「臣聽說天子想任命虢公來取代臣，不知道這是不是小人在造謠。」周平王開始害怕了，斷然否認了由虢公取代鄭莊公的計畫。為了安撫鄭莊公，周平王提議周鄭交換人質。

　　於是，周平王的兒子王子孤和鄭莊公的兒子公子忽分別當作質子，來到新鄭和雒邑。

　　「周鄭互質」是春秋初期的外交大事件。在這裡，周平王主動將自己降到了與諸侯對等的位置，以王子當作人質與諸侯達成妥協。西周政制的上下位關係是單向的，除了道德義務，天子不對諸侯承擔任何政治義務，天子根本就不需要向諸侯抵押人質。同時，按照西周宗法，身為大宗嫡長子的王子孤竟然成了小宗的人質，這是匪夷所思、千古未有的事情，然而卻在周平王時期出現了。不知道軟弱的周平王作何感想。

　　不久，周平王就死了，為周朝宗廟增加了一塊牌位。新鄭的王子孤自鄭國趕回雒邑繼承王位。不知道是王子孤悲傷過度還是福分太淺，他

竟然在周平王葬禮期間便隨父親去了，沒等到登基就死了。因此，王子孤的兒子王孫姬林登基，史稱周桓王。

周桓王和周平王不同，沒有經歷過苦難，血氣方剛，渴望有一番作為。他毫不掩飾自己對鄭莊公的厭惡之情。一方面，周桓王繼承了周平王對鄭莊公的所有厭惡；另一方面，周桓王覺得父親姬孤死得很蹊蹺，懷疑鄭莊公與父親的死有關。一想到父親在新鄭的人質生活，周桓王就覺得是一個恥辱，應該洗刷掉。

因此，周桓王一上臺就準備以虢公取代鄭莊公。

恰好這時，鄭國士兵將周王室溫地的麥子都給搶割走了。這極可能是鄭莊公指使的，但也許僅僅是其部下一時的魯莽而已。原本手頭就拮据的周桓王對鄭莊公恨得牙癢癢。西元前七一五年，周桓王正式任命虢公忌父為朝廷的右卿士，鄭莊公為低一點的左卿士。

周天子和鄭莊公撕破臉開打的火花，是從宋國迸出來的。

這其實是宋國的一樁桃色事件。當時宋國的孔父嘉擔任司馬，華督是太宰。華督暗戀孔父嘉的妻子，一心想要奪到手。但是孔父嘉身為宋殤公的輔政大臣，又掌管著國家兵馬大權，權勢在華督之上。華督思前想後，竟然決定採取一招置道德與國家於不顧的險棋。

當時宋殤公好戰，宋國連年戰事不斷，百姓怨聲載道。於是，華督就派人四處散播謠言說：「民不堪命，皆孔父為之。」意思是說，現在百姓因為戰爭苦不堪言，都是因為孔父嘉主戰，將國家拖入了戰爭的深淵。不明真相的國人情緒激動，發生暴動，湧入孔父嘉家裡，殺死了孔父嘉。華督乘亂將孔父嘉的妻子搶到手，如願以償。宋殤公知道後大怒。華督一不做二不休，將宋殤公也殺死了。

這件事情，人們總將原因歸結為華督的個人私慾，其實我們可以從另一個角度來看。華督身為宋國重臣，不可能僅僅為了一個女人

鬧出這麼大的動靜，也不可能對當時的國際形勢缺乏了解。鄰近的鄭國此時已經確立了在黃河中游的霸主地位。宋殤公是反鄭的，他的存在也是鄭宋關係發展的障礙。華督可能是想改善宋鄭的雙邊關係，與民生息，同時在國內攫取大權。但是他不可能得到宋殤公的支持。孔父嘉身為掌握兵權的實權派人物，也是鄭宋和睦的障礙，再加上一位傾國傾城的孔夫人的誘惑，華督才鋌而走險，利用民心民情取得了成功。之後，華督在國內清洗孔氏成員。《史記》記載：「十年，華督殺孔父，取其妻。」

　　內亂後，華督又成功地推動國人同意迎立流亡鄭國的公子馮為君，以此改善與鄭國的關係。宋國於是從鄭國迎回公子馮。公子馮就是宋莊公。公子馮是在鄭軍的護衛下歸國即位的。臨行前，他泣拜在鄭莊公面前表示，自己成為國君後「當世為陪臣，不敢貳心」。這簡直是把鄭國當作宋國的宗主國來看待了。宋國也是大國，出身高貴，爵位很高，現在淪落到這個地步，令人感慨。宋莊公繼位後，鄭宋關係改善。鄭國的霸主地位更加鞏固了。

　　周桓王對這一幕極為反感，並痛心疾首。諸侯的更替，首先要徵得天子的同意，得到天子的冊命。現在，鄭莊公儼然行使天子之命，操縱了他國諸侯的更立。周桓王認定鄭莊公這是對天子權威公開、嚴重的羞辱，對王室造成了沉重的打擊。他要報復，要懲罰鄭莊公，以此為契機恢復王室的權威。這位東周的新天子摩拳擦掌，躍躍欲試了。

　　鄭莊公還不想與周桓王撕破臉，之前他去雒邑接受左卿士任命的時候恭恭敬敬，還帶著盟友齊僖公一同前往。周桓王卻將這視為對自己權威的再一次冒犯。哪裡有諸侯朝拜天子，還帶著另一個諸侯同來的？又不是老大出面辦事，帶著一位小弟。鄭莊公的低姿態非但沒有達到預期效果，反而火上澆油。此外，周桓王還可能產生⋯⋯覺得鄭莊公也不過如此，被降了職還主動來朝見，不像外人說⋯⋯

　　西元前七一二年，周桓王剝奪了鄭國四個邑的封地，代之以毫無意義、不在管轄範圍內的北方的一塊荒地。這一切，鄭莊公都忍了。到了西元前七〇七年，周桓王乾脆免了鄭莊公的王朝卿士職務。周桓王心想，這一回，你寤生總該來認錯謝罪了吧！

　　鄭莊公沒有來，理由是：你不是免去了我的職務嗎？那我就沒必要去上朝了。於是鄭莊公開始拒絕上朝。

　　周桓王最終決定用戰爭來維護周王室的權威。他以討伐鄭莊公不朝天子的名義，調集王室軍隊，並向四周諸侯徵召軍隊，組織對鄭國的進攻兵力。有三個國家 —— 衛國、蔡國、陳國，出兵參加了周桓王的軍事行動。之前衛國、蔡國雖然降服於鄭國，但那是在主力軍隊遭到圍殲的情況下締結的合約，並沒有對鄭國心服口服。現在天子出面號召，這兩國自然很樂意參與。而陳國之前是鄭的盟國，為什麼也參加了反鄭聯盟呢？原來陳桓公死了，新立的國君政權不穩，難以拒絕天子的徵召，才勉強出兵參加戰爭。

　　周桓王將軍隊分為三軍，親自率領王室軍隊組成的中軍；周公率領左軍，主要由陳國軍隊組成；號公率領右軍，主要由蔡國和衛國軍隊組成。一行三軍，浩浩蕩蕩向新鄭殺去。

　　鄭國從建國以來從來沒有遇到過這麼嚴重的威脅。不說在軍事力量上，鄭軍對四國聯軍不存在優勢；最嚴重的是，周桓王以不朝天子的名義號令天下，征討諸侯，可謂名正言順。之前的歷史記載都表明，諸侯無禮，不是主動請罪，就是戰敗投降。因此，四國聯軍士氣高漲，周桓王志在必得。而鄭國在戰爭初期缺乏準備和信心。

　　鄭莊公毅然發兵對抗周朝聯軍。周桓王見鄭莊公非但不投降，相反還主動迎戰，怒氣更盛，催軍前進至繻葛。在這裡，周鄭軍隊爆發了繻葛之戰。

鄭軍在不占優勢的情況下，大膽採用了新的戰術。傳統的戰鬥，對戰兩軍都將軍隊平均分為左、中、右三部分。戰鬥開始後，中軍在前，左右兩軍跟進。現在，鄭莊公並沒有把兵力分為左、中、右三個部分，平分布陣，而是把主力放在左右兩個方陣上，主將所在的中軍擺在兩個方陣之間靠後的位置。主力所在的左右兩陣，像兩把鉗子，進可攻，退可守。鄭國所使用的這個陣法被稱為「魚麗之陣」，意思是像張開捕魚的網。

鄭莊公的陣法調整堪稱春秋軍事史上的一次重大改革，可以與戰國時期趙武靈王的胡服騎射相提並論。他一改傳統戰陣沒有重點，主將親自提著刀槍衝鋒陷陣的缺點，賦予左右兩軍靈活性，激發兩軍鬥志和創造力。同時主將所在的指揮部門可以集中精力去觀察、思考戰場和策略問題。鄭莊公的戰術改革，造成了革命性的作用。當今世界上一些軍事大國，砸下天價軍費更新武器系統，大到太空武器，小到細菌炸彈，無所不用其極，以追求戰鬥力的提升。殊不知，現有軍事系統內部力量的重組，順序的調整，就可以達到質的提升。春秋時的繻葛之戰就是例證。

戰鬥開始後，周桓王親率三軍，整齊地發動進攻。鄭莊公約束部隊，閉不出戰。等到周軍鬥志開始低落的時候，鄭莊公突然下令前置的左右兩軍擂鼓衝鋒。鄭軍主力直撲較弱的陳蔡衛諸侯軍隊而去。周軍左側的陳國軍隊本來就沒有堅決的意志，在鄭軍的衝擊下搶先潰退；右側的蔡、衛兩軍是鄭軍的手下敗將，見陳軍敗了，也奪路而逃。得勝的鄭國左右兩軍反過來對前置的周桓王中軍逼迫過去，鄭莊公趁機率領中軍推進迎戰，使周桓王的中軍陷入了鄭軍的合圍之中。周桓王鬥志旺盛，周王室軍隊也還保存著強大的戰鬥力，但無奈在三支鄭軍的合圍下最終潰敗。

在混戰中，周桓王被鄭國大夫祝聃一箭射中左肩，也就是心臟偏上

的地方。好在周桓王鎧甲厚實，沒有受重傷。周王室敗軍拚死護衛著周桓王，這才殺出了重圍。

正當祝聃想再射第二箭、鄭軍將士想乘勝追擊王室聯軍的時候，鄭莊公卻鳴金收兵了。祝聃等人很是不解，哪有不追敗軍，擴大戰果的呢？鄭莊公解釋說，周桓王畢竟是天子，現在射中王肩、大敗王師已經是巨大的勝利了，不能對周王室欺之太甚，過頭了就適得其反了。大家冷靜一想，不禁都佩服鄭莊公的見識。貴有四海的天子已經落荒而逃了，你還要怎麼樣呢？見好就收吧！

當天晚上，鄭莊公還派祭足帶著牛羊、糧草去慰問周桓王。周桓王在大臣們的勸諫下，接見了祭足。祭足首先承認了錯誤，說不應該與王師對抗，現在還「一不小心」打敗了王師，射傷了天子，鄭國真是罪該萬死，請天子原諒。周桓王聽得心裡極不舒服，但在現實面前不得不表示「寬恕」鄭國和鄭莊公。不久，雙方撤軍了事，絕口不提往事。這都是西元前七○七年間發生的事情。

周桓王貴為天子，現在被鄭莊公打敗，還接受鄭莊公的慰問，事實上反襯了鄭國的霸主地位。中原諸侯國更要看鄭國的臉色辦事了。

時不我待的復興

　　鄭莊公圖霸崛起的過程也是周王室威信掃地、江河日下的過程。一個「禮樂征伐自天子出」的時代正式終結，中華大地進入了大國爭霸時期。鄭莊公揭開了群雄爭霸的序幕。

　　鄭莊公是春秋時期鄭國歷史上最有作為的一位國君，同時也是春秋早期中原地區最具影響力的諸侯。鄭武公趁東周王綱不振之際，開疆拓土，吞併附庸，獨秉周政，使鄭國從中原各路諸侯中脫穎而出。鄭莊公治理鄭國的四十三年，是鄭國的極盛時期。此時的鄭國，疆土南到櫟邑（今河南禹州），東接啟封（今河南開封），北與衛、晉交錯，西控鞏、洛，威服黃河中游和北戎。

　　其實，鄭國的國力比不上齊、楚等大國，就是對鄰近的宋國也不占絕對優勢。鄭莊公的巨大成功證明了外交的輝煌並不一定和國力成正比。鄭莊公實行了正確的政策，尤其是在外交上，充分利用周王室資源，遠交近攻，和齊魯等遠方國家保持良好關係，將鬥爭的矛頭對準與己有利益衝突的宋、衛鄰國。在具體操作上，鄭國靈活、務實，彌補了國力的缺陷，還多次化險為夷，終於成就了一個小小的奇蹟。

　　西元前七〇一年，鄭莊公去世，鄭國自此迅速衰落。

　　鄭國的衰落和諸公子爭位有直接關係。鄭莊公死後，他的兒子中有四個（公子忽、公子突、公子亹、公子儀）爭奪國君之位，兄弟相殘，葬送了父親的霸業。對於君王來說，家務事也許比大政外交更難處理。沒有兒子，要日夜擔心；兒子太多了，也會時刻煩惱；兒子太笨了，非常憂慮；兒子太聰明了，又要提防猜忌。鄭莊公的兒子就屬於聰明的那類，參與了父親的一系列爭霸行動，能力卓越。由於鄭莊公生前對所有

兒子都十分寵愛，臣工們莫衷一是，各位公子也都發展了各自的勢力。鄭莊公生前雖然立公子忽為太子，但諸子爭位的苗頭還是出現了。勢力很大的公子突是宋國女雍姞所生，鄭莊公晚年就將他送到宋國居住，希望緩解政爭。

鄭莊公臨終前也預料到了身後的亂象，嘆氣道：「鄭國將從此多事了！」

從西元前七〇一年到西元前六八〇年的二十一年中，內亂一直困擾著鄭國，使鄭國無暇他顧。鄭莊公所創造的有利形勢自然也就失去了。

鄭莊公死後，操縱鄭國大權的是大臣祭仲，他擁立太子忽為君，稱鄭昭公。

鄭國的權力爭奪自然逃不過鄰國的眼睛。齊、宋、蔡等鄰國都想趁機干涉鄭國內政，獲取利益。宋國手中有公子突，希望能夠扶持他為鄭國新君。於是宋國誘騙祭仲到宋國，逼他立公子突為君。祭仲在生死抉擇前，只好屈服同意立公子突為君。公子突即位，稱鄭厲公。鄭昭公只好逃亡衛國避難。

宋國立鄭厲公，是衝著鄭國的財物和土地來的。在扶立鄭厲公之初，宋國就和他與祭仲談好了條件，鄭厲公答應了。此後，宋人不斷索取，鄭國先是盡量滿足要求，但是鄭國的國庫積蓄也是有限的，加上宋國的要求越來越多，鄭厲公和大臣們逐漸起了反抗之心，開始拒絕宋國的索取。鄭宋關係就此惡化。

西元前六九九年，鄭國聯合魯國、紀國進攻宋國，和宋國、衛國、齊國、南燕國大戰，獲得了勝利。第二年冬天，宋國聯合齊國、衛國、陳國、蔡國大舉報仇，鄭國難以抵擋。五國聯軍焚燒了鄭國都城的城門，攻入新鄭，鄭國國都淪陷。宋軍在新鄭大肆劫掠，甚至把鄭國祖廟屋頂上的木椽都拆下運回。聯軍還進攻鄭國的東部地區，割取了牛首及其周邊地區。

這一仗，鄭國國力遭到嚴重削弱，國際地位一落千丈。

鄭厲公其實是一個能力不錯、志向遠大的君主，他一心想要恢復父親鄭莊公的霸業。

但是他繼位之初就遭到宋國的羞辱，在國內又受到權臣祭仲的羈絆，難以施展拳腳。祭仲因為擁立兩位國君，在國內專權跋扈。鄭厲公忍受不了祭仲的權力限制，一心想要扭轉局面。西元前六九七年，鄭厲公與祭仲的女婿雍糾密謀，決定利用宴會殺死祭仲。但是雍糾和妻子感情很好，無話不談。他回家後，就把和鄭厲公的密謀告訴了祭仲的女兒、妻子雍姬，並相信妻子不會出賣自己。

雍姬和丈夫的感情非常好，但又不願意看到父親被丈夫殺死，因此陷入了深深的心理糾結。雍姬實在受不了了，她當天就跑回了娘家，問母親：「丈夫和父親比起來，到底哪個更重要？」母親告訴她：「傻孩子，當然是父親更重要了。丈夫沒了，可以再找；父親卻只有一個。」這句話讓雍姬下定了決心，將丈夫和國君的密謀全盤告訴了母親。母親聽後大驚失色，連忙告訴了祭仲。

祭仲迅速採取措施，將雍糾殺死，屍體拋入城外水池。

鄭厲公知道事情敗露，慌忙撈起雍糾的屍體，用車載著，逃往蔡國。祭仲於是從衛國迎回鄭昭公復位。

有了宋國的教訓後，鄭厲公不願意成為其他國家的政治工具。不久他就逃離衛國，潛入鄭國南部的櫟邑，鼓動百姓擁戴自己。鄭厲公在國內還很有威信。櫟邑的百姓殺死了地方官員，倒向鄭厲公。鄭厲公就在櫟邑積蓄力量，和新鄭的鄭昭公政權相對抗。鄭國分裂了。

新鄭的內亂還在繼續。歸國的鄭昭公不久就被大臣殺死，公子亹被擁立為國君，但齊襄公又誘殺了公子亹。祭仲最後迎回逃亡陳國的公子儀為國君。

　　公子儀做了十四年的國君。在最後一年，櫟邑的鄭厲公決定孤注一擲，組織軍隊向國都新鄭進軍。途中，鄭厲公擒獲了效忠新鄭的傅瑕。傅瑕答應幫鄭厲公殺回新鄭，要求以此換取性命。鄭厲公釋放了他。傅瑕回到新鄭後，果然將公子儀和他的兩個兒子都殺死，迎接鄭厲公回新鄭繼位。鄭厲公進城的第一件事就是處死傅瑕，之後宣布要勵精圖治。

　　西元前六八〇年，流亡了十八年的鄭厲公終於復位。所有競爭對手都死了，鄭國內亂也平息了。

　　歷史並沒有施恩惠於鄭厲公，沒有賜予他鄭莊公所坐擁的良好基礎和有利環境。

　　鄭國的多次內亂早已耗盡了國家的元氣，鄭莊公奠定的外交環境也已成了過眼雲煙。鄭厲公還是慘淡經營，抓住「勤王」的旗幟，一度使國家處於有利地位。

　　西元前六七五年，周王室發生了王子穨之亂。王子穨在幾個大夫的支持下作亂，並得到了衛國和南燕國的支持。正統的周惠王一度被趕出了王城。鄭厲公敏銳地意識到這是一個重振鄭國雄風的良機。

　　第二年，鄭厲公出面調解王室之亂。他首先進攻南燕國，抓住了南燕國國君仲父，使南燕國中止了對王子穨的支持；同時將周惠王安置在櫟邑，恭敬有加。當時虢國也還效忠周王室，於是鄭厲公說動虢君共同進軍雒邑。作亂的王子穨以為天下無憂了，正在慶功的時候，鄭厲公和虢國的軍隊攻入了都城，殺死了王子穨一夥。周惠王被迎回王城。為了感謝鄭國，虎牢以東的土地就賜給鄭國。

　　儘管有過還算輝煌的外交作為，但鄭厲公還是沒能將鄭國帶回外交頂峰。因為當時四周的大國已經發展起來了。齊桓公在鄭厲公復位前六年已經繼位，齊國實力取得了突飛猛進的發展；楚文王完成了對江漢小國的兼併，將兵鋒指向了黃河南岸。西元前六七八年，楚軍入侵鄭國，

打敗了鄭厲公。

　　西元前六七三年五月，有心圖強、無力回天的鄭厲公逝世了。除了時機不佳值得同情外，鄭厲公本身缺乏鄭莊公那樣的素質，也是造成他個人悲劇的原因。他知人不察，用人不當，要殺權臣，怎麼能完全寄希望於權臣的女婿呢？而長期的流亡和分裂生活消磨了鄭厲公寶貴的青春。他沒有把大量的時間和精力用在外交上，而是耗在了兄弟爭權中。在這些方面，鄭厲公本人有著不可推卸的責任。

　　鄭厲公死了，一個天下諸侯都以鄭國為強國的時代結束了。一個黃河中游諸侯國主導爭霸的時代逝去了。從此以後，儘管黃河中游地區一直是春秋爭霸和外交縱橫的主要舞台，但主導外交的始終都是區域外的強國。

第三章　齊國的道德崛起

子之還兮，遭我乎峱之間兮。並驅從兩肩兮，揖我謂我儇兮。

子之茂兮，遭我乎峱之道兮。並驅從兩牡兮，揖我謂我好兮。

子之昌兮，遭我乎峱之陽兮。並驅從兩狼兮，揖我謂我臧兮。

《詩經·齊風·還》

雄厚的爭霸遺產

　　人和國家的完美結合，攀登上外交巔峰的例子，在鄭莊公之後就是齊桓公了。

　　齊桓公比鄭莊公要成功得多，因為他擁有更強大的國家。齊桓公的齊國是一個靠山臨海的國家，被稱為「海王之國」。《史記・齊太公世家》說，齊國的開國國君姜太公「修政，因其俗，簡其禮，通商工之業，便魚鹽之利，而人民多歸齊，齊為大國」。再加上姜太公是西周的開國功臣，被周王室寄予厚望，擁有在東方的拱衛征伐大權。齊國一建立就處於諸侯國的領導地位。

　　但是，在強大的經濟實力、政治實力和崇高的外交地位之間，存在一個轉化的過程，有一段時間差。齊國的強大國力並沒有立刻轉化為春秋初期的崇高地位，其間存在一個超越百年的時間差。

　　自姜太公開國之後，經過十二世傳到齊莊公。齊莊公就是春秋時期齊國的第一位國君。之前的齊國被各式各樣的矛盾衝突牽制在國家競爭的重圍之中。先是齊、紀兩國交惡，齊哀公被周夷王烹了；接著就是同室操戈，內亂迭起。用「內憂外患，民疲國困」來形容齊國一點都不為過。齊莊公繼位後齊國國政出現了轉機。齊莊公在位六十四年，是中國歷史上在位時間最長的君主之一。他的兒子齊僖公當政三十三載，父子二人連續治齊近百年之久。父子倆對齊國最大的貢獻恰恰就是他們統治時間比較長，沒出什麼差錯，保持了齊國政局的穩定。對於政治來說，沒有壞事就是好事。齊國百年無事，元氣漸復，國力穩步增強。齊僖公就是那個跟著鄭莊公一起朝見周天子的諸侯。齊僖公時期，齊國小試牛刀，調解了鄭國與宋衛聯盟的戰爭，參加盟會，征伐他國，顯露出了列

強的面目。

春秋初期的齊國百年政治史稱為「莊僖小霸」。

齊僖公有許多兒子，其中一個兒子叫小白。小白幼年時看著齊國越來越深地涉足中原爭霸，目睹了齊國地位的緩慢上升。這可能在他幼小的心中植下了強國稱霸的種子。

齊僖公的齊國和鄭莊公的鄭國關係很好。齊僖公站在鄭莊公一邊，借支持鄭國壯大本國的勢力。當時的齊國還處於變強的過程中，算不上一等一的強國。在它的北邊是不發達的河北地區和還算像樣的燕國；西邊是爭霸的中原諸侯國，其中鄭國已初步建立了霸權，並不弱小的魯國與齊國關係時好時壞；南邊和東邊是紀國、夷國和淮夷等諸侯國與異族部落。其中，紀國規模較大，占據近半個今天的山東半島地區，而且和齊國是世仇宿敵。

紀國，姜姓，與齊國同姓，也是周武王所封的諸侯，是齊國的東方鄰國。國都紀，位於山東半島中北部、渤海萊州灣西南岸的今壽光市，疆域地跨今壽光、萊陽和煙臺等地，並不亞於齊國、魯國。

紀國是怎麼和齊國變成世仇的呢？

《史記》記載，在周夷王的時候，紀國國君在周夷王面前告齊哀公的狀，可憐的齊哀公就被周夷王給烹了。紀國國君在周天子面前告發其他諸侯，有可能是周王室派出的監國者。紀國有可能是由諸監發展起來的諸侯國。結果，齊哀公被烹帶給齊國的混亂延續了相當長的一段時間。兩國自然就結仇了。實力逐步壯大的齊國，自然不會放過已經衰落的紀國。

齊國將吞併紀國確立為基本國策，報仇自然是重要原因，更大的原因是紀國擋住了齊國擴張圖強的道路。在地緣政治上，齊國的擴張不能向西邊的中原地區發展。中原地區雖然經濟基礎好，但各個諸侯國的實

力也強。齊國沒有實力吞併它們，即使吞併了其中一兩個小國，在四面受敵的中原腹地生存發展的成本也太高了。而齊國東邊的山東半島尖端就不一樣了，雖然是沒有開發的蠻荒之地，但隔山靠海，漁鹽田林資源豐富，是上天賜給齊國易守難攻的後院。齊國得到整個山東半島，無後顧之憂，就可以憑藉山海之利，安心爭霸中原了。紀國是東方最強大的諸侯國，滅紀就成了齊國擴張的必經之路。

　　每一個參與政治博弈的人都不是傻子。紀國的實力不如齊國，卻不能坐以待斃，於是緊張地展開了外交活動，希望透過外交來彌補實力上的不足，救國圖存。這是典型的「弱國靠外交」。

　　紀國首選的外交對象是齊國西南實力較強的魯國。齊國沒有向西南方向發展的重要原因是魯國的存在。齊國的國力可以威逼魯國，卻並沒有力量併吞它。齊、魯兩國隔著泰山山脈對峙。紀國結好魯國，希望借齊、魯兩國的衝突自保。魯國也願意將紀國的力量放在齊、魯對峙的己方天平上，抑制齊國的壯大。於是乎，今天的山東地區出現了「兩弱聯合對一強」的外交局面。西元前七二一年，紀國國君迎娶了魯惠公的長女為妻。六年後，魯國又將宗室女嫁到了紀國。紀魯兩國聯姻，關係密切了起來。魯隱公時代和魯桓公初年，魯國國勢尚強，三國的天平基本平衡，紀國也就安定一時。

　　時間慢慢打破了平衡。齊國的實力繼續上升，魯國的實力卻在下降。紀國決定讓國家安全再多一份保障，希望魯國利用其與王室的特殊關係，讓周天子出面，調停齊國與紀國的矛盾。魯國是周公之國，奉行周禮最為完備，但此時已經沒有能力說動周天子了。即使說動了周天子，周天子也沒有命令齊國講和的能力了。《左傳·桓公六年》：「冬，紀侯來朝，請王命以求成於齊。公告不能。」魯國當時明確告訴紀國人，讓周天子出面挽救紀國危局的辦法是行不通的。紀國又請魯國撮合，將

宗室女嫁給周天子。三年後的春天，紀國的季姜就嫁到雒邑去了。紀侯和周天子聯姻，希望得到周王室的保護。紀國也許是因為長期擔任周王室的「諸監」，時間久了，在外交上始終奉行依靠強國的思維。即使周王室已衰微，紀國還是沒有擺脫掉依賴王室的思想。

以紀魯同盟、周紀聯姻為基礎，紀國積極開展外交活動。紀國出面調停了魯國和同地區的莒國之間的矛盾。在紀國的斡旋下，魯、莒兩國終於和解。紀國先和莒國在密地結盟。六年後，魯國也和莒國結盟。這樣，紀國、魯國、莒國三國建立了密切的關係。鄭厲公沒有滿足宋國的物質索取的時候，宋國聯合齊國、衛國、南燕國伐鄭。魯國站在鄭國一邊應戰，紀國盡同盟義務也加入鄭魯聯軍，還取得了打敗宋齊四國聯軍的戰績。

應該說，紀國的外交進展得還算順利，也很辛苦。可惜紀國人似乎忘記了，實力始終是外交的基礎。再成功的外力關係能夠幫助自己一時，但幫不了一世。

西元前六九四年，魯桓公被齊國殺死。紀國的外交處境迅速惡化。

殺死魯桓公的是齊僖公的兒子、小白的哥哥齊襄公。對於齊國來說，齊襄公殺魯桓公其實是一件見不得人的桃色醜聞，客觀上卻為國家帶來了巨大的收益。

齊襄公與妹妹文姜亂倫，後來文姜嫁給魯桓公為妻。但齊襄公和文姜二人還是藕斷絲連。齊襄公召魯桓公來商議軍國大事，暗地裡卻和妹妹私通。魯桓公知道後，嚴斥文姜。文姜向齊襄公哭訴，齊襄公乾脆在議事的時候將魯桓公殺死了。魯桓公和文姜所生的兒子公子同即位，稱魯莊公。由於母親的關係，也考慮到實力對比，魯莊公的對齊外交比較軟弱，不再堅定地支持紀國。魯國是紀國一系列外交關係的支點，失去了魯國的大力支持，紀國與周王室、鄭國、莒國的關係就漸行漸遠了。

紀國的外交保護網消失了。

　　齊襄公緊緊抓住機會，配合其他外交活動，將紀國逼入了絕境。為了消除周王室對齊國吞併紀國的阻礙，齊襄公請魯莊公充當主婚人，迎娶王室宗女。魯莊公元年（西元前六九三年）冬，王姬正式嫁到齊國。齊襄公也成了周天子的姻親。而後，齊國軍隊驅走紀國的郱、鄑、郚三邑居民，公然占有了三邑土地。

　　在國家存亡時刻，紀國內部就救亡圖存問題產生了分歧。紀侯的弟弟紀季主張依附齊國，做齊國的附庸國以保存宗廟、維持富貴。紀季在其投降主張遭到拒絕後，竟然割據紀國的酅地投靠齊國，成了齊國的附庸。紀國失去了三個城邑，又發生分裂，形勢岌岌可危。

　　魯莊公此時意識到了紀國局勢的嚴重性。紀國若被滅，將惡化魯國與齊國的鬥爭態勢。魯莊公決定調整策略，出兵救紀。遺憾的是，魯軍戰力不足以與齊軍直接較量。魯莊公轉而與鄭國國君公子嬰商量保全紀國。「冬，公次於滑，將會鄭伯，謀紀故也。鄭伯辭以難。」對於鄭國來說，紀國畢竟是隔山斷河的遙遠國家，再加上鄭國當時內部的確不穩，公子嬰不願參與山東半島的爭鬥，就以國內不穩為由拒絕了魯莊公。魯國救紀一事最後胎死腹中。

　　西元前六九〇年，擴張得到默許的齊國乾脆出兵攻破紀國都城。紀侯出國逃亡，一去不返。逃亡前，紀侯將國家讓位給自甘為齊國附庸的紀季，紀季投降齊國，紀國滅亡，疆土全部歸入齊國。齊國在吞併紀國後迅速壯大，陸續吞併其餘周邊小國，占領了除西南魯國以外的全部山東半島。

　　雖然齊襄公的品德不好，但他帶領齊國吞併紀國，之後又干涉鄭國和衛國的君位之爭，侵凌魯國。在鄭莊公死後幾十年中，中原各國首推齊國最強。

　　無論是用「昏君」，還是用「暴君」，都形容不出齊襄公的荒唐君主生涯。

　　《史記》記載：「初，襄公之醉殺魯桓公，通其夫人，殺誅數不當，淫於婦人，數欺大臣，群弟恐禍及，故次弟糾奔魯……次弟小白奔莒。」也就是說，齊襄公這個人不僅與妹妹亂倫，而且在國內殺人無數，姦淫擄掠，甚至欺凌大臣，毫無章法可循。在這樣的情況下，齊襄公的弟弟們不得不開始為身家性命擔憂。其中一個弟弟公子糾因為母親是魯國人，在管仲的輔佐下逃亡魯國；另一個弟弟公子小白在鮑叔牙的保護下逃往莒國。

　　公子糾和公子小白兄弟情深，逃亡前戀戀不捨地告別。管仲和鮑叔牙也有很深的友誼，依依話別。前途茫茫，管鮑二人相約將來不論哪位公子繼位為君，都不要忘了強國爭霸。有這樣的志向和決心，齊國日後的霸業是必成的。

　　最後，齊襄公的荒唐行為終於得到了報應。

　　齊襄公在當國君的第十一個年頭命令大夫連稱和管至父率兵戍守葵丘（今山東淄博西）。連管二人問什麼時候能回首都，齊襄公當時正在吃西瓜，就答應等明年瓜熟的時候派人替回二人。過了一年後，連稱、管至父見齊襄公遲遲不派人來替換，連續幾次送西瓜給齊襄公，提醒他早派人來替換，結果都遭到齊襄公的拒絕。齊襄公這時候已經是天怒人怨，眾叛親離了。連管二人很輕易就利用戍卒的不滿情緒，再聯合齊襄公的堂兄弟公孫無知，發動兵變，攻入臨淄，殺死了齊襄公。公孫無知被立為齊國國君，不到一年又在政變中被人殺死。齊國經歷了連續的政變，到頭來出現了國無君主的局面。

　　公子糾和公子小白兄弟圍繞君主之位的爭奪開始了。

　　政治就是這麼殘酷，昔日依依惜別的兄弟轉眼間就成了仇敵。

　　周邊國家始終關注著齊國的政局變動，尤其是魯國手中還握有齊國公子糾，時刻思索著如何利用他的外交價值。魯國在聽說公孫無知被殺後，發兵送公子糾回國爭奪君位。就在魯國大軍浩浩蕩蕩出發的時候，避難莒國的公子小白也事先得到了從小交好的齊國正卿高傒和大臣國氏的消息，晝夜兼程趕往臨淄。

　　公子糾的師傅管仲預料到了公子小白一行的行軍路線，早就帶兵堵截在莒國通往臨淄的路上。鮑叔牙上前與管仲交談。管仲趁眾人不注意，突然射箭，命中公子小白胸部，只見公子小白口吐鮮血，仰面倒地。管仲揚長而去，回魯軍報捷。正在鮑叔牙等人悲傷痛哭的時候，公子小白醒了過來。原來管仲的那一箭射中了公子小白的帶鉤，公子小白急中生智，咬破舌尖裝死倒地。這邊，公子小白一行日夜趕路，搶先到達臨淄，在高氏、國氏的輔助下繼位，史稱齊桓公。另一邊，因為沒有了競爭對手的公子糾和魯軍不慌不忙地行路。六天後，臨淄來人說：本國新君已立，不麻煩魯國大舉來助了，請回吧！

　　魯國肯定不從，乾脆進軍臨淄，要憑武力以公子糾替換公子小白。公子小白正等著魯軍呢，立刻發兵拒魯。齊魯兩軍在乾時（今山東桓臺）兵戎相見，魯軍大敗。公子糾隨著敗軍潰逃回魯國。

　　不多時，公子糾的人頭就被送到了臨淄。這是魯國在齊國壓力下的外交妥協。

國家力量的成功

　　齊桓公讓齊國從強國變成了霸國。

　　霸國與強國相比，不僅有量的進步，也有質的飛躍。所謂「量的進步」是說霸國比強國更強大；所謂「質的飛躍」是說霸國除了國力強盛外，還是一個政治鞏固、威望顯赫、地位崇高的國家。並不是所有的強國都能夠成為霸國，這就好像抓到好牌不一定能夠和牌，大股東不一定能夠控股一樣。齊桓公的成功是調動了整個國家的力量，結合原來的基礎和自己的奮鬥實現的，而輔佐他的人是管仲。

　　管仲就是差點要了齊桓公性命的那位公子糾的師傅。管仲，周王同族姬姓之後。但管仲這一系早已喪失了貴族身分，家道中落。等到管仲出生的時候，管家只是齊國一戶貧困商人家庭。管仲知道自己出身卑微，只能透過能力和努力來博取功名富貴，因此自幼刻苦學習，通詩書，懂禮儀，是難得的人才。管仲後來做了大夫，可惜站錯了邊，成了齊桓公的敵人。

　　齊桓公的新政權成立的時候，其師傅鮑叔牙是首要主政大臣人選。鮑叔牙不僅教育、擁立齊桓公有功，而且能力出眾，群臣對由他主政沒有意見。齊桓公在任命前例行徵詢鮑叔牙的意見，誰料鮑叔牙卻固辭不受，反而極力建議國君將國家大權託付給管仲。

　　齊桓公立刻把頭搖得像撥浪鼓一樣，堅決反對由政敵管仲主政。

　　齊桓公對管仲的排斥，除了射向胸前的利箭和難以忘卻的仇恨外，更是出於維護齊國政治傳統和制度的考慮。管仲出身於商人家庭，在世卿世祿的貴族政治風氣還很濃的春秋早期，任命一個商人擔任主政大臣是件匪夷所思的事情，勢必遭到巨大的人力和制度障礙。在宗法上，齊

桓公姜姓，管仲姬姓，雙方沒有任何宗法關係。讓一個外人來執掌國家大權，齊桓公不放心。

　　齊桓公對管仲調查以後問鮑叔牙：「我聽說之前，管仲和你一起作戰的時候，總是躲在陣後，或者搶先逃跑；和你一起做生意的時候，管仲出力少卻總是拿得最多；管仲的仕途非常不順，三次被國君排斥。你憑什麼向我推薦這樣的人呢？」鮑叔牙說：「君將治齊，則高傒與叔牙足矣。君且欲霸王，非管夷吾不可。夷吾所居國，國重，不可失也。」鮑叔牙的意思是說，如果齊桓公只是想讓齊國成為強國，那麼任命我或者高傒就可以了；但是如果想讓齊國成為霸國，那就非把國事託付給管仲不可了。鮑叔牙繼續說，管仲的確很在意自己的錢財、生命，那是因為他的出身比不上我，需要養家；同時管仲也在等待著歷史賦予他施展抱負和能力的機會。齊桓公聽從了師傅鮑叔牙的意見，決定將國家託付給管仲。

　　當時管仲還在魯國。齊桓公派出驕橫的使者，對魯國人說：「管仲用箭射殺我們國君，現在國君要你們交出管仲，斬首洩恨。」魯國人輕易地就將管仲裝入囚車送回了齊國。一入齊國，管仲就受到了隆重的接待。「桓公親迎之郊，厚禮相待，任為宰相。旋即又賦三權，即貴為大夫，富有三歸，親如仲父」。齊桓公沐浴更衣，給予管仲極大的富貴和權力，任命他為「宰相」。「宰相」是當時嶄新的官職，統攬國家大權。它的設立打破了春秋時官職與宗法緊密相連的傳統，一直延續到朱元璋時期。齊桓公尊稱管仲為「仲父」。管仲感慨地說：「生我者父母，知我者鮑子也。」

　　多少政治人物夢想著擁有施展拳腳的權力和舞臺。現在，管仲奇蹟般地得到了。

　　在把故事的主線轉為管仲之前，我們再來看看齊桓公的其他人事安排。

　　人們似乎習慣於將讚譽之詞都堆砌在賢臣、能臣、幹吏和清官身上，卻忽視了調配使用他們的統治者。齊桓公的能力也許不是齊國所有國君中最強的，但肯定是歷代國君中最擅長用人的。除了破格任用管仲，齊桓公還為齊國組織了一個能幹的「執政團隊」。

　　根據管仲的建議，齊桓公任命隰朋擔任了「大行」（相當於外交部部長）。

　　隰朋是齊莊公的曾孫，出身於貴族世家，自幼接受了良好的教育。一般這樣的人都知書達理，瀟灑大方，擅長交際。隰朋就擁有這些特長，非常勝任大行的職務。管仲病重時，齊桓公前去探視，詢問誰是接替相位的最佳人選。管仲就推薦了隰朋。管仲認為隰朋眼光遠大且能虛心下問，對於國政，不該管的不管；對於家事，不必知的不知。總之，隰朋具有非常宏觀、清醒的眼光。在外交事務上，保持清醒的判斷是非常重要的。隰朋就能夠在瞬息萬變的外交局勢中，分析出什麼是齊國需要的，什麼是可以退讓妥協的。史學家黎東方先生生前曾經詢問於右任先生，做個成功的人需要什麼樣的素質？于先生就指出：頭腦清醒，懂得大局。而能始終保持清醒，是非常難得的政治素質。遺憾的是，隰朋當時也病重，死在了管仲前面。

　　整個齊國爭霸稱霸時期的外交舉措都是隰朋執行的。他不僅主持了煩瑣的實際工作，還對齊國外交政策的制定提出了許多建議，被齊桓公和管仲所採納。一個爭霸的國家離不開一位能幹的外交家，隰朋就是在適當的時候出現的合適人選。

　　對主管經濟事務的甯戚的任用，比管仲的任命更具傳奇色彩。

　　甯戚是衛國人，學識淵博，才華出眾。可嘆的是，他的祖國衛國內亂外患不斷，非但沒有提供合適的政治舞臺，還讓甯戚家破人亡，無所歸依。甯戚淪落為車伕，替商人趕著牛車來到齊國貿易。這一夜，甯戚

一行夜宿臨淄東門外。碰巧，齊桓公當夜出東門辦事。甯戚想到齊桓公有雄才偉略，正在招攬人才，對於賢能者可以做到破格任命，於是決定賭一把。甯戚略一思索，一隻手幫牛拌草，一隻手拍打著牛角唱道：「南山矸，白石爛，生不遭堯與舜禪。短布單衣適至骭，從昏飯牛薄夜半，長夜漫漫何時旦？滄浪之水白石粲，中有鯉魚長尺半，豰布單衣裁至骭，清朝飯牛至夜半。黃犢上坂且休息，吾將舍汝相齊國。出東門兮厲石班，上有松柏兮青且蘭。粗布衣兮縕縷，時不遇兮堯舜主。牛兮努力食細草，大臣在爾側，吾當與爾適楚國。」齊桓公見一個車伕在感嘆懷才不遇，很奇怪，便載著甯戚一同回去。經過交談，齊桓公確信自己淘到了一塊真金，任命來自異國的車伕甯戚為大司田，掌管農業生產。當時的齊國地廣，資源豐富，但人煙稀少，土地需要整治，農業既是國民經濟的薄弱環節，又是極有潛力的領域。數十年後，齊國農業得到了突飛猛進的發展，累積了成熟的農業生產管理經驗，為國家的崛起打下了扎實的經濟基礎。

齊桓公執政團隊的另一位重臣就是鮑叔牙了。

鮑叔牙在新政權中最主要的工作就是與人「抬槓」，以性情耿直、犯顏直諫著稱。他對齊國的許多政策和人事提出了中肯、尖銳的批評。齊桓公在成就霸業後，常常顯露驕矜之色，甚至覺得自己功勳可比堯舜。齊桓公曾經計劃鑄造大鐘，以銘記自己的功德。鮑叔牙知道後，主動去和齊桓公談大鐘銘文的事情，一件一件地述說齊桓公的過錯。結果說得齊桓公恨不得找個地縫鑽進去，鑄造大鐘的事情也就不了了之。還有一次，齊桓公和管仲、甯戚、鮑叔牙四人同飲。酒酣耳熱之際，齊桓公責問鮑叔牙：「大家都向我祝酒了，為什麼就你坐著不動呢？」鮑叔牙捧杯起身說：「那我也向國君祝酒，希望國君不要忘記流亡莒國的憂困，希望管仲牢記魯國的囚徒生活，希望甯戚記得夜裡車下餵牛的時候。」一席

話說得大家都感嘆不已。齊桓公離席，向鮑叔牙鄭重行禮道：「我和兩位大夫能夠不忘記您的話，國家就一定沒有危險了。」

許多領導者都希望擁有一個融洽、綜合實力強的團隊，但做得像齊桓公這般成功的想必極少。

管仲是個根深蒂固的「國家主義者」，主張國家加強對國民經濟的宏觀調控，積蓄物力、人力和財力來支撐稱霸戰爭。

春秋之前的經濟制度基本是西周王朝設計的「井田制」。後來「井田制」逐漸不能適應春秋早期的經濟發展，出現了越來越多的漏洞。管仲轉而推行「相地而衰征」的政策，即公開廢除「井田制」，按土地好壞分出等級來徵收賦稅。注意，齊國徵收的是賦稅，而不是「井田制」下規定的政治經濟義務。同時，管仲充分利用齊國資源，召集人民利用鐵和鹽。齊國成為中國歷史上第一個提倡和組織開礦煉鐵的國家，也是春秋時期使用鐵器較早、較普遍的國家。海鹽是齊國的重要資源，是其他國家所必需卻又缺少的資源。管仲主張「以負海之利而王其業」，鼓勵民產食鹽，而官府專賣。民眾在農閒的時候都去伐薪煮鹽，官府收購，設官專賣。

食鹽的生產主要以貿易為目的。齊國食鹽販運到他國的價格差甚至可以超過四十倍。為了吸引商人，齊國規定「取魚鹽者不徵稅」，還提供許多便利。為了方便商人往來，齊國每三十里設驛站，儲備有食物草料並有住宿場所。在生活上，齊國對外商給予優厚待遇。只有一輛車的小商人，官府免費供應食宿；有三輛車的中等商人，加供牲口飼料；有五輛車的商隊，官府專門派人照顧其起居。同時，齊國還規定：「征於關者，勿征於市，征於市者，勿征於關，虛車勿索，徒負勿入。」這就是說，關稅和市稅不能同時徵收，對商人的空車和挑擔子的商販都不能收稅。於是乎，「天下之商賈歸齊若流水」，天下的錢財也像流水一樣湧進了齊國。

　　為了管理日益繁榮的經濟，齊國統一鑄幣，推行刀幣。一直到兩千六百多年後的今天，我們依然能夠在山東、河北、京津和中原大部分地區發掘出刀幣來。刀幣可能是春秋各國貨幣中最有知名度的。由此可見當時齊國經濟之發達。

　　為了集中政治力量，齊國開始調整行政區和機構。管仲將國都劃分為二十一個鄉。其中，工商鄉六個，鄉民專營本業，不服兵役；農鄉十五個，鄉民平時種田，戰時當兵。國都以外推行縣制，劃分為邑、卒、鄉、縣，均設官員管理。十縣為一屬，全國共有五屬，設五位大夫管理。五位大夫由齊桓公親自任免考核，每年年初他們都要向齊桓公報告屬內情況。

　　後人很容易從管仲的改革中發現之後兩千多年中國社會和政治上許多政策的影子。

　　發展經濟和鞏固政治之外，還要組成一支強大的軍隊。

　　齊國先前的軍隊雖然龐大，但還不能縱橫天下。管仲認為，兵在於精，而不在於多，將行政上的保甲制度和軍隊組成緊密結合起來，推行「寓兵於農」。齊國規定，鄉民必須服兵役。每家出一人為士卒，五人為一伍，每里五十人為一小戎，小戎由里司率領；每鄉兩千人為一旅，旅由良人率領；五鄉一萬人為一軍。十五鄉就能組成三軍，其中一軍由齊桓公親自率領，另外兩軍分配給大臣武將。齊國軍隊農閒時訓練，有戰事時出征。

　　管仲的這一改革極大地提高了軍隊的戰鬥力。之前的軍隊中很多士兵是混日子的，打仗的時候跟在後面，逃跑的時候搶在前面。為什麼呢？第一，因為齊國這麼大，春秋時人口流動性又小，回鄉後，也沒有人會指出誰在參軍的時候是個懦夫或逃兵。既然這樣，就很少會有人玩命地拚殺了。現在不同了，同一個單位裡的士兵都是同一個家鄉的鄰

居。誰是勇士，誰是懦夫，不用你說，所有人都看著呢！不僅看著，還會立即傳回家鄉去。大家同里同鄉住在一起好幾代了，子孫後代可能要永遠同鄉下去，千萬不能因為一個人的退縮而讓整個家族抬不起頭來。第二，現在齊國同一單位的士兵基本上都是兒時玩伴，很容易溝通協調，上級指揮調動起來也就方便多了。因此，再加上雄厚的經濟基礎提供的戰備保障，齊軍的戰鬥力比同時代的諸侯軍隊都要高。

管仲還讓當兵成了一件相當有趣的事情。齊國每年春、秋兩季都舉辦大型狩獵活動來訓練軍隊。由於當時民眾娛樂活動很少，人們非常願意參加軍訓名下的狩獵活動。同鄉之間嬉笑好幾天，無形中就提高了軍隊的戰鬥力。

士兵的問題解決了，硬體的完備可就不那麼簡單了。即使是齊國這樣的經濟大國，如果要實現武器裝備的更新和提高將士待遇，也需要好多時日。即使像現在美國這樣的超級大國，為軍隊設定的武器更新計畫最短也在十年以上。管仲卻在短短幾年內裝備了一支越來越龐大的軍隊。齊國規定罪犯可以用兵器贖罪。犯重罪的可以用甲和戟贖罪，犯輕罪的可以用盾和戟贖罪，犯小罪的可以用金屬贖罪。此舉聚攏了許多金屬，齊國將銅用來鑄兵器，鐵用來鑄農具。而齊國的司法機關承接每件訴訟的訴訟費用就是一束箭。很快，齊國就擁有了充足的裝備新軍的軍用物資。

短短四五年時間，管仲就讓齊國兵強馬壯，蓄勢待發。國都臨淄城的人口超過了四萬戶，有二十多萬人。「在這樣規模宏大的城市中，屹立著巨大的宮殿，里巷縱橫，屋宇鱗次櫛比，肆市林立，男女熙熙攘攘，商賈遊人往來其間，是當時中國東方最大的經濟中心。」

管仲確立的制度效果如此之好，以至於被後世的齊國君王繼承。《史記》記載：「齊國遵其政，常強於諸侯。」一個人，一套制度，就保住了齊國的大國地位。看來齊桓公對管仲的破格禮遇是值得的。

借尊王攘夷之名

一件看似很小的事顯示出了齊桓公和管仲之間具有不小的政治理念差距。

在改革出現成效，新軍編練完畢後，齊桓公急不可耐地要出去爭霸天下了。

爭霸是齊國君臣的共同心願，但管仲覺得還不到時候，因為齊國還缺乏一個逐鹿中原的口號。有了口號就可以師出有名，就有了對諸侯的號召力，也宣示了本國理想的外交世界。一個成功的口號甚至敵得過一個軍，齊國君臣就提出了「尊王攘夷」的口號。「尊王」就是尊崇周天子，是對內而言的；「攘夷」就是抵禦、驅逐戎、狄、夷等少數民族的軍事騷擾，是對外的。

作為齊國君臣深思熟慮的結果，「尊王攘夷」適應了春秋早期的外交局面。第一，周王室雖然日益衰微，但西周四百年的統治，使得周天子是「天下共主」的傳統思想根植於人們心中。如今儘管周王室衰微，但周天子在政治上依然具有相當的號召力。想稱霸的諸侯國不少，但誰也不敢驟然取周天子而代之。第二，當時被稱為蠻、夷、戎、狄的周邊少數民族，乘著中原諸侯紛爭、政局動盪的局面，向一些諸侯國發動進攻，威脅著華夏地區的安全。因此，制止少數民族的軍事騷擾就成了多數諸侯國的心願。這是一個集中展現道德與現實考量的口號，也是號召諸侯、令人難以拒絕的絕佳藉口。

能夠提出口號本身就是能力的象徵。外交口號是一國外交政策的表達，表明該國對國際事務有自己的理想和規畫。並不是所有國家都能夠提出自己的政治主張和外交口號。我們只要看看當今社會就能明白外交

口號的重要意義。儘管一些國家經濟發達，軍事力量也不弱，但就是提不出獨立的、能為他人所接受的外交主張和口號，甚至跟在超級大國後面亦步亦趨。因此，這些國家依然成不了獨當一面的外交大國。

「尊王攘夷」被廣為接受，成了春秋大部分時期霸主和中原大國的君臣掛在嘴邊的外交口號。它成了政治家和政客都不得不說的辭令，彷彿不說就不「尊王」，不「攘夷」了。只有楚國例外，因為楚國的君臣知道自己本身就是「夷」，不能自己和自己過不去。就好像亂臣賊子總喜歡嚷著「清君側」行奪權篡位之實一樣，「尊王攘夷」既沒有讓周天子恢復權威，也沒有消除周邊少數民族的軍事威脅。客觀上，舉著這個口號旗幟的各諸侯國無疑取得了或多或少的收益。而作為原創作者的齊國，獲益最早也最大。這有點類似於掌控知識產權的那個人獲得的收益最早、最大，後來的引用者的收益完全不能與原創者相提並論。

齊桓公和管仲的口號謀劃帶有濃厚的道德色彩。儘管政治與道德無關，但道德一直在政治鬥爭上具有某種不可抗拒的威力。齊國在外交謀劃階段就為國家政策染上了一層道德的光芒。

萬事俱備，只欠東風。

西元前六八一年，宋國發生內亂，國君被殺，公子禦說被擁立為新君。齊桓公認定這是一個齊國展現外交力的好機會。

已經下定決心以道德號召天下的齊國君臣在涉足中原的第一仗就為我們展現了如何實現道德與政治的結合。齊桓公先是派了使者去朝見周天子，請周天子干涉宋國的君位繼承。按照西周政制，諸侯國君的更替需要周天子的肯定和冊立。如果出現糾紛，周天子有最終的決策權。到春秋中期，這一制度實際上早已名存實亡，再也沒有諸侯會讓周天子來決定本國的最高權力更替。現在齊桓公為一個鄰國的君位糾紛主動請示周天子，周天子的第一個感覺是感動，第二個感覺還是感動，第三個感

覺則是無奈。因為周王室已經無力干涉諸侯國的君位更迭了，即使干涉
了，宋國也不會聽。周天子抓耳撓腮，苦無對策。周天子總不能向齊國
說因為王室勢力衰微，已經無法干涉諸侯國了。齊國向周王室提出了一
個棘手的問題。周天子靈機一動，既然齊國關心宋國糾紛，那就讓齊國
去管吧！最後，周天子授權齊桓公代表周王室插手宋國的政治糾紛。

　　齊桓公要的就是這個授權。

　　齊桓公以周王室的名義，約了宋、魯、陳、蔡、衛、鄭、曹、邾等
國在當年的三月初一到齊國西部的北杏開會，實際到會的只有宋、陳、
蔡、邾四國。齊桓公進退兩難，管仲安慰齊桓公說：「第一次號召諸侯能
夠得到這樣的結果已經不錯了。」於是，齊桓公主導五國君主訂立了一
個盟約，規定今後要相互幫助，安定王室，抵禦外族。在這第一次盟會
上，齊桓公公開提出了「尊王攘夷」的口號，做了政策的宣示。這個口
號開始走出齊國，成了國際外交原則。對於齊國來說，這個外交成果遠
比確定公子禦說的宋國國君地位更重要。

　　訂立盟約以後，齊桓公沒有讓四國國君歸國，而是假公濟私，藉口
魯國沒有參加以周天子名義召開的北杏會議，要發兵討伐它。齊桓公要
求組織五國聯軍進攻。沒想到，當天晚上，宋國的公子禦說就不辭而別
了。公子禦說看穿了齊桓公的心思，不想成為齊國征伐仇敵的工具。齊
桓公很生氣，決定捨魯伐宋。又是管仲勸告他說，「北杏之會本是為終
結宋國的亂局，會後卻揮軍進攻宋國，之前的道德謀劃就白費了。齊國
進攻魯國原本就是為了殺敵立威，宋國尚強，還不如進攻魯國更容易實
現目的。」於是，齊桓公按照預定目標率領齊、陳、蔡、邾四國聯軍進
攻魯國。

　　魯軍很快就被打敗，魯莊公獻出城邑謝罪。齊桓公驕傲地召魯莊公
到柯（今山東聊城東阿附近）舉行會盟，讓魯國正式承認齊國的霸主地

位。在隆重舉行盟會時，齊桓公正要讓魯莊公割地立約，沒料到魯國將軍曹沫突然拔出匕首，躥上盟壇，劫持了齊桓公。曹沫厲聲要求齊桓公：「請齊國返還侵占的魯國土地！」齊桓公不動聲色地答應歸還侵地，簽字立約。曹沫這才放了齊桓公。會後，齊桓公想耍賴，毀約繼續進攻魯國。管仲卻認為，齊國要認真歸還侵占的魯國領土，正好借此樹立誠信的道德形象。雖然短期失去了土地，卻可以獲得長期的外交收益。結果齊國按約歸還了魯國的失地。主動歸還土地在春秋時期還是首次，此舉讓齊桓公在諸侯中贏得了很大的聲譽。魯國的要求被滿足了，也按照盟約承認了齊國的霸主地位。

齊桓公解決了魯國後，又向周天子控告宋國不討伐未赴天子盟會的魯國。周天子就命令齊國討伐宋國。公子禦說不得不認錯。其間，齊桓公還接連征服了譚、遂、莒、徐、萊等國。西元前六七九年，齊桓公召集曹、宋、陳、衛、邾五國諸侯在鄄（今山東鄄城北）會盟。至此，中原主要國家（宋、魯、陳、蔡、衛、曹、邾等）都明確認同了齊國的政策主張，加入了以齊桓公為首的聯盟。短期內，齊桓公沒有透過大規模的戰爭，就成了公認的霸主。

齊桓公就是公認的「春秋五霸」之首。

當霸主是要承擔責任的。這就類似於當小弟遇到麻煩時，大哥自然要出面「擺平」。

西元前六六四年，山戎進攻燕國。燕國向齊國求救，希望其念在同族情分上出兵相助。齊桓公欣然親率大軍北征山戎。齊桓公的大軍大破山戎，進擊到令支、孤竹兩個東北小國，獲勝而還。這是華夏族對周邊少數民族的首次重大勝利。這次勝利不僅保全了燕國，還遏制了山戎南下的攻勢，捍衛了中原地區的安全。

燕莊公異常感謝齊桓公，親自送凱旋的齊軍歸國，他一直送齊桓

公進入齊國領土。齊桓公制止說：「諸侯相送不出境，我不可以對燕無禮。」齊桓公將從齊燕邊境到燕莊公所到地點的所有齊國領土都割讓給了燕國。臨行前，齊桓公還叮囑燕莊公要學習召公為政，像周成王、周康王時一樣按期朝貢周王室。

西元前六六一年，另一支少數民族狄人進攻邢國。齊國緊急發動諸侯軍隊援救。但齊軍還沒到，邢國就已經被狄人攻打得四散而逃。齊國和諸侯軍隊一起打退了狄人軍隊，找到邢國國君，將其安頓在齊國。諸侯軍隊把邢國的器物收集起來，保存好交還給了邢國。齊國又率領諸侯國軍隊在夷儀（今天的山東聊城西十二里處）為邢國修築城市，邢國國君遷都於此。邢國臣民高高興興地遷徙新城，就像回歸故土一樣。

狄人同時也進攻了衛國。當時的衛國內政不修，衛懿公只知道養仙鶴作寵物，結果衛國敗得一塌糊塗。最後衛國只剩遺民七百三十人逃過黃河，加上殘留的沒有被狄人占領的共、滕兩邑的五千人，在曹（地名而非國名，在今河南滑縣西南）這個地方擁立公子申為國君，稱衛戴公。齊桓公派公子無虧率兵車三百乘、士兵兩千，接手曹地的防衛，幫助衛國立足。齊國又援助衛國乘馬、祭服，牛、羊、豬、雞、狗各三百和過冬的木材。衛戴公繼位不到一年就死了，齊國又立衛文公繼位，還在衛國故地楚丘（今河南滑縣）為衛國修築了國都。衛國臣民看到了復興的希望，高興地前往新居。

後人將齊桓公救助邢、衛的善舉稱為「邢遷如歸，衛國忘亡」。衛國也因此成了齊桓公的堅定盟友，保障了齊國西線的安全。

西元前六五九年，齊桓公的另一個妹妹、魯閔公的母親哀姜竟然和魯國公子慶父淫亂。魯國發生內亂，慶父弒殺魯閔公，哀姜想立慶父，而魯人立魯僖公。齊桓公召回哀姜，大義滅親殺死妹妹。

這進一步增強了齊國的道德光芒。

　　強中自有強中手。齊桓公在牢固確立了中原霸主地位後，面臨著崛起北進的楚國的威脅。

　　如果說齊國的強大是透過內部優化重組的集約型發展達到的，那麼南方楚國的強盛則是透過兼併他國、拓展土地的粗放型方向實現的。經過上百年的兼併戰爭，楚國越來越強大，幾乎兼併了南方所有的國家，軍鋒接近現在的河南中部一線，成為一個龐大且富有侵略性的國家。對於中原諸侯來說，楚國是南蠻，是自封的王，和北方的戎、狄沒有本質上的區別。對於齊國來說，楚國將成為爭霸道路上的最後一個敵人。在齊楚戰爭前夕，爭霸的私利和「攘夷」的口號能夠有效地結合在一起。

　　高手過招，點到為止。齊楚兩國面對強大的敵手，都不敢搶先發起進攻，就先這麼耗著。這可苦了夾在齊楚兩國土地之間的中原小國。齊桓公時期，鄭國、蔡國、陳國等都受到楚國的威脅。出於同族的感情，這三個國家都倒向了齊國，打算依靠齊國的保護。蔡國還將女兒嫁給齊桓公，和齊國交好。

　　蔡國嫁給齊桓公的女子叫蔡姬，是個活潑任性的女子。一次，齊桓公和蔡姬一同泛舟遊玩。齊桓公不會游泳，很擔心船會晃動。蔡姬卻偏偏把船晃得非常厲害，即使齊桓公一再讓她安靜點，別再晃船了，她也不聽。齊桓公生氣了，乾脆將蔡姬送回了娘家蔡國。

　　蔡國也生氣了，將蔡姬打扮打扮，嫁給了南邊的楚成王。蔡國開始倒向楚國。

　　齊桓公的尊嚴受到了極大的侮辱。他決定借這一事件，私仇公恨一起報，掀起與楚國的戰爭。齊國向諸侯發出邀請，要求集合軍隊進攻蔡國。在齊桓公繼位的第三十年的春天，以齊軍為首的諸侯聯軍伐蔡。蔡軍一觸即潰，向楚國求援，楚軍出兵。於是在西元前六五六年，中華大地上最強大的兩個國家間的戰爭爆發了。

　　參與對楚國戰爭的有齊、魯、宋、陳、衛、鄭、曹、許八國聯軍。齊桓公攜得勝之威，放下蔡國，攻入楚國境內。

　　楚成王派使者責問齊國軍隊：「君處北海，寡人處南海，唯是風馬牛不相及也，不虞君之涉吾地也，何故？」這話的意思是：我們兩國相距很遠，我又不是周朝分封的諸侯，你齊國管不著我。管仲理直氣壯地代齊桓公答道：「昔召康公命我先君太公曰：『五侯九伯，若實征之，以夾輔周室。』賜我先君履，東至於海，西至於河，南至於穆陵，北至於無棣。爾貢包茅不入，王祭不共，無以縮酒，寡人是征；昭王南征而不復，寡人是問。」這話的意思是，我們齊國封藩建國的時候，周王室就賦予了開國的姜太公討伐不臣、輔助王室的職責。現在楚國有兩樁大罪，一是你們楚國已經有多長時間沒有向天子進貢茅草了啊；二是當年周昭王向你們楚國興師問罪的時候，你們故意讓他坐上一艘事先沒有焊接好的船，淹死了他。因此，我們八國諸侯今天來討伐楚國。楚國強硬地回答：「貢之不入，寡君之罪也，敢不共給？昭王之不復，君其問諸水濱。」楚國承認沒有向王室進貢茅草是我們的不對，馬上改正；但是周昭王的死與我們無關，你們去問水神吧！在這裡楚國的外交底線是：希望和中原諸侯講和，楚國願意做出的妥協是以後繼續按時向王室進貢茅草。但是楚國拒絕承認自己與周昭王的死有關。這樣的妥協在齊桓公和管仲看來還遠遠不夠，接受不了，因此和談失敗了。

　　齊軍等八國聯軍繼續向楚國內地推進。楚軍抵擋不住，聯軍一直打到陘。到夏天，楚王派屈完帶兵反攻，聯軍退回到召陵（今天的河南省郾城東部地區）一線，戰局就僵持了下來。

　　楚國還是希望能夠實現和平。楚成王明白齊桓公如日中天的威望和齊軍的實力，自己並沒有獲勝的把握，認為暫時和談是對楚國有利的。楚成王指示屈完繼續與齊國和談。

　　屈完親自去見齊桓公。齊桓公帶著他一起檢閱了八國諸侯聯軍，不無炫耀地問：「以此眾戰，誰能御之？以此攻城，何城不克？」

　　屈完不卑不亢地對桓公說：「君若以德綏諸侯，誰敢不服？若君以力，楚國方城以為城，江水以為池，雖眾，無所用之。」屈完這段話的意思是，戰爭還是要講道理的，楚國已經一再求和了。如果齊國決意進攻，那麼楚國就要用方城山作為城牆，用長江來做護城河，和齊軍決一死戰。那時候，齊國還有把握挺進南方嗎？

　　齊桓公和管仲權衡力量對比和局勢，覺得屈完的話並不是誇大其詞。楚國畢竟是地跨千里的大國，齊國剛到北部地區就僵持不前了，還真沒把握直下楚都，逼楚成王投降。屈完的意思是清楚的，楚國可以認錯，可以按時納貢，但是不進入齊國主導的霸權體系。最終，齊國決定接受楚國的外交條件。楚國和中原諸侯在召陵盟會，楚國承認之前的過錯，承諾按時向王室進貢茅草，與中原諸侯和睦相處。

　　召陵盟會雖然沒有讓楚國投降，也沒能讓楚國交出侵占的土地，但是楚國第一次公開認錯了，並且承諾了兩件事情。楚國向中原的進攻被遏制住了，在事實上承認了齊國在北方的霸主地位。齊國的霸主地位最終得到了鞏固，中小諸侯也都歡欣鼓舞。

　　八國諸侯聯軍高高興興地退兵回國去了。

　　實力強大以後，齊桓公都能夠干涉周天子的更替了。

　　授權齊桓公以天子之命征伐天下的周惠王想立愛妃生的王子帶為太子，廢黜原太子鄭。這是與齊桓公倡導的道德主張不相符的。畢竟在春秋早期，道德多少還是與宗法連繫在一起的。齊桓公決定出面保全太子鄭的地位。西元前六五五年，齊桓公以拜見太子為藉口，聯合諸侯在首止開會。太子鄭在首止和諸侯會面了幾個月時間。齊桓公對他很客氣，其他諸侯也不敢不客氣。結果消息一鬧大，全天下都知道諸侯們支持太

子鄭，周惠王便不敢輕言廢立了。

周惠王很惱火，更加不喜歡太子鄭，但又不敢與齊桓公抗爭。不過，還在首止會議期間，周惠王就偷偷派人勸告鄭國不要參加盟會。鄭國離開了首止，剩下的七國諸侯訂立了共同輔助太子的盟約。會後，齊國進攻鄭國。鄭國哪裡抵擋得住，連忙宣布向太子鄭效忠。太子鄭的地位算是徹底鞏固了。

西元前六五二年，周惠王去世。齊桓公會同各諸侯國擁立太子鄭為天子，這就是周襄王。

周襄王即位後，對齊桓公的感激無以言表，派人送祭肉給齊桓公以示嘉獎。按制，天子的祭肉只能送給同姓諸侯，現在齊桓公以異姓（姜姓）諸侯的身分獲賜祭肉，表示天子對他的特別信任、肯定和恩寵。天子還以齊桓公年老功著為名，特賜齊桓公可以不拜受賜。舉行受賜典禮時，齊桓公想不拜，管仲忙勸阻說：「不可，身為以道德號召天下的諸侯，時刻都要注意自身的言行，要對周王室一如既往地恭敬。」於是齊桓公決定下拜受賜。使者傳周天子命令說：「伯舅的年紀大了，加賜一級，不必下跪。」齊桓公恭敬地回答：「天威不遠，就在面前，小白怎敢貪受天子的恩命，廢掉下跪的禮節？」

第二年，西元前六五一年，齊桓公為君第三十五年的夏天，齊桓公召集諸侯舉辦了葵丘大會。周襄王派宰孔賜齊桓公文武胙、彤弓矢、大路（諸侯朝服之車），對齊桓公極力表彰。依據管仲的建議，與會諸侯訂立了盟約，發誓「凡我同盟之人，既盟之後，言歸於好」。這是齊桓公九合諸侯會盟中最盛大的一次，代表著齊桓公的霸業達到頂峰。萬邦雲集，唯齊國馬首是瞻，那是何等的光彩和榮耀。

這年，晉獻公死，晉國發生內亂。齊桓公命隰朋統率諸侯聯軍平定晉國之亂，與秦穆公之軍共納晉公子夷吾於國，是為晉惠公。齊國還主

持了晉國與戎狄之間的談判，以抵禦少數民族趁晉國薄弱之時進攻。齊桓公又會合諸侯築城於緣陵，把備受荊楚淮夷侵迫的杞國遷至那裡安置。齊國東奔西跑，忙來忙去，沒有人質疑齊國的霸國地位。

葵丘會盟三年後，周襄王的弟弟王子帶眼見王位無望，中原諸侯又無法依靠，竟然勾結戎、翟等少數民族軍隊合謀伐周。周王室危急。齊桓公派管仲率軍平定王子帶的叛亂，驅逐了戎族勢力。得勝後，周襄王欲以上卿之禮對待管仲。管仲誠惶誠恐地拒絕說：「小臣只是齊國的陪臣，怎麼敢接受上卿之禮啊！」他再三推讓，最後周朝以下卿之禮對待管仲。

這又是一件為齊國爭光的事情。

葵丘雄風難長久

　　齊桓公和齊國著實讓人羨慕。齊桓公營建了一個霸國，成為後世許多國家努力的方向。

　　春秋外交很大程度上是爭霸外交。大國都想成為霸權國家。「霸權國家就是相對強大的國家，它由於強大的政治、經濟和軍事力量，對別的國家具有一種軍事威懾，使其他國家不得不在許多問題上順從它的意志，這個霸權國家在這樣一種霸權秩序中得到最大的國家利益」。但是這個霸權是相對的。「在春秋的二百六十多年中，從來沒有任何一個霸權國家能夠完全控制整個周朝這個東方古代的『聯合國』，齊桓公的齊國在中原國家中有很大的影響，但它對秦國、楚國影響較小；楚國的稱霸只是在南方地區，對中原國家的影響很小，雖然中原國家在一段時間內不得不向楚國納貢賦」。「春秋時期的霸權國家的強權地位影響的時間都較短，只有晉國和楚國時間稍長一些」。春秋三百年中，列強各領風騷十數年甚至數十年。列強輪流坐莊是春秋爭霸的一個基本特點。

　　爭霸的中心地區在中原發達地區。中原地區是華夏文化的中心，經濟發達，物產豐富，同時策略地位重要，四通八達。齊國地處中原地區，晉國鄰近中原地區，兩國稱霸時間長，影響深刻；而楚國、秦國雖然國力和戰績不遜色於齊國和晉國，但因為距中原地區還有一段距離，因此稱霸影響並不深。最可憐的是地處如今黃河中游地區的各中小諸侯國，往往成為諸侯爭霸的靶子和工具，不能自主地決定本國的命運。

　　霸國和諸侯之間存在規範的權利和義務關係。各種權利和義務關係構成一個霸權秩序。

　　霸權秩序並不是一個平等公平的秩序。但是如果僅僅因為一個「霸」

字就否定霸權秩序是不可取的。對於沒有權威、社會動盪、弱肉強食的狀態來說，霸權秩序總比沒有秩序要強。春秋時期，各大國在外交軍事鬥爭最終走向霸權秩序這一點上都沒有異議，所爭的只是誰的霸權和什麼樣的秩序問題。也就是說，大家都在玩遊戲，只是在爭奪遊戲規則的制定權。比如，齊國在葵丘盟約中規定的遊戲規則是：不准堵塞河流；不准在他國災荒的時候囤積糧食；不准更換太子；不准以妾代妻；不准讓婦女參與國政。這五點帶有明顯的道德色彩，各國都要執行。假如執行了，齊國就保證你的安全，讓你進入齊國營建的國際體系中，不然就兵戎相向。這就是齊國的規則。

諸侯和霸國之間還存在常規性的權利和義務關係。作為對霸國服從的象徵，諸侯要定期朝覲霸主。朝覲可不能空著手去，諸侯要帶著相當數量的「見面禮」向霸主進貢。於是乎，諸侯既要向周天子進貢，又要向霸國進貢。諸侯對周天子的貢賦常常拖延或拒交，周天子無可奈何；對霸主的貢品卻不敢怠慢，否則就會遭到霸權體系的孤立，甚至軍事進攻。同時，諸侯還要隨時聽從霸國的召喚，參與盟會或共同出兵。諸侯履行奉命參戰這一義務使霸主常常率數國甚至十餘國軍隊進行征戰，或者令某國單獨出兵侵伐他國。

朝覲、獻貢賦和奉命參戰是諸侯對霸主需盡的常規義務。這些義務彷彿就是霸國努力營建霸權體系，為各國提供公共產品所付出成本的收益。霸國需要諸侯的這些義務來維持霸國地位。比如，齊桓公在確立霸權後就多次無償地向諸侯國徵發兵役和勞役，而且在攻伐和徵役的過程中，所在諸侯國要提供糧草供給。齊國需要集合這些人力、物力和財力用以修建防禦少數民族的堡壘、工事。齊國在戎狄和諸夏之間的地區修築了許多關塞，如晏、負夏、葵茲等要塞和中牟、五鹿、蓋與等堡壘。這些義務對一些小國來說是非常沉重的負擔。西元前六五六年，齊國南

征楚國歸來，計劃取道陳國回國。陳國就派大夫以「國必甚病」，不堪重負為由，請齊軍繞道。齊桓公當然知道陳國打的主意。同年秋天，得勝歸國的齊軍乾脆伐陳，用武力取道回國，作為對陳國不盡義務的懲罰。

齊桓公清楚，一味的索取和強硬是維繫不了霸權秩序太長時間的。因此，齊國在朝覲和進貢兩項常規義務中對諸侯的要求相對寬鬆，反而施以小恩小惠。齊桓公讓前來朝覲的諸侯小國帶很輕的布幣、疲馬、縷綦、鹿皮等輕薄禮物進貢；而齊桓公則給他們很重的酬賓之禮。他們的使者輕鬆而來，滿載而歸。《國語》評價齊桓公此舉「拘之以利，結之以信，示之以武，故天下小國諸侯既許桓公，莫之敢背，就其利而信其仁，畏其武」，皆大歡喜。這也許是因為齊國經濟發達，物資豐富，不在乎諸侯進貢物品的多少。之後的一些諸侯國因為戰爭消耗了巨大的物資，就向臣服諸侯索求很多的貢物，反而導致了霸權秩序的不穩定。

在齊國的主持下，周王朝一度出現了「諸侯甲不解累，兵不解翳，無弓服無矢，隱武事，行文道，帥諸侯而朝天子」的和平景象。在霸權國家的責任和作用方面，齊桓公的作為為後世樹立了榜樣：保護小國的獨立完整，調解國際糾紛，維護周王室的生存和權威，團結華夏各國抵禦「蠻夷」民族或部落的侵略和進攻。

我們來為齊桓公算一筆帳。

齊桓公在位四十三年，九合諸侯，一戰而率服三十一國。管仲對齊桓公霸業貢獻良多，孔子尤其對他提出的「尊王攘夷」稱讚不已：「管仲相桓公，霸諸侯，一匡天下，民到於今受其賜。微管仲，吾其被髮左衽矣！」「左衽」指衣襟從左邊開口，是當時少數民族的服裝式樣。孔子的意思是說，如果沒有管仲輔佐齊桓公建立的霸權秩序，中原的人民都要被少數民族奴役驅使。孔子的這種讚揚態度一直影響著幾千年來人們對齊國霸業的評價。

齊國的霸業始終籠罩在濃濃的道德色彩之下。齊國正是「能宣其德，故諸侯賓會」。不管是「尊王」也好，「攘夷」也罷，還是管仲提醒齊桓公注意言行，都有道德方面的考慮。齊國主導的霸權秩序可以視為一個表層道德、內核實力的秩序。以道德為表，固然是因為道德作用還在，周王室餘威尚存，少數民族的威脅激發了華夏民族的同仇敵愾，但也表明了隱藏其後的齊國的實力缺陷。齊桓公的力量還沒有強大到可以拋棄道德號召，直接用拳頭說話的地步。實力限制是齊國總要借用周天子名義來號召天下，試圖賦予自身道義合法性的重要原因。當然了，春秋時代不存在任何一個國家強大到可以拋棄所有道德因素，與所有其他國家為敵的地步。但是隨著周王室的繼續衰微和少數民族軍事威脅的減弱，齊桓公之後的爭霸鬥爭中道德色彩逐漸淡化也是事實。人們坦率地把心中的權力欲望表露無遺。

齊國因為實力缺陷而多少需要依靠道德的事例，在齊桓公後期維持霸權秩序時就一再出現。在王子帶叛亂的時候，中原形勢危急。王子帶引入的狄兵滅亡了溫國，侵犯鄭國和衛國。齊桓公只能聯合許國討伐北戎，同時徵發諸侯軍隊替衛國修築城郭。最後還是秦國、晉國兩大國發兵伐戎，才最終救周，安定局勢。齊國管仲、隰朋兩人分別替周王室、晉國跟戎狄講和。周朝式微，當時只有齊、晉、楚、秦強大。晉國內亂，秦國偏遠，楚王以「蠻夷」自居。齊國沒有與晉國和秦國作戰，雖然壓服了楚國，但也只是暫時的勝利而已。召陵盟約兩年後，楚成王北伐許國，許君肉袒謝罪，投向楚國，這才被楚成王釋放。六年後，楚國伐黃。十年後，楚國滅英。齊國都沒有力量抵制咄咄逼人的楚國。

童書業先生認為齊桓公的實力「還很單薄，只靠了諸侯的團結，才勉強做出一點場面來。至於他的功績，約略說來，在安內方面，是有相當的成就的；對於攘外，卻多半只做出一些空把戲。然而中原的所以不

致淪亡，周天子的所以還能保持他的虛位至數百年之久，這確是他的功勞，至少可以說這個局面是他所提倡造成的」。

齊桓公在位的倒數第二年，戎軍再次侵周，周又告急於齊。齊桓公只能命令諸侯各發士兵守衛周朝，並沒有組織對戎軍的大規模反擊。也就是在這一年，晉國的公子重耳逃亡到齊國。齊桓公很禮貌地接待了他，還為重耳迎娶了妻室。

這是春秋兩大霸主（齊桓公、晉文公）的唯一一次交往。不同的是，一個處於垂垂老矣的暮年，一個處於蓄勢待發的壯年。

齊桓公在後期越來越驕傲。

見過齊桓公的宰孔對晉侯說：「齊桓公太驕傲了。」諸侯開始出現了些許背叛現象，但齊桓公始終以中原霸主自居。他說：「寡人南伐至召陵，望熊山；北伐山戎、離枝、孤竹；西伐大夏，涉流沙；束馬懸車登太行，至卑耳山而還。諸侯莫違寡人。寡人兵車之會三，乘車之會六，九合諸侯，一匡天下。昔三代受命，有何以異於此乎？吾欲封泰山，禪梁父。」齊桓公堅信自己東征西討，天下無敵，加上幫助諸侯匡定王室，功勳卓著，可以與傳說中的堯、舜、禹相比，所以要去泰山封禪。封禪一般是天子顯示功勳的隆重儀式，並非諸侯能夠擅行的。管仲還保持著清醒的頭腦，勸說齊桓公放棄封禪的計畫。可惜齊桓公聽不進去。後來，因為管仲藉口封禪需要使用遠方的奇珍異寶才能進行，現在齊國還不具備封禪所需的物資，齊桓公才打消了封禪的念頭。

事實上，當時整個齊國的決策層此時都已經安於萬邦來朝、國富民強的狀態，喪失了最初的進取精神。管仲也不例外。齊桓公對管仲尊崇萬分，使其位極人臣。管仲生活奢華，富可敵國。在貧困環境中成長的人往往在富貴之後生活奢侈，管仲也不能免俗。正是在安逸享樂的氛圍中，齊國才沒有進一步強盛，而是逐漸衰落了。

　　齊國最大的隱患是齊桓公晚年所用非人。齊桓公晚年寵信豎刁、易牙、開方三個佞臣。這三個小人，一個殺了自己的兒子，煮肉給齊桓公吃；一個放棄衛國的公子之位，自願來侍奉齊桓公；一個則為了得到進宮伺候齊桓公的機會，不惜自我閹割。齊桓公覺得這三個人都是忠臣、幹臣。

　　管仲不這麼看，但是他已經沒有力量驅逐這三個人了。管仲病重了，齊桓公去看望他，詢問他對國家發展還有什麼遺言。管仲鄭重警告齊桓公一定要驅逐豎刁等三人出宮，不然三人必然禍亂國家。齊桓公不解地問他為什麼這麼評價那三個人。管仲說，一個連親生兒子、血緣宗法和身體都不顧的人，怎麼可能會是忠臣呢？齊桓公覺得有道理。

　　管仲死後，齊桓公一度聽從管仲之言，驅逐三佞臣出宮。可離開小人後，齊桓公食不甘味，渾身難受，只好復召三人回宮。當時齊桓公年事已高，已面臨立儲之事。豎刁、易牙、開方三人付出沉重的代價來到齊桓公身邊，原本看中的就是齊國的權威和國君的權力，現在紛紛插手立嗣之事，為自己攫取權力。

　　管仲的遺言不幸言中了。

　　西元前六四三年，辛勤經營了四十三年霸業的齊桓公與世長辭。

　　齊桓公的死非常悲慘。他病重的時候，五位公子（公子無虧、公子昭、公子潘、公子元、公子商人）就已經各率黨羽爭位。豎刁、易牙忙於權力爭奪，乾脆矯託王命把王宮用高牆圍起，只留一個小洞提供齊桓公的飲食。重病的齊桓公每天只能見到一個送飯的小太監。就是這麼一個小太監，不久後也不再從洞口爬進來了。無人照看的齊桓公只能在飢渴中悲慘地死去。

　　齊桓公死在冬天。斗室裡寒冷似冰，外面五位公子的喊殺聲此起彼伏，爭鬥得熱火朝天，國家陷入混亂。齊桓公屍體在床上放了六十七

天，直到後來屍體上的蛆都從窗子裡爬了出來，惡臭難聞，人們才注意到國君的死。當年十二月十四日，爭得君位的公子無虧才把齊桓公收斂。

《管子》描述齊桓公的死是：「飢而欲食，渴而欲飲，不可得。⋯⋯乃援素帷以裹首而絕。死十一日，蟲出於戶，乃知桓公之死也。」對於這一史實，《史記‧齊太公世家》的記述則更到位：「桓公病，五公子各樹黨爭立，及桓公卒，遂相攻，以故宮中空，莫敢棺。桓公屍在床上六十七日，屍蟲出於戶。」作為中原霸國的齊國，曾經顯赫一時的齊國，竟然因為諸公子爭立導致宮中人員逃避一空，沒有人替為齊國創下豐功偉績的齊桓公入殮。這一幕，不得不讓人扼腕嘆息。

感嘆歸感嘆，歷史用實際行動懲罰了齊國，那就是剝奪了齊國的霸國地位，而且是永久剝奪。

第四章　第二波「尊王攘夷」

君子於役，不知其期，曷至哉？

雞棲於塒，日之夕矣，羊牛下來。

君子於役，如之何勿思！

君子於役，不日不月，曷其有佸？

雞棲於桀，日之夕矣，羊牛下括。

君子於役，苟無飢渴？

《詩經·王風·君子於役》

不可複製的旗幟

　　齊桓公稱霸後，宋襄公是他的忠實「粉絲」。

　　宋襄公「追星」到什麼程度呢？父親宋桓公死後還未下葬，聽說齊桓公召集諸侯舉行葵丘大會，宋襄公連喪事都沒有料理完畢就匆忙趕去參加大會了。齊桓公九合諸侯，宋國都是重要的追隨者和支持者。宋襄公不是震懾於齊國的強大國力，而是對齊桓公倡導的道德主張打心底認同、支持。因此，齊桓公在死前那一年立了公子昭為太子，還將他託付給自己的「粉絲」宋襄公。

　　齊桓公將後嗣託付給宋國和宋襄公，是有他的現實考慮的。

　　因為在春秋早期，宋國還算是一個比較強大的諸侯國，同時爵位很高，在齊桓公看來，可以承擔託付重任。宋國，國君子姓，位於現在河南商丘一帶。宋國的開國國君微子啟是商朝帝乙的長子，末代商王帝紂的大哥。只因為微子啟是庶出，沒有資格繼承王位，但也非常幸運地逃過了西周滅商時的殺身之禍。周武王分封諸侯時，不能絕了前代王朝的血脈，因此在前朝的王族中挑選能夠封為諸侯的人，以奉其宗祀。當時的人選，一個是紂的兒子武庚，一個就是微子啟。武庚首先中選，但後來叛亂被殺。結果，溫順的微子啟降周後就被封在商丘，建立宋國。考慮到宋君是殷商天子的貴胄，西周封其為公爵，是周初三公之一。周天子禮其為賓而不為臣。但西周王朝也留了一手，封給宋國的土地是中原東部開闊的平原，四面受敵又難以防守。這一特點在春秋時造成了宋國多戰多災的命運。

　　春秋初期的宋國多次主動出擊，非常活躍，還擁有相當的實力。鄭莊公小霸的主要對手就是宋國。

看到齊桓公死後諸公子爭位、毫無章法的亂象，宋襄公就在西元前六四二年聯合曹、衛、邾等國，以武力護送流亡宋國的公子昭回國爭位。齊國軍隊在甗（今山東濟南歷城）被打敗，公子昭在宋軍兵車長矛的簇擁下繼位，成為齊孝公。齊孝公和齊國對宋襄公非常感激。宋襄公也非常欣慰，畢竟完成了偶像的重託。

事實上，齊桓公既看準了宋襄公，又看走了眼。

宋襄公在平定齊國君位之亂後，野心便迅速膨脹起來。

效仿偶像，成就齊桓公那樣的霸業成為宋襄公追求的目標。他覺得宋國具有這樣的條件。因為宋國為齊孝公復位，召集了一些諸侯，又打敗了齊軍，證明宋國既具有道德號召力，又具備強大的軍事實力。在宋襄公眼中，扶立齊孝公變成了一件驚天動地的大事。他想，齊國霸業已經消亡，該是宋國樹立威信、稱霸諸侯的時候了，「尊王攘夷」的大旗應該落到自己手中了。於是，宋襄公開始以新霸主的名義號令中原諸侯。

不料，中原諸侯、滕國的國君一開始就對宋襄公的號令不服。自我感覺良好的宋襄公馬上出兵，將滕君抓了起來。西元前六四一年，宋襄公正式召集曹、邾、鄫等國國君到曹國的國都會盟。鄫國的國君遲到了。宋襄公認為這正是宋國藉機揚威的機會，就把鄫國國君給抓起來祭神。也就是說，堂堂一國之君竟然被宋國作為祭品，投入了河水之中。此舉收到了什麼效果嗎？有。那就是滕國的國君一看鄫國的國君被投入河裡餵了魚，擔心自己成為他黃泉路上的夥伴，慌忙向宋襄公服軟。宋襄公高興了，確信自己行為得當，宋國已經建立了霸國權威。

當時，曹國作為會盟的舉辦國，並沒有盡到地主之誼，為會盟提供的物資並不充裕。宋襄公在會館沒有吃到羊肉，就認為曹國無禮，發兵包圍了曹國的國都，曹國只好認錯。宋襄公的自我感覺更加良好了。

霸業剛剛起步的宋襄公在該年冬天遭遇了當頭棒喝。西元前六四一

年冬，在陳國的倡導下，陳、魯、蔡、鄭、楚等國國君在齊國開會，以紀念齊桓公。會議的規模遠遠超過了宋國發起的曹國會盟；與會諸侯表面上懷念齊桓公的好，實質上是在罵宋襄公的不好。的確，在齊桓公時期，齊國沒有將諸侯餵過魚，沒有動輒就圍攻諸侯國都。以道德相號召的齊桓公面對一些不盡符合禮法的行為，寬容而變通，而這恰恰是宋襄公所不具備的。

在紀念齊桓公的大會上，楚國的參與特別引人注目。齊桓公是楚成王的死對頭，齊國遏制了楚國向北擴張的攻勢，楚國為什麼還要來為齊桓公歌功頌德呢？除了對齊桓公的霸業表示懷念，表達對強者的尊重外，筆者認為楚國與會最主要的目的還是想藉機插手中原事務。這是一個重要的信號，可惜幾乎沒有引起任何諸侯的重視。

宋襄公不得不對齊桓公的紀念大會進行深思：為什麼諸侯沒有邀請我參加呢？為什麼參加的諸侯要遠遠多於曹國會盟呢？他得出兩個結論：一是宋國的霸業還沒有得到鞏固，還有國家對宋國不服；二是宋國的國力還不夠強大，難以號召那麼多的諸侯聚攏在身邊。宋襄公之前是依樣畫葫蘆地撿起齊桓公遺留的「尊王攘夷」的旗幟，希望複製齊國的霸業。現在在對道德和實力的交錯認知中，宋襄公也承認必須透過實力和道德的結合來號召諸侯。他自信宋國具有號召諸侯的道德力量，但實力卻不是短時間內可以增長的，怎麼辦？

在許多理想主義者心中，實力是可有可無的。既然如此，就可以去借用。宋襄公決定借助強大的齊國和楚國的威勢來壓服中原諸侯國。當時的中原地區，鄭國、許國等已經投向楚國；陳國、蔡國等還依靠齊國。只要齊國和楚國支持自己，再借助兩大國的力量，宋國的霸業不就成了嗎？宋襄公覺得自己有恩於齊國，齊孝公是會支持自己的，關鍵是與楚國達成共識。宋襄公的弟弟公子目夷看出了他心中的如意算盤，勸

諫說：「如果讓楚國召集諸侯，到時楚君就不會讓宋國主盟了。我們是借助楚國的力量來壓服諸侯，有求於楚國，憑什麼讓楚國屈身事宋呢？」宋襄公不聽，堅持認為道德旗幟在自己手中，自己又給了楚國參與中原盟會的機會，楚王是反對不了自己的。

西元前六三九年，宋襄公將齊孝公召來，在鹿上（今安徽阜陽南，一說在山東鉅鹿東南）相會，再一起以宋國和齊國的名義邀請楚王前來相會。果然如宋襄公所料，楚成王趕來相見。寒暄之後，宋襄公提議三國出面，召集諸侯大會。楚成王滿口答應支持，還約定當年秋天在盂地（今河南睢陽）召集各國諸侯開會。會見過程中，楚成王謙恭有禮，宋襄公非常開心。為以防萬一，宋襄公還是提議在秋天的會盟上，各國諸侯不帶兵車，不攜兵器，隻身赴會。楚成王表示同意。

宋襄公懷著達成「衣裳之會」的愉悅心情回國準備去了。

事實證明，宋襄公是個極其幼稚的君主。

秋天，宋襄公前去赴「衣裳之會」前，公子目夷提醒他楚國並不是一個守信用的國家，建議宋襄公率領軍隊前去赴會，或者讓軍隊進駐到會址附近，以防意外，卻遭到宋襄公的嚴詞拒絕。

宋襄公帶著幾個隨從就去盂地布置盟會了。臨行前，為了防止公子目夷在會議期間搞「小動作」壞了自己的道德名聲，宋襄公把公子目夷也帶上了。到達目的地後，宋襄公與楚成王及陳、蔡、許、曹、鄭等國國君相見。一直到開會時間，齊孝公和魯僖公都沒有到來。

齊孝公的缺席是出於對宋襄公的不滿。齊國的國力遠勝於宋國，齊孝公之前聽命於宋襄公是出於報恩的心理。但是宋襄公在國際事務上強求齊國緊跟宋國，同時在外交禮儀上對齊孝公也不尊重，嚴重破壞了齊孝公對宋襄公的感情。齊孝公非常清楚宋國發起盂地會盟的目的，不再希望成為宋襄公的外交傀儡，因此拒絕與會。

宋襄公決定不等缺席的國君了，首先號令諸侯說：「今日諸侯會合於此，是仿效齊桓公的做法，訂立盟約，襄助王室，停止相互間的征伐，安定中原。各位以為如何？」

楚成王不緊不慢地說：「宋公所言極是，但不知這盟主由誰來擔任？」

宋襄公心裡咯噔一下，強壓住不安說：「按禮，有功論功，無功論爵。與會諸侯，誰人爵位最高就由誰當盟主吧！」宋國的爵位是僅次於周天子的公爵，而楚國只被周王室封為子爵，如果按爵論位，宋襄公當為諸侯盟主。

話音剛落，楚成王便笑著說：「宋公的提議很好。楚國先君早已稱王，要比宋公的公爵更高，比各國諸侯也要高，所以寡君就勉為其難，擔任本次盟會的盟主了。」楚成王說罷，也不謙讓，起身便要主持盟會。在座諸侯面面相覷，不敢言語。

宋襄公按捺不住心中的不滿、委屈，跳了起來，對著楚成王厲聲道：「本國的公爵是天子所封，普天之下誰人不知？而你楚國的王是自封的，是篡逆。天子沒有責備你，你還敢自命為盟主？」

楚成王冷冷地說：「既然我的王位是篡逆所得，那你為什麼將我請來參加諸侯盟會呢？」楚成王的反駁一下子就擊中了宋襄公的要害。如果楚王的爵位是假的，他就沒有資格參加諸侯盟會；既然宋國邀請楚王參加，也就是在事實上承認了楚國的爵位。之前，宋襄公「君子諱言利」，想當然地認為自己會被楚國和齊國擁戴為盟主，在鹿上會面的時候沒有確認這個名分問題，現在問題終於爆發出來了。

楚成王的隨從子玉這時候又將了宋襄公一軍。他喝問在座的諸侯：「請問各位諸侯，今日之會，你們到底是追隨楚王而來，還是擁戴宋君來的？」鄭、許等國國君慌忙賠著笑臉說：「我等是拜見楚王而來的。」

　　宋襄公完全被逼入了外交絕境，他想爭辯卻說不出話來，憋得滿臉通紅。

　　子玉不等諸侯再猶豫，猛地撕去長袍，露出裡面的全身鎧甲。只見他發出信號，那些楚成王帶來的家僕、侍者紛紛脫去外衣，轉眼便變成了內穿鎧甲、手持利刃的士兵。楚軍衝上盟壇，一把抓住宋襄公，拖下壇去。其他諸侯嚇得四散而逃，也迅速被楚軍制伏了。這時楚成王宣布：「請各位諸侯在此處小住幾日。宋君無禮，待我率軍踏平宋都，再來與各位諸侯會盟。」

　　原來楚成王早就率領軍隊而來，計劃在盟會過程中羈押宋襄公和與會的其他諸侯，再以宋襄公為擋箭牌，進攻宋國，同收滅國和主盟兩大利。楚國的計畫可謂毒辣，宋襄公無疑成了整個計畫的關鍵配合者。楚成王一行，押著宋襄公浩浩蕩蕩殺奔商丘而去。

　　多虧隨行的公子目夷早有準備，趁亂逃回了商丘。他團結軍民，組織抵抗，並被臨時推舉為新的國君。當滿懷希望的楚軍來到城下，指著宋襄公要求宋國投降時，宋國人高喊道：「我們已經有了新國君了，舊的就留給你們用吧！」楚成王見訛詐不成，宋軍又同仇敵愾，一時難以攻破，只好怏怏地回到盂地。

　　進退兩難間，遲到的魯僖公來到盂地，出面為宋襄公說情。楚國見宋襄公沒有利用價值了，這才釋放了他。宋襄公在短短幾天內經歷了從自詡為中原霸主的幻想，到階下囚，再到一無是處的平民的轉變。親楚的鄭文公適時地倡議敦請楚成王登壇主盟。楚成王持牛耳，主持了諸侯盟會，頂著「中原盟主」的帽子回國去了。

　　《東周列國志》在寫到諸侯各國聽任楚國主盟，為所欲為，宋襄公敗事受辱的史實時，附了一首詩：

從來兔死自狐悲，被劫何人劫是誰？

用夏媚夷全不恥，還誇釋宋得便宜。

宋襄公離開盂地後，的確得了一個大便宜。

宋襄公原本計劃流亡周地，成為平民過完下半生。沒想到，公子目夷主動放棄了新得的君位，迎接宋襄公回商丘復位，宋襄公又成了國君。但是宋襄公非但沒有吸取受辱的教訓，改弦更張，臥薪嘗膽，反而對盂地之辱念念不忘。當然了，要讓一個人，尤其是一國之君忘記那麼大的恥辱是不現實的。但是聰明的人會將熊熊燃燒的怒火掩蓋起來，壯大自己，尋找有利的時機給仇敵以致命的打擊。但宋襄公不是這樣的。

宋襄公誤判了形勢。他認為自己受辱要歸咎於鄭國的鄭文公。為什麼這麼說呢？因為鄭文公非但沒有站在同根同種的宋國一邊，反而助紂為虐，時時事事站在楚國一邊。尤其可惡的是，鄭文公竟然首倡由楚成王擔任盟主，不僅徹底葬送了宋襄公多年的霸主夢，還將中原盟主的榮譽送給了南方的「蠻夷」。楚國，宋襄公是惹不起了。但是鄭國的國勢從鄭屬公以後就江河日下。宋襄公決定拿鄭國開刀，洗刷盂地的恥辱，重樹權威。

宋襄公聯合衛、許、滕三個小國討伐鄭國。鄭國不敵，向楚國求援。楚成王親自領兵救鄭攻宋。宋襄公聞訊回師。宋楚大戰一觸即發。

戰前，主管宋國軍事的大司馬公孫固認為，在對楚國的戰爭中，宋國沒有獲勝的希望，於是他勸宋襄公避免與楚國交戰。宋襄公卻一本正經地說：「打仗得勝不全靠武力，也要靠仁義誠信！」他依然相信自己是繼承了齊桓公道德衣鉢的傳人，站在必勝的正義一方。

西元前六三八年十一月一日，宋楚兩軍在泓水（今河南柘城縣北）相遇。

　　宋軍的數量少於楚軍，處於劣勢。但是宋軍占據了河邊的有利地形，楚軍則正在抓緊時間渡河。在楚人還沒渡完河的時候，宋軍已經列陣完畢。公子目夷建議道：「彼眾我寡，我軍獲勝的希望不大。不如趁現在楚軍還沒有完全渡過泓水，我們發動截擊，完全有把握扭轉劣勢。」宋襄公不聽，認為截擊正在渡河的對手是不道德的，還約束全軍不得出擊。楚軍渡過泓水，正在慌忙列陣的時候，公子目夷又建議道：「我們趁敵人還沒有列陣完畢，掩殺過去，還有希望獲勝。」宋襄公又拒絕道：「要等敵人列陣完畢，我軍才能出戰。」

　　不久，楚軍排列完畢，嚴陣以待。宋襄公這時候下令對楚軍發動全線進攻。他親自駕著兵車，車上飄揚著「尊王攘夷」的大旗，殺向楚國的中軍。一場大戰下來，宋國慘敗。宋襄公精銳的中軍全軍覆沒。宋襄公本人也在亂軍中被砍傷了大腿，虧得公子目夷和公孫固等人拚死搭救才逃回商丘。

　　宋襄公的霸國夢徹底終結了。

　　公子目夷是宋國難得的明白人。宋桓公死後，君位原本是要傳給公子目夷的。結果目夷百般推讓，把國君寶座讓給了哥哥宋襄公。宋襄公確立爭霸目標之初，公子目夷就勸宋襄公說，宋國只是一個小國，強硬追求霸國地位，是會得禍的。可惜宋襄公不聽。

　　在宋襄公整個爭霸過程中，公子目夷一直擔驚受怕。諸侯會盟盂地的時候，公子目夷預感到：「禍其在此乎？君欲已甚，何以堪之！」後來楚國果然抓住了宋襄公來要挾宋國。公子目夷在危難時刻成為國君，宋襄公被釋放後又主動退位。宋軍伐鄭時，他又感覺到：「禍在此矣。」秋天，楚軍就伐宋以救鄭。宋襄公一心迎戰，公子目夷勸諫道：「上天拋棄商朝已經很久了，不可復興。」建議宋軍避免與楚軍交戰。可惜他的正確意見都沒有被宋襄公所採納。《東周列國志》專門誇讚公子目夷說：

　　　金注何如瓦注奇？新君能解舊君圍。

　　　為君守位仍推位，千古賢名誦目夷。

　　泓水戰敗後，宋國國內籠罩在一片憂傷的氣氛中，有許多人埋怨宋襄公。

　　宋襄公聽到議論後，公開表示：「君子不重傷（不再傷害受傷的敵人），不禽二毛（不捕捉頭髮花白的敵軍老兵），古之為軍也，不以阻隘也（不阻敵人於險隘取勝），寡人雖亡國之餘，不鼓不成列（不主動攻擊尚未列好陣勢的敵人）。」公子目夷這時候公開頂撞說：「打仗就是以勝利為目的的，哪有什麼常規禮法可言！」

　　我們後人分析宋襄公爭霸失敗最直接的原因就是他的軍事失敗。宋襄公遵循的一套策略戰術，是陳舊的密集大方陣作戰的產物。那時候，士兵聚集為龐大的方陣，只有協同作戰才能發揮效力，因此快速的截擊、針對個別士兵的攻擊效果都不大。但是戰爭發展到春秋時期，武器裝備日趨精良，兵車戰法不斷發展，宋襄公的軍事知識已經完全適應不了實際戰爭的需求了。但是宋襄公無視現實的變化，拘泥於「不鼓不成列」、「不禽二毛」等舊兵法教條，因此宋國的軍事失敗是不可避免的。

　　在宏觀層面來講，宋國爭霸的失敗也是必然的。大國稱霸離不開國內強大的政治、經濟和軍事實力作為基礎，同時實行適應當時形勢的政策方針。只靠虛無的道德是不可能勝利的。宋襄公只是在齊國內亂時幫助齊公子復國，想代齊作為盟主，但沒有軍事實力。童書業先生認為：「宋襄公的一黨只有衛、邾、許、滑等寥寥幾國，勢力實在很是薄弱。宋襄公卻不度德，不量力，仍妄想做盟主。」

　　因此，儘管宋襄公迷戀於霸國夢想，但是《左傳》、《史記》與當時的人都沒有將宋襄公視為霸主，甚至連宋國的大臣們也認為宋襄公離

霸國的要求相去甚遠。他只是帶領宋國在霸國的邊緣張望了幾眼，就付出了沉重的代價。宋國在泓水之戰中損失慘重，國勢從此一蹶不振。就連齊孝公也趁火打劫，藉口宋國沒有參加由陳國發起的頌揚齊桓公的盟會，起兵伐宋。宋國開始淪為大國的附庸，在楚國、晉國等大國之間艱難搖擺，以求生存下去。

　　一個人葬送了一個國家的前途，宋襄公大概就屬於這類人。

　　有人將宋襄公評價為一個自矜仁義，實際兇狠殘忍的偽君子。但筆者寧可認為宋襄公是一個真正信仰道德仁義，相信高尚的道德能夠拯救糟糕的現實的政治家。

　　實事求是地評論，齊桓公死後，齊國主導的秩序土崩瓦解，現實也在呼喚新秩序的重建。尤其是齊桓公身後的國際安全局勢持續惡化，四周少數民族對中原地區的軍事壓力有增無減。楚國鋒芒畢露的兵鋒讓一些小諸侯不寒而慄。中原諸侯也迫切需要一個新的霸主來維持齊桓公式的霸權秩序。祖先的光榮和迷信道德的性格促使宋襄公站了出來，希望自己成為新的霸主。

　　祖先的光榮就沒用了。宋襄公迷信道德的性格對我們了解他這個人和宋國的國家性格非常重要。宋襄公的道德理想主義、不知變通是國家性的，而不是特例。

　　宋國人在其他國家的人眼中，似乎帶有一股「愚」氣。「宋人之『愚』，正是中原人民忠厚樸實性格特點的真實寫照，其遺風直到西漢不絕。宋人行事由於缺乏變通而顯得愚笨呆滯，為人所譏。其『愚』的性格特點的實質是重義輕利，忠厚樸實。這種性格特點主要是由於殷人遺風和宋國特殊的政治地位以及宋國的地理環境綜合影響的結果。」宋國人民的頭腦比較單純，尊崇道德，原則有餘而靈活不足。莊子、墨子都是宋國人。古籍中關於諷刺宋人愚笨的例子有很多，如大家熟知的「守

株待兔」的主角就為宋人，「拔苗助長」的那個農夫也是宋人。宋襄公的迂腐做法後來為墨家和儒家學派的「非攻」、「王道」等思想觀念提供了實際案例。在考察外交原因時，我們不能忽略了國家性格對外交個體的作用。

現在，我們來為宋襄公歸納出三大錯誤：明知國力不行，卻仍要充當霸國；明知楚國難以信任，卻仍要依靠楚國；欺凌齊孝公和其他中小諸侯，卻總是搖著道德仁義的旗幟。可見在外交上，成熟的政治家要學會壓制內心的衝動，破除迷信，不輕易出頭，冷靜地維護和擴大自身利益。

宋襄公在泓水慘敗的當年就死去了。

宋襄公臨死前，正好晉國公子重耳流亡經過宋國。公孫固勸宋襄公結交素有大名的公子重耳。宋襄公早就聽說公子重耳能力出眾，而且在國內還擁有政治影響力，可能成為晉國的國君，因此以優厚的禮節接待了公子重耳，希望將來能夠得到晉國的援助。公子重耳也非常希望借助宋國的力量回國爭奪君位。但是宋國大司馬公孫固坦率相告：「晉國是大國，宋國是小國。再加上宋國剛剛遭遇大敗，沒有力量幫助公子實現回國夢想。為公子考慮，還是前往大國尋求外援比較合適。」公子重耳一行從宋國的坦率中看到一個沒落國家的無奈，決定前往他國。臨行前，病重的宋襄公送給公子重耳二十乘馬作為盤纏。重耳非常感激。

這可能是宋襄公為國家做的最大的一件好事。

迎頭相撞的兩強

戰勝宋國後，楚成王在中原南部「遊玩」了一圈。

楚軍受到鄭國的隆重接待。鄭文公派夫人去慰勞楚王；楚王陳列了宋國的俘虜和砍下的敵人的耳朵給鄭國人觀看。楚國的兵威震懾了鄭國人，乃至楚軍在撤退的時候順便掠走了鄭文公的幾個女兒，鄭文公都敢怒而不敢言。楚軍之後還征服了陳國。

宋襄公死後，繼位的是公子王臣，稱為宋成公。宋成公完全沒有力量和決心與楚國作對，而是主動到楚國去朝見楚王。之後，宋國一直搖擺在楚國和晉國之間，戰事連年不斷。

並不算弱小的魯國看到楚國勢大，也積極向楚國靠攏。魯國引楚軍討伐自己的世仇齊國，奪取了齊國的谷邑（今山東東阿縣），在那裡扶持了以齊桓公的一個兒子公子雍為傀儡，奸臣易牙輔助的政權。楚軍將領申公叔侯率軍駐守，在山東地區營建了楚國的牢固據點。

至此，楚國勢力深深地插入了中原腹地。

楚國的崛起幾乎是一個奇蹟。楚國在西周時期，僻居荊山，國小民貧，只有方圓五十里地，大約相當於現在一個鄉鎮的規模。而且楚國還不能算是嚴格的諸侯，因為它是土生土長的，不是周王室分封的。按禮，楚君不能參與中原諸侯會盟，只能與蠻夷酋長一起看守宮廷之火，地位十分低下。後來，周王室看楚國可憐，封楚君為子爵，楚國這才算解決了政治身分問題。

既然周王室對自己不怎麼好，楚國也就不怎麼搭理周王室，最後發展到與周王室分庭抗禮。西周末期，楚國逐漸強大，「凌江漢間小國」，迫使巴人從湖北、陝西、豫南地區向川東一帶遷移，並同時向濮人地區

不斷發起進攻。又經過了三十年，楚國傳到熊通手裡。熊通公開宣布：「我蠻夷也……王不加位，我自尊耳。」自立為楚武王。

楚武王為了擺脫周王室的束縛，開始了大規模的開疆拓土活動。楚武王、楚文王時期，楚國滅亡了周王室分封在漢水流域的諸侯國。「漢陽諸姬，楚實盡之。」楚國突破了中原勢力設置的「漢陽諸姬」防線後，打通了長驅中原的大門，楚國歷史上出現了第一次滅國的高潮，滅亡了鄧、申、息、呂、繒、應、夔等國，臣服陳、蔡，直逼鄭、許和雒邑。

楚國的崛起與其瀰漫全國的尚武進取風氣關係極大。楚國的朝野官民都以能出征疆場為榮。在對敵鬥爭中，凡是冒險犯難、不怕犧牲、英勇殺敵的人，都受到舉國上下的尊寵，而在戰爭中失敗的楚軍將領都主動自殺謝罪。楚國在春秋時期共歷十三君，其中除堵敖與郟敖享國短暫、無所作為外，其餘十一位國君無不以振軍經武、開疆拓土為最高職責。在楚王心目中，軍事勝利是高於一切的。楚武王就死在征伐隨國的路上。他的兒子楚文王早期曾一度沉溺於田獵酒色之中。執刑官保申認為應該對楚文王的行為進行處罰，建議對國君抽五十荊條。楚文王自動接受了鞭笞五十下的處罰，從此不再貪圖享樂，最後也因為勞累過度死在征討黃國的路上。

在春秋大部分時間裡，楚國上下表現出積極進取、團結一致、青春激昂的精神面貌。這與中原諸侯形成了鮮明的對比。天道酬勤，楚國令人瞠目結舌的崛起是有它的必然性的。

《史記·楚世家》載：「齊桓公始霸，楚亦始大。」楚國成為強國幾乎是與齊國同步的。從考古資料來看，當時楚國許多地方的生產力水準並不比中原諸侯國低，在有些領域還處於領先地位。鄭文公可能是第一個主動投靠楚國的中原大國諸侯。他不僅迎娶了楚國的宗室女，還在西元前六四二年去朝拜楚王。注意，這可是出身王室的姬姓諸侯自願主

動、卑躬屈膝地去朝拜南方的「蠻夷」。楚成王在高興之餘同意向鄭國出口一批銅。但是楚成王規定鄭文公：楚國出口的銅只能用來製造銅鐘，禁止製造兵器。當時楚國銅的冶煉水準處於領先地位，在青銅兵器的製造方面也處於優勢地位。銅和青銅兵器是楚國的出口管制物資。

楚國咄咄逼人的進攻態勢不能不引起中原各諸侯國的恐懼。《左傳·桓公二年》載：「蔡侯、鄭伯會於鄧，始懼楚也。」因為楚國與中原各國並非同根同種，中原諸侯不得不有一種異樣的危機感。所謂「非我族類，其心必異」。

楚成王熊惲繼位的第一年（西元前六七一年），派出使臣向周天子進貢奉獻。這既是楚成王向天下的宣示 —— 楚國現在是我執政了，也是向周天子炫耀楚國的實力和威望。這一回，周天子以隆重的禮節接待了楚國的使團，並賜給楚成王一塊祭肉。按禮，天子祭肉只賜予同姓諸侯。現在賜予楚成王祭肉，是周王室對楚國大國地位的公開承認和對楚成王的特別恩遇。也許是被楚成王的主動進貢所欺騙，周王室對楚成王寄予希望：「鎮爾南方夷越之亂，無侵中國。」希望楚成王能夠承擔起鎮服南方夷越等少數民族，使其不侵擾中原的重任。

遺憾的是，美好的願望總是與歷史現實的發展相反。

楚國作為持續發展的強國，對原有的霸權秩序和格局非常不滿。

和許多後起的政治人物對前任政治人物的處理一樣，楚成王對前任政策方針的宏觀思想進行肯定和繼承，對前任政策方針的微觀措施根據實際進行揚棄或直接採用。楚國對霸國主導政局，號令天下的格局框架沒有異議。但是楚國對誰做這個霸國非常在乎。齊國不行，中原的任何國家都不行。簡單說，只要是楚國之外的任何國家當霸國，楚國就不同意。

這樣，楚國就把自己放在了所有中原諸侯國的對立面上。齊桓公提

出「尊王攘夷」號召之後，中原諸侯各國很自然地將「攘夷」主要定位為「抗楚」。楚國的實力還沒有強大到與以齊國為首的所有中原諸侯國相敵的程度，因此在召陵被迫同意了尊崇周王室，停止侵壓中原地區。但召陵之盟後，楚國的實力保存完好，進取的銳氣絲毫未減，加上當時的楚成王和令尹子文都是一時豪傑，楚國只是將軍鋒轉向了江淮平原，吞併了現在淮河以南的大片土地，成為擁有南方、幾乎占據一半中國的龐然大物。在這一波被稱為第二次滅國高潮的「死亡名單」中有江、黃、弦、蔣、英、六、徐、樊、沈、頓、群舒、蓼等國。

華夏諸國面對越來越強大的楚國，更難以安寧了。

召陵之盟後，楚國也開始注意外交的作用。楚成王改變了一味進攻的對外方略，對中原諸侯國外交和軍事手段並用。比如，他將宗室女嫁給鄭文公為妻，又與曹、衛聯姻，還款待了國際知名流亡人士、晉國公子重耳。楚成王對外交的重視多少減少了中原各國對楚國的偏見，為楚國連繫了許多中原地區的盟友或附庸。總之，改善了楚國進軍中原的背景條件。

齊桓公晚年討伐鄭文公的時候，楚成王就公開破壞召陵之盟，出兵圍許。齊桓公沒有力量與楚軍當面對抗，撤圍而去。諸侯退兵後，楚成王駐師於武城（今河南南陽北），楚國的僕從國君主蔡穆侯引許國的許僖公拜見楚成王。許僖公面縛、衛璧，完全是朝見宗主的架勢。齊桓公死後，齊桓公七子皆奔楚，楚盡以為上大夫。楚國乘機向黃河流域擴張勢力，並在泓水之戰中挫敗宋襄公圖霸的企圖，將自己的勢力範圍發展到長江、漢水、淮河、黃河之間。楚成王發兵圍攻宋邑緡，繼而配合魯軍攻占齊谷邑。楚國分派重兵防守商密阻止秦國南下楚地，又派重兵駐守谷邑虎視齊國。這幾個據點之間的鄭、蔡、衛、宋、魯等眾多中小國家紛紛倒向楚國。

至此，楚國占領了天下大半的領土，並威懾、監視著幾乎所有的諸侯國。

沒有被楚國鎮服的國家中，最強大的國家就是晉國了。

晉國國君的血緣正統而高貴。晉國最初的疆域在今晉南和汾、澮流域一帶，「景霍以為城，而汾、河、涑、澮以為渠」。在西周時期和春秋初期，晉國因為深居山區，四面都是戎狄小國，雖然地廣勢固，卻沒有參與中原地區的爭奪。因此，儘管晉國在西周末年就開始強盛，晉文侯曾與鄭武公同輔周平王東遷，但晉國在中原地區外交事務中還是沒有多少話語權。

在漫長的一個多世紀中，晉國都在山西的山區裡忙什麼呢？內鬥。

春秋初年的六十七年間，晉國的內亂一直沒有停息，實際上一分為二。公室的大小宗爭奪國家最高權力，最終在西元前六七九年，被封在曲沃的小宗武公滅晉國國君而自立，並賄賂得到周天子的冊封，終於取代大宗列為正式諸侯，結束了長期的分裂局面而統一起來。之後晉國吸取教訓，為了消除同姓兄弟對國君地位的威脅，採取了「盡逐群公子」甚至「滅公族」的極端手段。與此同時，晉國建立起尊賢尚功制度，提拔非宗族人士進入統治階層。一般大亂之後就會有大治。晉國在經歷了一百多年的內亂後鞏固了政權，開始發揮國家實力。

晉獻公開始了晉國的「突圍之旅」，全力向外擴張領土。他先後起兵滅掉了耿國、霍國、魏國、虢國、虞國，擴充軍隊，一躍成為北方的大國。齊桓公大會諸侯於葵丘，晉獻公還沒有力量與之公開對抗，不敢拒絕參加，但是藉口有病而沒有及時參加。病好後，晉獻公趕往葵丘。路上被周王室的大臣宰孔一勸，聽說齊桓公驕傲自滿，就打道回府了。齊桓公也沒有追究。

晉獻公的擴張是有方向的，那就是為晉國尋找通向中原的出口。地

處黃河以北的晉國要想突破黃河的束縛，必須併吞虞、虢兩國。攻滅晉西南方的虞、虢成為晉打通南進中原道路的首要任務。西元前六五八年，晉獻公採用荀息假途滅虢之計，用良馬美玉買通了虞公，向虞國借道進攻虢國，攻取了虢國的下陽。虢國遷都上陽，拚死抵擋住了晉國的進攻。時隔三年後的西元前六五五年，晉國用國寶璧玉和駿馬，又向虞國借道攻虢，並制定了滅虢後滅虞的一箭雙鵰方案。晉獻公本來對兩件國寶非常珍愛，想否決這一方案，結果還是以國家利益為重毅然同意了。

這一次，虞國大夫宮之奇用「輔車相依」、「唇亡齒寒」的道理說明虞、虢兩國關係，主張聯虢抗晉，勸說國君千萬不能借道給晉君。但是虞國國君被晉國的國寶迷惑了雙眼，完全聽不進去。宮之奇還要死諫，大夫百里奚輕輕拉拉他的後襟，示意他不要再勸。宮之奇不再勸了，出來後問百里奚為什麼。百里奚說：「國君昏庸，虞國滅亡在即。」兩人感慨不已。

果然，在當年十二月，晉國的里克滅亡虢國後，以休整為名，進駐虞國。晉獻公以犒賞為名，率軍來助。虞公毫無戒備。晉軍突然襲擊，前後夾擊，輕而易舉地滅亡了虞國。這就是「假道滅虢」。之後，晉國南部疆域延伸至黃河南岸地區，打開了前進中原的大門。

南北兩個大國先後打開了中原地區的前後門，大步邁進了黃河流域。

楚國和晉國兩輛戰車迎頭相撞，會產生什麼結果呢？

兩輛戰車的情形各不相同，楚國顯得更加光鮮、威武一些。到了春秋中期，楚國已經成了方圓千里、帶甲百萬的龐然大國。除了晉國、秦國、齊國三大國外，楚國幾乎控制了黃河流域的所有地區。齊桓公的霸業局面早已灰飛煙滅。楚國大有繼承齊國偉業，號令天下的架勢。中原地區屋漏偏逢連夜雨，北方的狄人也群起南下，與楚國遙相呼應。狄人多次自發或受中原勢力邀請，攻入雒邑等華夏腹心地區，多次讓天子蒙

塵，史稱「南夷與北狄交，中國不絕如線」。中原各國已經少有能給南楚北狄以實質打擊的人物了。王室和中原地區有被掃蕩一空的危險，情況比齊桓公初期面臨的局勢更嚴峻。

在可能承擔「尊王攘夷」重任的獨立的三大國（齊國、秦國、晉國）中，齊國和秦國先後被排除在外。齊國在齊桓公以後國力大打折扣，困於內鬥和魯國、楚國的羈絆；秦國被阻隔在西戎，不僅國力有很大的提升空間，而且在一些中原諸侯眼中，秦人本身就是戎族。齊國和秦國還有一大區別是齊國始終沒有再出現像齊桓公那樣有為的君主，秦國則正好是有志於霸業但總是與機遇擦肩而過的秦穆公執政。但是秦國的領土和中原地區之間阻隔著晉國的領土。在客觀發展過程中，齊國和秦國都沒有造成遏制楚國戰車的作用。

最後站出來「尊王攘夷」的國家還是被寄予厚望的晉國。

天降大任於斯人

晉國的勇敢不僅來源於不斷崛起的國力，更來源於一個人。他就是公子重耳。

公子重耳是晉獻公的兒子，原本生活得好好的，雖然算不上在晉國呼風喚雨的人物，也不是太子，但也是前呼後擁的貴公子。後來公子重耳遭遇了典型的「後母迫害」。這個後母就是晉獻公續弦的驪姬。晉獻公後期在繼承人問題上一再出錯，就是被驪姬所迷惑的。西元前六五六年，包括公子重耳在內的晉獻公的成年兒子遭到驪姬的迫害，都離開了晉國都城絳。其中，公子重耳到蒲城駐守。驪姬的迫害有增無減，太子自殺。晉獻公派勃鞮來蒲城取公子重耳的腦袋。公子重耳機靈，跑得快，爬牆僥倖逃走了，勃鞮只割斷了公子重耳的一隻袖子。從此，公子重耳有家不能回，成了在各諸侯國的「知名流亡人士」。

這一年，公子重耳四十三歲。在平均年齡不到三十歲的春秋時期，公子重耳已經算是老年人了。

因為公子重耳的母親是狄人，公子重耳首先逃到了今陝西渭水一帶的狄族地區。他在那裡娶妻生子，還聚攏了一批跟隨他逃難的晉國文人武將。這些對晉國歷史發生重大影響的追隨者中較有名的是狐毛、狐偃、趙衰、賈佗、胥臣、魏仇、狐射姑、顛頡、介子推、先軫等。

公子重耳在狄人地區一住就是十二年，我們不知道他是否對國君的位置念念不忘。或許他希望父親能體悟兒子的忠心和艱難，召回自己，重新過上衣食無憂的富貴生活；或許他為能夠苟活在狄人部落就感到非常慶幸了，畢竟狄人對他優禮有加。但是他周邊的文人武將們一直激勵著他早日登上君位，承擔國家的重任。

其間，公子重耳有一次問鼎君位的機會，那是在晉獻公死後，他已經五十五歲的時候。

晉獻公臨死時將權力指定給了驪姬生的兒子。晉國的推賢任能政策造就了許多權臣。以大臣里克為首的權臣一黨接連殺死了驪姬相繼繼位的兩個兒子，並血洗了統治集團。晉國君位後繼無人了，只能從逃亡國外的晉獻公諸公子中尋找。里克等人想到的第一人選就是名聲還不錯的公子重耳。滿頭白髮的公子重耳仔細考慮了利弊後，拒絕回國繼位。他認為國內權臣勢力太強，自己回去不能掌握實權不說，連性命都堪憂。

另一位流亡的公子夷吾不這麼想。他也年過半百了，認為如果不把握好機會，就再也沒有機會了。公子夷吾聯絡秦國勢力，借助秦軍力量首先回到國內，被立為晉惠公。秦穆公支持公子夷吾不僅是看上了他承諾割讓的河西五個城的土地，更是想以此結交晉國，把握住插手中原的時機。機遇對秦穆公來說，是最稀缺的政治資源了。

感情在權力面前總是那麼無力。公子夷吾成為晉惠公後，迅速成為一個六親不認的人。他不但和秦穆公反目，抵賴了許諾的土地，還對國內擁立他的權臣黨羽大開殺戒。對於公子重耳這個親兄弟，晉惠公害怕他回國爭奪君位，派人到狄國去行刺，公子重耳被迫繼續流亡。

臨行前，公子重耳對狄人妻子說：「待我二十五年，不來而後嫁。」（等我二十五年，如果我那時候還沒回來，妳就改嫁吧！）

妻子苦笑著說：「我二十五年矣，又如是而嫁，則木就焉。請待子。」（二十五年以後，我墳墓上的柏樹都枝繁葉茂了。不論如何，我都會等待公子的。）這就是成語「行將就木」的出處。

公子重耳在悲慘的離別聲中踏上了前途渺茫的流亡之路。

公子重耳流亡的路線是向東遊歷中原，再從齊國折向南方的楚國，最後西入秦國。

　　這一路上，公子重耳受到的冷眼遠遠多於款待，他們一行人最先到達了衛國。衛文公根本就不搭理他們。吃了閉門羹的公子重耳一行盤纏用盡，飲食無著，散去了好多人。剩下的人，連同公子重耳，頂著烈日，餓著肚子，徒步跋涉在黃河南北的野地裡。到達衛國五鹿這個地方的時候，他們實在太餓了，「饑而從野人乞食」。正史的記載總有粉飾的成分，估計現實情況是公子重耳等人向當地勞動的農民甚至是奴隸乞討他們隨身攜帶的粗糧充飢。《東周列國志》說，公子重耳他們並沒有乞討到食物，還遭到了農夫們的譏笑。這種小說手法可能是符合史實的。

　　據說，在公子重耳快餓暈的時候，隨行的介子推割下了大腿肉給他充飢。

　　經歷貧困的煎熬後，公子重耳終於來到了齊桓公晚年時期的齊國。齊桓公身為一代霸主，對落魄的流亡公子非常禮遇，不僅給公子重耳置辦了宅第，還將宗室女嫁給他。公子重耳在臨淄生活得非常愜意，一住就是五年，頗有點樂而忘返的意思。這一下，隨行的文人武將們擔心了。趙衰、狐偃等人聚集在桑樹林中密商，認為齊桓公之後的齊國江河日下，自顧不暇，對公子重耳回國爭位的幫助不大，決定離開齊國另尋援手。他們又怕齊國君臣不會同意公子重耳離去，所以決定不辭而別。誰知道齊女侍者當時就在桑樹上，聽到了晉人的密謀後告訴了主人。公子重耳的齊國妻子卻殺了侍女，勸公子重耳離開齊國。公子重耳卻說：「人生安樂，孰知其他！我想老死在臨淄，不去其他地方了。」妻子說：「你是一國的公子，窮困來此，身邊聚攏了一群效忠你的士人。你不想著回國，回饋擁護你的人，整天待在安樂窩裡，我都替你感到汗顏。你這樣什麼時候才能建功立業啊？」公子重耳就是不聽。

　　齊女有她的辦法，與趙衰等人密謀，將公子重耳灌醉了，裝進車裡掩護一行人逃離了臨淄。

　　在顛簸的路途中，公子重耳酒醒了，當即大怒。他跳下車來拿起長戈就要殺狐偃。眾人忙來勸解，說了一大篇國家大義。公子重耳才惡狠狠地對狐偃說：「事不成，我食舅氏之肉。」狐偃說：「事不成，犯肉腥臊，何足食！」重耳這才無奈地踏上征途。身為流亡貴族，到底是做寄人籬下的安樂公，還是當不斷進取、尋求機會奪位的勇士，公子重耳多多少少是被逼上梁山的。

　　公子重耳一行人的第一站是曹國。曹共公本來不想搭理他，但聽說公子重耳有駢脅，也就是肋骨畸形，連在一起。曹共公很好奇，想看看，所以就把公子重耳一行安排在簡陋的宿舍，供給粗茶淡飯。公子重耳在洗澡的時候，突然曹國的君臣湧了進來，圍著他的肋骨指指點點，又譏又笑。公子重耳被當了一回玩物。

　　公子重耳一氣，離開曹國投靠宋國。宋襄公倒是對重耳熱情款待，只是實在沒有能力助他一臂之力。公子重耳只好折向西南的鄭國。

　　親楚的鄭文公對公子重耳這樣的人非常不耐煩，說：「每年諸侯流亡的公子經過鄭國的難以計數，若要一一款待，我要搭理到什麼時候啊！」大夫叔詹看出了公子重耳的能力和價值，說：「君不禮，不如殺之，且後為國患。」他建議鄭文公殺了公子重耳，以絕後患。鄭文公也沒有同意，只是下令各地緊閉城門，禁止搭理公子重耳等人。

　　走投無路的公子重耳不得不南下蠻夷的楚國。

　　公子重耳在楚國的經歷對他個人、對歷史都產生了相當大的影響。

　　楚成王認為握有公子重耳是插手中原一個很好的機會，所以動用諸侯禮節來對待流亡的公子重耳。公子重耳開始還不敢接受。趙衰對他說：「公子流亡在外十幾年，小國輕慢公子，更何況是大國了？現在楚國這樣的大國如此禮遇公子，公子不應該退讓。這是上天對公子的禮遇啊！」因此公子重耳坦然地接受了楚成王的款待。

　　楚成王對公子重耳的招待非常優厚，公子重耳非常感激。一次，楚成王半開玩笑半認真地問公子重耳：「日後你回國，怎麼報答寡人啊？」公子重耳回答說：「羽毛齒角玉帛，君王您已經數不勝數了，重耳不知道怎麼報答您。」楚成王說：「你說的有道理，但為什麼一定要用物質報答呢？」公子重耳就說：「那麼如果將來萬不得已的時候，重耳不幸要與君王以兵車會戰於平原廣澤，我主動躲避您三舍之地。」

　　這段對話很值得玩味。倒不出於楚成王付出必有所求的心理，而是公子重耳在心底始終存著楚國和中原諸侯國遲早有一戰的思想。當時公子重耳日夜受到楚國的款待，吃的是楚地的肉，喝的是楚國的酒。但在他的思想觀念裡，楚國始終和中原諸侯國有區別。隨著楚國的北上擴張，一場戰爭是不可避免的。

　　楚國的令尹子玉聽出了公子重耳的話外之音，認為公子重耳傲慢無禮，勸說楚成王殺掉他。楚成王卻認為：「晉公子敏而有文，約而不諂，三材侍之，天祚之矣。天之所興，誰能廢之？」楚成王與子玉只考慮眼前利益不同，他顯然也意識到了公子重耳的弦外之音，但相信公子重耳有才有德，日後會有所作為，想放長線釣大魚。楚成王還積極為公子重耳的歸國出謀劃策。因為楚國畢竟和晉國相距遙遠，對公子重耳復國的幫助不大，剛好當時秦國有意延請公子重耳入秦扶立他，楚成王乾脆做了個順水人情，將公子重耳禮送入秦。

　　楚成王想做長線投資，把寶押在了公子重耳身上。

　　西元前六三六年，亡命十九年，輾轉八國的重耳在秦軍的援助下回國繼位，稱晉文公。

　　晉文公繼位時已經六十二歲了，可能是除了姜子牙以外「大器晚成」的典型，史稱「晉人多附焉」。晉文公自小好士，父親晉獻公還做太子時，他就已長大成人。晉獻公繼位後，重耳與太子申生、公子夷吾

均以「賢行」聞名於世。客觀地說，當時重耳充其量只是比較有名、有點小才能的諸侯公子而已。這樣的公子天下各國很多，單單晉國不就有三位嗎？

重耳為什麼能夠從一個安逸享樂、養尊處優的諸侯公子，蛻變成為春秋時代顯赫一時的霸主呢？因為他經歷了十九年非人的流亡生活，飽受了磨難。在十九年裡，重耳目睹了齊桓公的稱霸、楚國的崛起、宋國的荒唐與無奈、秦穆公的雄心；忍受了常人難以忍受的坎坷、挫折、無助、徬徨、苦難、孤獨、絕望、屈辱、恐懼等等。「險阻艱難，備嘗之矣，民之情偽，盡知之矣。」只有重耳本人才能理解其中的生離死別、酸甜苦辣，也只有他本人才能刻骨銘心地體察現實的國計民生和外交風雲。漫長的十九年完全可以將一條蛇變成一條龍。

當秦國護送重耳歸國，船至黃河中心時，狐偃對重耳說：「臣從君周旋天下，犯下了許多過錯。臣猶知之，況於君乎？請讓我就此離開吧！」重耳堅毅地說：「歸國以後，如果我重耳不與各位同甘共苦，河伯為證！」說罷，他把一塊稀世玉璧投入河中，以示貞信。重耳在齊國耽於安樂時，就是狐偃主謀灌醉他，裝上車子拉著上路的。當時的重耳醒來後還操起長戈要殺狐偃，並要吃他的肉。前後判若兩人。流亡過程幫助重耳洗練出了一批忠實能幹的追隨者，這是上天賜予他的寶貴財富。這些人或為其出謀劃策，或對其時加勸勉，組成了日後晉國的執政團隊，這是晉國日後崛起的人才基礎。

《東周列國志》在論及重耳的流亡經歷時說：

鳳脫雞群翔萬仞，虎離豹穴奔千山。
要知重耳能成伯，只在周遊列國間。

　　流亡生活也賦予了重耳現實主義的個性。我們很難想像九死一生、從底層躍升最高權力寶座的晉文公能夠真心實意地奉行仁義道德。重耳近距離地感受到了「禮崩樂壞」的現實，是在現實政治的平衡中登上權力頂端的。他不會成為第二個宋襄公，而只能成為馬基維利希望的狐狸和獅子並存一身的政治家。

　　對重耳來說，苦難就是一所大學，他以優異的成績畢業了。

第五章　城濮是個轉折點

葛生蒙楚，蘞蔓於野。予美亡此，誰與？獨處。

葛生蒙棘，蘞蔓於域。予美亡此，誰與？獨息。

角枕粲兮，錦衾爛兮。予美亡此，誰與？獨旦。

夏之日，冬之夜。百歲之後，歸於其居。

冬之夜，夏之日。百歲之後，歸於其室。

《詩經‧唐風‧葛生》

漂亮的外交亮相

秦穆公原本是支持重耳的敵人公子夷吾的。

秦穆公雄心勃勃，一心要深入東方，爭當中原盟主。公子夷吾當時歸國爭位的時候派人到秦國請秦穆公發兵護送。他許諾在事成之後，把晉國黃河以西的城池都割讓給秦國。「始夷吾以河西地許君，今幸得入立。」等到秦穆公派使者要求繼位後的晉惠公兌現諾言的時候，晉惠公假借大臣的口說：「國家土地是先君所有，當時現任國君還流亡在外，怎麼有權擅自許諾秦國土地呢？」晉惠公於是對秦國使者說：「你看，寡人也愛莫能助啊！」秦穆公著實被晉惠公擺了一道。

晉惠公四年（西元前六四七年），晉國發生饑荒。晉惠公厚著臉皮，請求秦穆公賣給晉國一些糧食。秦穆公在百里奚的建議下宣布：「其君是惡，其民何罪？」（晉惠公雖然不是什麼好東西，但晉國人民有什麼罪呢？）秦國不計較晉惠公悔約的前嫌，沿渭河入黃河轉汾河再轉澮河，將大批糧食從秦國都城雍（今陝西鳳翔南）運到晉國都城絳。當時，秦國的運糧船滿載糧食，為晉國人運來絡繹不絕的希望。這是中國歷史上第一次大規模的內河航運，被稱為「泛舟之役」。第二年，秦國發生了災荒，赤地千里。秦國君臣請求晉國援助一些糧食。晉惠公卻認為自己背約沒有割地給秦國已經讓秦晉兩國成了仇敵，如果現在幫助秦國救災，無疑是助長了敵人的力量，於是斷然拒絕援助秦國糧食。他不但不給，反而乘機派兵挑起邊境摩擦，蠶食秦國土地。一來一往，人品高低立現。連一些晉國人都覺得晉惠公無恥。

西元前六四五年，秦穆公率領度過災荒的秦軍大舉伐晉復仇。晉惠公整軍抵禦。因為理不在晉惠公這一邊，再加上他平時殺戮過重，無恩

於百姓，結果君臣不和，士氣不振。秦晉兩軍戰於韓原，晉軍大敗。晉惠公也做了俘虜。秦穆公囚禁了晉惠公。晉國的將領都認為國君被俘是奇恥大辱，垂頭喪氣，跟隨在囚車後面。棋高一著的秦穆公向他們保證不會傷害晉惠公。當時秦穆公的夫人是晉惠公的姐姐，以自焚要挾秦穆公釋放弟弟回國。秦穆公於是在晉惠公和秦國訂立盟約，並留下太子姬圉當人質後，禮送晉惠公回國復位。

太子姬圉雖然是人質，但在秦國的日子過得很舒坦。秦穆公將宗室女懷嬴嫁給他，希望能夠繼續維持秦晉和平，並透過晉國打開通向中原的大門。誰知道太子姬圉和他父親一樣是一隻「白眼狼」，在父親晉惠公病重時，拋棄懷嬴，潛逃回國爭位，成為晉懷公。

秦穆公不得不承認，他在晉惠公、晉懷公父子身上的政治投資都慘遭失敗。

西元前六三六年，重耳回國繼位的時機終於來到了。

晉國經過晉惠公、晉懷公父子兩代的統治，權臣盡去。重耳不用擔心歸國後被權臣操縱，無法掌握實權了。當時，晉國國內人心向重耳，許多大臣偷偷寫信到秦國，向重耳表示效忠。秦穆公於是派遣大軍護送重耳回國。大軍渡過黃河，迅速占領了晉國黃河沿岸。部分晉軍倒戈，晉國國都被攻陷。重耳繼位，成為晉文公。晉懷公不久被殺。

秦穆公對重耳非常重視。第一，重耳一進入秦國，秦穆公就親迎親送，一下子就將五位宗室女子嫁給六十歲出頭的重耳。其中包括秦穆公的女兒文嬴和被太子姬圉拋棄的懷嬴。秦穆公之前娶了重耳的姐姐，是重耳的姐夫，現在又成了重耳的老丈人，好長時間都調適不過來。重耳雖然接受了懷嬴這位前「侄媳」，但是心裡老覺得彆扭。最後還是懷嬴點醒了他。懷嬴說：「我怎麼說也是秦國的宗室女，你需要依靠秦國。」重耳這才打心底接受了這樁政治婚姻。第二，重耳剛繼位的時候，君位

並不鞏固。呂甥等晉懷公舊臣發動叛亂，被秦穆公誘殺。秦穆公還送了三千士兵當晉文公的衛士，幫助穩定初期的政局。秦穆公可以說對晉國三代貢獻很多，尤其是有大恩於晉文公。

晉文公在秦國問題上處理得比前兩任都要好。他講信用，對秦國友好。

晉文公繼位後實行「通商寬農」、「明賢良」、「賞功勞」等政策，整頓內政，任用趙衰、狐偃等人，發展農業、手工業，晉國迅速開啟了「政平民阜，財用不匱」的局面。早在晉惠公被俘時期，晉國就進行了影響深遠的「國難改革」。在將公田分給耕種者，進行土地重新分配的同時，晉國還改革軍制「作州兵」，也就是取消居住在野鄙中的人不能服兵役的限制。這樣，無論城裡還是鄉裡的人都有權服兵役，既提高了「野人」的社會地位，也擴大了國家的兵源，軍隊數量激增。後來晉國軍隊人數最多，常常擁有五個軍，最多時達到了六個軍，也是這次改革的結果。晉文公繼位後，深化了之前的改革，一時間晉國國力大增。

其實在晉文公之前，晉國就已經具備了各方面的強大因素，強大的欲望也隨著各項改革的推行在萌發，晉文公只是進行了內部資源的優化重組。經濟學上「管理出效益」在春秋外交史上也是適用的。晉文公就像一位接手了一家規模龐大、發展平緩的百年老字號後，經過精密管理短期內發掘出巨大效益的經理人。

一位久經考驗的花甲國君和一個躍躍欲試的古老大國的結合，為春秋歷史帶來了巨大的驚喜。

歷史在晉文公繼位的第二年就提供了一個巨大的機遇，而晉文公成功地把握住了這次機遇。

西元前六三五年，周王室發生了王子帶之亂。周襄王帶著幾十個隨從逃到鄭國汜地（今河南襄城境內）。史書上粉飾說是「天子出居」，其

實就是避難。王子帶和先前的王子頹一樣，也是王位競爭的失敗者。他不惜將周邊少數民族的力量引入中原，也要和周襄王一爭高低。這讓早已成為「光桿司令」的周襄王怎麼抵擋得住？周襄王在鄭地站穩腳跟後，要求各國諸侯護送他回雒邑去。命令發出去後，回應他的諸侯很多。有的諸侯派人來慰問天子；有的諸侯送來了食物，免得天子餓著。但一談到發兵攻打勾結狄人的王子帶，幫助周襄王復位的實質問題時，各國諸侯都明哲保身，不願意出一兵一卒。大概是多數諸侯沒有獲勝的把握，不敢出兵。

後來有人告訴周襄王說，「現在可以依靠的只有晉國和秦國這兩大國了」。周襄王連忙派人到晉國、秦國求援。晉文公君臣都認為這是勤王的絕佳機會。秦穆公自然也不想放棄這個天賜良機，在接到天子勤王的命令後立即整軍出發。「二年春，秦軍河上，將入王。」也就是說，秦軍已經搶在了晉文公前面，即將進入勤王的第一線了。

趙衰緊急勸諫晉文公說：「求霸莫如入王尊周。周晉同姓，晉不先入王，後秦入之，毋以令於天下。方今尊王，晉之資也。」趙衰的這段話很值得分析。當時晉文公的新政權剛站穩腳跟沒幾天，晉文公的護衛工作還需要秦穆公派來的三千士兵承擔，但是晉國君臣早就立下了「求霸」的宏偉目標。趙衰認為求霸最好的方法就是「尊周」。晉國國君出自周朝王室，而秦國國君是周朝王室馬伕出身，晉國在勤王問題上不能落在秦國後面，不然晉國的勤王就失去了意義，也就失去了求霸的初次機會。

晉文公覺得趙衰的話非常有道理，趕緊出兵勤王。晉國比秦國有利的地方是晉國的領土距離周王室比秦國要近。秦國必須出現在現今三門峽地區，經過晉國的西南領土才能到達雒邑。晉國的勤王軍隊搶先占領了黃河邊上東進的要塞桃林塞，阻擋了秦軍東進的道路。晉文公派出使者對親自率軍的秦穆公說：「我們晉國已經出兵勤王了，就不麻煩秦國再

長途跋涉了。」秦國的將領眼看到手的桃子要被別人摘走了，氣憤難當。一些人建議攻打桃林塞，繼續東進。這時候，秦穆公淡淡地說：「重耳新立，迫切需要這樣的機會來立威揚名。我們就做個人情，把這次機會送給他吧！」秦軍於是駐軍不前。

行文至此，筆者不禁感嘆秦穆公的好心。在秦穆公的一生中，他曾經有過多次機會，但都沒有把握住；他曾經有過多次傑作，但都為他人做了嫁衣。

這一邊，辭掉秦師後，晉文公迅速兵分兩路，一路出兵殺死王子帶，擊退狄人；一路從鄭國迎回周襄王復位。周襄王為了酬謝晉文公的功勞，賜他陽樊、溫、原、攢矛四邑。這些原來是王子帶控制、周襄王難以管轄的土地。晉國得到這片土地後，將原有黃河以南地區的零星領土大大拓展。「晉於是始起南陽」，對日後的發展大為有利。當晉文公風光地出入雒邑的時候，有圍觀的百姓喊出了「又一個齊桓公」的口號。的確，人們期待匡扶王室，擊退蠻夷的壯舉已經太久了。

晉文公繼位之初就在國際舞臺上進行了一次成功的亮相。

晉國在中原地區第一個真正的、可靠的盟國是宋國。

宋國在宋襄公死後，在外交上倒向了仇敵楚國，成為楚國的附庸。但是從心底，宋國君臣是仇視楚國的，倒向楚國是無奈的選擇。一方面，宋國離強大的楚國太近；另一方面，中原地區找不出可以為宋國張目、對抗楚國的角色，宋國只好委身事楚了。

現在好了，晉文公執政的晉國出現了。晉國血統正統，和宋國感情親近。早在宋襄公晚年，宋國君臣就產生了接待好重耳，以便日後依靠晉國的想法。現在強大的晉國已經將觸角伸入中原，可以讓宋國依靠了。西元前六三四年，宋國叛楚親晉，在外交、軍事上全面倒向晉國。

宋國的一百八十度外交大轉變引起了天下外交格局的質變。因為宋

國地處楚、魯、鄭、衛之間，魯、鄭、衛三國都是倒向楚國的，宋國偏偏倒向晉國，這就打破了連成一片的楚國勢力範圍，在楚國勢力範圍內嵌入了一顆釘子，極大地撼動了楚成王的外交棋局。楚、晉兩國之間的矛盾圍繞對宋國的控制權全面激化，最終演變成中原諸侯國和楚國南方聯盟的「全域大戰」。

在宋國向晉國一面倒的第二年冬天，楚成王就率領楚、鄭、陳、蔡、許多國聯軍進攻宋國，很快圍困了宋都商丘。東方的魯國國君也率軍趕到宋地，與楚國結盟，在北邊與楚軍遙相呼應。宋國局勢危如累卵。宋襄公的兒子宋成公在危急中派晉文公的老朋友、大司馬公孫固殺出重圍到晉國求救。

晉國內部對於要不要救宋展開了激烈的爭論。救宋就意味著和強大的、之前還沒有任何戰敗紀錄的楚軍直接作戰。剛剛穩定下來的晉國做好準備了嗎？

大夫先軫認為這是「報施救患，取威定霸」的良機，力主晉文公出兵。狐偃進一步建議晉文公先攻打曹、衛這兩個楚國在北方的脅從國，調動楚軍北上，以解宋國之圍。曹、衛兩國阻隔在晉國和宋國之間。如果繞開曹、衛兩國遠征宋國，晉軍就有腹背受敵的危險；況且楚聯軍實力強大，晉軍與之正面交鋒也無必勝把握。狐偃的建議不失為一個好建議。

起先還躊躇猶豫的晉文公堅定了出兵的決心，以狐偃的建議為策略方針。晉軍在出兵前還徵兵擴軍，將原來的兩個軍擴編為上、中、下三個軍。周朝制度，諸侯小國一軍，中等諸侯國兩軍，諸侯大國才能有三軍。晉國就此成為軍事大國。兩軍對陣時，晉軍部署為上軍在右，下軍在左，精銳的中軍居中。晉文公還分別任命了有才能、忠誠的大夫擔任三軍的正副元帥。這是中國歷史上最早使用元帥稱號的紀錄。晉文公加

強軍事化的同時還實行軍政合一制度。元帥既是正卿，也是最高行政長官，其地位重要。這是晉國為應付複雜軍事鬥爭形勢的需求，但也很容易形成獨立勢力，晉國公卿權力因此非常強大。春秋後期，晉國六卿輪流執政，演變成「公室卑，政在家門」的局面。當然，這些都是後話了。這個制度在建立之初，不久就向我們證明了其有效性。

晉國整裝待發了。晉楚對決正式開始。

晉文公應戰了。曹國和衛國在晉軍的打擊下迅速土崩瓦解。

西元前六三二年一月，晉文公統率大軍渡過黃河，進攻衛國，很快便占領了整個衛地，衛成公逃亡。三月，晉軍攻占曹國都城陶丘（今山東定陶），俘虜了曹國國君曹共公。衛成公和曹共公在經歷顛沛流離、嘗盡牢獄之苦的時候，一定會為當年沒有好好招待重耳一行後悔得連腸子都青了。尤其是曹共公，當年譏笑重耳的生理缺陷，現在晉文公連逃亡的機會都不給他。現在看來，單單目光遠大這一點，就很少有人能做到從東來西往、絡繹不絕的流亡公子中慧眼識英雄，發現日後的霸主。

話說晉軍在兩個月內就橫掃了黃河南北，重兵前進至衛、齊、曹、魯四國邊界的策略要地斂盂。在軍事打擊的同時，晉國派使臣到齊國展開外交，締結晉國和齊國的友好關係。齊昭公同意兩國締結友好同盟。晉國找到了東方的強大盟友，軍威更雄壯了。

在攻曹的戰鬥中，中軍元帥病故，晉文公破格提拔在戰爭中顯露才華的下軍副帥先軫為中軍主帥，由他負責即將到來的對楚決戰。

然而楚成王也不是平凡人。他並沒有像晉國君臣所希望的那樣，撤去宋國的包圍，去救援北方的曹、衛兩國，反而下令加緊對商丘的攻擊，企圖畢其功於一役。當然了，當大哥的也不能一點不照顧小兄弟。晉軍攻曹、衛的時候，楚成王命令東北方向、有一定實力的魯國派兵援衛存曹。

　　魯國在晉國進攻曹、衛的時候，早就派公子買率軍衛戍衛國。但魯國沒想到晉國的進軍會那麼迅速。魯僖公眼見晉軍兵力強大，齊晉又在自己國境邊上聯盟，形勢朝著不利於魯國的方向發展，自度沒有單獨對抗晉文公的實力。他既想緩和與齊、晉的矛盾，又不敢得罪楚國。衛國滅亡後，魯僖公慌忙將公子買的軍隊撤退回國，不久後又殺了公子買，向晉國示好；同時又通知楚成王說公子買不能完成守護衛國的任務，擅自撤退，替楚國殺了他，以討好楚國。之後，魯國在晉楚決戰中採取了觀望的態度，並不構成對晉國側翼的威脅。

　　一個回合下來，楚國在中原北部的外交布局全面萎縮。晉文公旗開得勝。

春秋慘烈第一戰

宋國開始受不了了。

晉軍攻打曹、衛兩國，原本的意圖是引誘楚軍北上，破解宋國的重圍。然而楚軍卻不為所動，依然全力圍攻宋都商丘。宋國作為晉國盟國，長期獨自承受著楚國及其脅從國軍隊的全部壓力，幾乎達到了國力能夠承受的極限。

宋國派出求援的第二批使臣門尹般聲淚俱下地請求晉國趕緊南下，馳援商丘。

晉文公陷入了進退兩難的境地。如果任由楚國在宋國猖獗，宋國力不能支，必然會叛晉降楚。到時候，晉國稱霸中原的計畫便會受到挫折，而且外交信譽和形象也會受到沉重打擊。如果現在馳援南下，不僅會誘使楚軍北上，在曹、衛之地決戰的原有策略意圖也將落空，而且晉國在兵力上並不占優勢。南下宋國將使兵力薄弱的晉軍遠離本土，在楚軍的勢力範圍內與以楚軍為核心的強大軍事聯盟直接交戰，恐怕取勝的希望不大。

到底如何救宋，如何戰楚，晉文公拿不定主意。

在關鍵時刻，還是新提拔的主帥先軫出了一個妙計。先軫仔細分析了形勢後，建議宋國表面上和晉國疏遠，緩解直接的軍事壓力；然後由宋國出面，向齊、秦兩國各送厚禮，請求齊、秦兩國出面調停，請楚軍撤兵。但是晉國又不能讓齊、秦的調停成功，讓宋國真的成了楚國的附庸。為此，晉國將占領的曹、衛兩國的部分土地贈送給宋國，壯大宋國，堅定宋國抗楚的決心。楚國同曹、衛兩國本是盟國，現在看到曹、衛的土地歸入宋國名下，必定會拒絕齊、秦的調解。齊、秦既接受了宋

國的厚禮，又見楚國拒絕和解，不僅會覺得楚國蠻橫無禮，而且會對楚國不斷北上的擴張態勢憂心忡忡，極有可能出兵與楚軍對抗。

晉文公非常讚賞先軫的計策，馬上給宋國土地，讓宋國依計而行。這一回，聰明的楚成王和秦穆公都中了晉文公的圈套。楚成王果然拒絕了齊、秦兩國的調停，不願意輕易放棄曹、衛兩國；齊、秦在調停失敗後，對楚國一心擴張的姿態非常擔心，便放棄之前的中立立場，象徵性地出兵與晉軍會合。秦國和齊國都是次於楚國的區域大國，它們的轉向使得晉、楚雙方力量的天平發生了劇烈的傾斜。

在第二回合的過招中，晉文公又贏了。

楚成王不愧為高手，他一看連輸兩回合，決定避晉鋒芒，全面收縮戰線。讓對方打不著。

當時晉、齊、秦三大國結成聯盟，組成聯軍盤踞在北部，魯國觀望，宋國堅持，形勢明顯不利於楚國。楚成王下令楚軍及其脅從軍撤出商丘戰場，其中楚國主力退到楚國的申地。為了防止東北方向戍守谷邑的楚軍成為孤懸敵後的「棄子」，楚成王命令該處駐守將領申叔迅速撤離齊國，向主力靠攏。

楚成王給前方主將令尹子玉的命令是：楚軍主力迅速南撤，避免與晉軍交戰。楚成王針對子玉的個性，還專門告誡說：「晉文公不能等閒視之，我們算是遇到強敵了，你凡事要量力而行，適可而止，知難而退。」

子玉拒絕了楚成王的命令，偏偏不撤軍。

子玉的抗命，首先是在對晉文公的了解上與楚成王有分歧。與楚成王將晉文公視為勁敵和高手不同，子玉一直輕視晉文公。當年重耳逃亡楚國的時候，子玉就認為楚成王對重耳過於厚待，還因為重耳「退避三舍」的承諾，要求乾脆殺了重耳算了。雖然楚成王沒有同意，但子玉對重耳的偏見也一直沒有消除。在他看來，晉文公就是一個不知天高地

厚、誇誇其談的糟老頭子。現在他要在血與鐵的戰鬥中狠狠地教訓晉文公，發洩一下之前的怨氣，也讓楚成王承認先前的判斷是錯誤的。

子玉堅決要求楚成王允許他與晉軍決戰的深層原因是他迫切需要透過一場大戰的勝利來鞏固自己的地位。子玉和前任令尹子文都是楚國若敖氏子弟。本來楚國的令尹是由楚王任命的，但若敖氏勢力膨脹，竟然可以繞開楚王自己挑選令尹。子玉就是子文快要卸任時挑選的下任。子玉一上臺就遭到了國內的反對，楚國群臣對子玉評價不一，名士蒍賈就公開反對子玉說：「子玉剛而無禮，不能治民。如帶領三百乘以上的軍隊去作戰，不會安全返回。」現在子玉身為前線主帥，他自然不會放棄用自認為並不難的勝利來消彌有關他無能的批評。

因此，子玉非但沒有撤軍，還向楚成王要求增調兵力。

在重要關頭，楚成王變得優柔寡斷起來，最終同意了子玉的決戰請求。也許楚成王心中也是期待一場輝煌的勝利的，因為軍事勝利是一直流淌在他們家族血液中的重要信念。但在實際運作上，楚成王卻又不肯增撥給子玉充足的決戰兵力，只派了西廣、東宮和若敖之六卒等少量兵力增援子玉。

楚國的這一決策馬上被證明是一個致命的錯誤。

第三回合一開始，得到楚成王允許和少量援軍後的子玉變得主動。

子玉堅定了和晉軍作戰的決心，他現在缺少一個藉口，一個出師的名義。外交人士都是尋找藉口的高手。通常的做法是提出令對手難以接受的條件，將破壞和平的罪行扣到對方頭上。子玉派遣使者宛春向晉文公提出了一個「和平方案」：一、晉軍撤出曹、衛，曹、衛復國，繼續親楚；二、楚軍解除對商丘的圍困，撤離宋國。按照子玉的方案，外交格局將重新回到爆發商丘圍困戰之前的狀態。這不僅意味著晉國主動放棄之前的戰果，而且要重新縮回到黃河以北去；而楚國付出的代價只是放

棄在宋國的戰果。如果晉文公接受這一方案，就等於放棄了爭霸中原、號令諸侯的努力。

別忘了，晉文公也是外交高手。他採納了先軫的建議：一、同意曹、衛復國，但前提是必須親晉，和楚國絕交；二、曹、衛的復國必須在私下進行，讓楚國察覺不到；三、扣留了楚國的使者宛春。宛春沒有回來，子玉根據各方面消息得出了錯誤的結論：晉文公拒絕了自己的方案，強迫曹、衛附庸晉國，同時扣押了楚國的使者。

子玉既高興，又憤怒。高興的是晉國終於理虧，楚國師出有名了；憤怒的是晉文公做得太過分了。被激怒的子玉集結楚、陳、蔡等國聯軍主力，撤去對商丘的圍困，氣勢洶洶地殺奔曹國都城陶丘而來，尋求晉軍進行策略決戰。

晉文公這些天在曹、衛故地也沒閒著，早已為策略決戰尋找到了理想的地點——城濮。面對洶湧而至的楚軍，晉軍避其鋒芒，誘敵深入，後撤到城濮。從原來的前線到城濮，晉軍一共後撤了九十里路，正符合重耳當年向楚成王許下的承諾：退避三舍。

晉軍的「退避三舍」不是晉文公簡單的報恩，而是具有政治和軍事上的現實意義。在政治上，「君退臣犯，曲在彼矣」，晉文公贏得了輿論上的同情；在軍事上，晉文公集中兵力，搶先占領了有利地形。而一鼓作氣殺過來的楚軍撲了個空，士氣大減，又不得不繼續北上，進攻以逸待勞的晉軍。雙方士氣此消彼長，優勢轉到晉軍一方。

晉文公棋高一著。

對晉軍的主動後撤，楚軍中有人嗅到了其中的異常，主張停止繼續追擊，尋找更有利的戰機，可惜遭到了子玉的訓斥。滿腦子都是勝利前景的子玉將晉文公的後撤理解為聚殲晉軍，奪回曹、衛的良機，他親自督軍追到城濮一帶。

　　駐紮在城濮南北的兩軍情況是這樣的：北邊是以晉文公率領、先軫指揮的晉軍為核心，會合了陸續抵達的宋成公、齊國大夫國歸父和崔夭、秦國公子小子憖帶領軍隊的聯軍。番號雖多，但其他國家的軍隊都是象徵性的，絕對主力還是晉國的三軍。聯軍在數量上處於劣勢。士兵們高唱著「原田每每，舍其舊而新是謀」，等待著一場心知關係重大卻前途未卜的死戰；南邊是楚、陳、蔡組成的聯軍。經驗豐富的子玉將精銳的楚軍分為中、左、右三軍，與晉軍的三軍相對應。中軍為主力，子玉直接指揮；右翼由楚軍搭配陳、蔡軍隊組成，楚軍將領子上（他後來成了楚國令尹）是指揮官；左翼則是子西統率的楚軍。

　　大戰一觸即發。

　　「請與君之士戲，君馮軾而觀之，得臣與寓目焉。」

　　這是在決戰前，楚軍使者子上送達晉文公手中的挑戰書。「軾」借指馬車，「得臣」是子玉自己的名字。在這封挑戰書中，子玉輕蔑地對晉文公說：「請讓我們和您的士兵們戲耍。國君您只要在一旁的車裡觀賞就可以了，子玉我陪同您觀看。」

　　晉文公派欒枝回覆挑戰書說：「寡君聞命矣。楚君之惠，未之敢忘，是以在此。為大夫退，其敢當君乎？既不獲命矣，敢煩大夫謂二三子：戒爾車乘，敬爾君事，詰朝將見。」意思是，我們國君知道了。楚王以前的恩惠，我們國君始終沒有忘記，所以主動退避到這裡。我們對子玉大夫你都主動退讓，怎麼還敢抵擋楚君呢？我們得不到楚國退兵的命令，只能麻煩大夫你轉告貴國將士：準備好你們的戰車，肩負起國君託付的重任，出現在明天早晨的戰場上吧！這是兩篇充滿文采的戰書，也是一次針鋒相對的交鋒。

　　戰前，晉文公登上古莘舊城的遺址檢閱了軍隊，看到晉軍的七百乘戰車車馬裝備齊全，晉文公悠長地感嘆道：

「我們可以和楚軍一戰了。」

必須承認，子玉是個傑出的政治鼓動家。他為楚軍提出了一個響亮的、絕妙的戰鬥口號：「今日必無晉！」

也就是說，子玉號召南方聯軍讓晉軍看不到明天的太陽，因為他們將在今天被楚國的戰車全部埋葬。這一天就是西元前六三二年四月四日。

楚軍將士們高呼著「今日必無晉」的口號，搶先對晉軍發起了衝鋒。當天，城濮地區上空戰雲翻滾，地面上戰車隆隆。這是春秋歷史上規模最大的一次戰鬥，也是中國歷史上規模最大的一場戰車大會戰。楚軍主帥子玉首先命令左右兩軍分別向晉軍進攻，中軍緊隨其後，向晉軍中軍進攻。一時間，楚國的戰車震動了整個大地，捲起的塵土瀰漫了南邊的天空。在楚軍如此驚人的人海戰術和戰車轟鳴中，不知有多少異國的武士成了車下冤魂。

晉軍持掌帥旗的將領祁瞞在楚聯軍兇猛的進攻面前，驚慌失措，竟然握不穩帥旗，幾乎波及晉軍全陣。要知道，帥旗是一軍的象徵和靈魂。帥旗不穩對將士們的心理衝擊極大。司馬趙衰當機立斷，斬殺了祁瞞，轉命大夫茅筏持旗。茅筏手握大旗，任憑大旗迎著楚軍的吶喊和塵土獵獵飄揚，紋絲不動，這才重新穩住了陣腳。

晉軍指揮部判斷出楚國中軍較強，而衝鋒在前的左右兩翼則較弱，確定了先擊側翼，再攻中軍的作戰方針。當楚軍衝鋒過半的時候，晉軍的下軍突然對楚軍的右軍發起了反衝鋒，迎頭硬碰硬地作戰。下軍的副帥胥臣將所部戰車的所有馬匹都蒙上虎皮，專門針對楚軍右軍中的「軟肋」──陳、蔡兩軍直衝過去。陳、蔡軍隊是楚國的脅從軍，戰鬥力難以與楚軍相提並論，戰鬥意志也不堅定。陳、蔡軍隊在晉國下軍出其不意的打擊下，喪失了理智，衝鋒被阻止，紛紛敗下陣來。陳、蔡軍隊的失敗衝擊了同處右軍的楚軍。整個楚軍右翼就這樣迅速地潰敗了下來。

子玉不愧為一位傑出的將領，他並沒有因為右翼的失敗而停止衝鋒，而是一邊嚴令右翼楚軍收縮敗兵，穩住陣腳；一邊要求中軍和左軍發動更猛烈的衝鋒，企圖用中軍和左軍的勝利來挽回整個戰局。

子玉的戰術調整也在晉軍的意料之中。晉軍採取了誘敵深入的對策。上軍主帥狐毛故意舉著大旗，引車後撤，裝出抵擋不住楚國進攻而退卻的樣子；下軍主帥欒枝也故意後退，只是他做得更逼真，命令少數假裝後退的戰車拖曳著樹枝，一路揚起地面的塵土，做出晉軍全軍撤退的假象。實際上，絕大多數晉軍戰車正隱藏在漫天的塵土中，等待著不明就裡的楚軍的到來。

子玉果然下令楚軍左軍繞開正面戰場轉入追擊戰，只留自己的中軍。晉軍中軍主帥先軫見楚軍已經上鉤了，立即指揮晉軍最精銳的中軍從塵土中橫空出世，截擊楚軍左軍。這時候狐毛乘機率領上軍回軍夾攻。楚國左翼猛然受到優勢兵力的夾擊，前後道路都被切斷，陷入了重圍，很快就被全部殲滅。晉軍的上軍、下軍分別勝利後，轉入主戰場，意圖圍殲楚軍的中軍精銳。

子玉在左右兩翼全部失敗的殘局面前，恢復了理智，迅速率領中軍脫離戰場，沿途也不戀戰，只想找條道路一路向南逃去。晉軍的合圍因為被子玉提前看破，而沒有成功。子玉最終得以保全中軍，率領殘留的楚軍撤退到西南方向的連谷。城濮之戰以晉國大勝楚國而告終。

城濮之戰是春秋歷史上最慘烈的一場戰役。戰後，晉軍收拾戰場，單單焚燒楚軍屍體的火焰就數日不熄，遮天蔽日；晉國繳獲的楚國軍糧就讓北方聯軍大吃大喝了三天三夜。

晉國取得了驚人的勝利，楚國則元氣大傷。

感謝命運的公平

第一個為城濮之戰付出代價的人是子玉,他付出了生命的代價。

楚成王聽到子玉大敗的消息後,激動地派人對他說:「你活著回來,還有何面目見申、息父老啊?」子玉繼承了楚國將領的血性傳統,當即自殺謝罪。當鮮血噴薄而出的時候,不知道子玉有沒有意識到,正是由於他的私人情緒和指揮失誤,楚國先輩用百餘年心血累積起來的楚國國際地位和「楚軍不可被戰勝」的光榮都在瞬間轟然倒塌了。到了九泉之下,他怎麼去面對楚國的列祖列宗呢?

在這場戰爭中,楚軍在實力上是占有優勢的,也繼承了祖先奮發進取的精神,沒料到卻遭遇了擴張歷史上的第一次慘敗。戰前,也許楚國國內已經有人開始在做「飲馬黃河」的美夢了;戰後,楚國上下都在思考著首先要固守漢水—淮河一線的問題了。晉國的勝利不是簡單的軍事勝利,而是個人特質、外交運作和伐謀伐交的綜合勝利;同樣,晉國的勝利也不單單是為中國軍事增加了一個以弱勝強、誘敵深入、後發制人的成功案例,它更具有重大的外交意義。晉國的勝利粉碎了楚軍雄踞中原的夢想。之前中原地區在南楚和北狄交相入侵下,成了驚弓之鳥。如果說北方的少數民族還沒有形成國家形態,對中原諸侯的騷擾和進攻是零星的,尚不構成致命威脅,那麼楚國目的明確、組織嚴密的連續擴張攻勢才是中原的心腹大患。現在,楚軍被打敗了,狄人隨之意識到了華夏各國的實力還是很強大的,只是因為沒有領導者把各國團結起來,現在有了晉國,也就不敢猖獗了。自城濮一戰後,蠻族的勢力一落千丈,中原轉危為安,「進一步動搖了西周的宗法統治秩序,開始了晉、楚爭霸中原的歷史」。

這可能是將晉文公推向霸主地位的最大政治資本。

城濮之戰後，晉文公開始以天下霸主自居。

晉文公首先向各國發出通令「各復舊職」，要求諸侯國恢復對周王室承擔的義務和責任。收到晉文公通令的各國諸侯反應各異。原本晉國的盟友揚眉吐氣，自然沒話說。那些依附楚國的諸侯國慌忙改弦更張，向晉國靠攏，如一向親楚的鄭文公趕緊與楚成王劃清界限。鄭文公得知楚國戰敗後，第一感覺是震驚，第二感覺是恐懼。待穩定情緒後，鄭文公連忙派出了九批使者出使晉國，向晉文公示好，極盡吹捧之能事。考慮到晉國和鄭國都是姬姓諸侯，鄭國又是近鄰楚國的較大諸侯國，晉文公也不想跟鄭國把關係搞僵，於是派大夫欒枝回訪鄭國。同年五月丙午日，晉文公和鄭文公在衡雍締結了盟約。觀望的魯僖公也趕緊投向晉國，誠懇地表明了自己的錯誤。晉文公出於同樣的考慮，也原諒了魯國。

每位春秋霸主都需要透過大規模的諸侯盟會來確立自己的地位。西元前六三二年五月，晉文公在踐土（今河南鄭州西北）召集諸侯前來朝覲周王。齊、宋、蔡、鄭、衛、莒、魯等國諸侯先後趕到。周襄王也趕過來參加。

晉文公先帶領諸侯朝覲了趕到踐土的周襄王，再向周襄王呈現了城濮之戰的戰利品，獻上俘獲的楚國兵車一百乘和楚兵一千名。「獻俘天子」是象徵意味很濃的舉措。此舉既顯示了晉文公的輝煌戰績和對中原的貢獻，同時也是對周天子的尊重，讓周襄王過了一把君臨四海、征服蠻夷的癮。周襄王的祖先周平王就是因為被西邊的戎族逼迫，才不得不東遷雒邑的。從此以後少數民族的軍事威脅，主要是戎族和狄族的屠刀，彷彿噩夢般如影隨形。現在有一個接受蠻夷俘虜的機會，周襄王很樂意扮演華夏族領袖的角色。這也是他在城濮之戰後趕往踐土的原因，不僅是接受朝拜，更是宣示華夏族的勝利。

　　改投門面的鄭文公替周襄王主持典禮儀式。在踐土，周王室以一百四十多年前，周平王接待晉文侯的禮節來對待晉文公。當年晉文公的祖先晉文侯、鄭文公的祖先鄭武公、秦穆公的祖先秦襄公為首的諸侯，護衛著周平王到達了雒邑。現在晉文公繼承了祖先的榮譽，而鄭文公則變成了司儀，秦穆公則沒有來到踐土。對於有志於霸主地位的秦穆公來說，人生最難受的事情就是看著夢寐以求的地位落入他人囊中。他雖然是晉文公的盟友，但斷不會來為後者錦上添花的。

　　五月十四日，周襄王大會諸侯，用甜酒接待晉文公，尊稱晉文公為叔伯，並親自向晉文公勸酒。周襄王賞賜給晉文公大戎車一輛和服飾儀仗整套、紅色大弓一把、紅色弓箭一百支、黑色弓箭一千支、黑黍米釀造的香酒一卣、勇士三百人。周襄王要求晉文公「尊崇服從王室，安撫四方諸侯，監督懲治不法」。這就是正式承認晉文公為侯伯（諸侯的領袖），賦予了他以王命征伐四方的特權。晉文公按慣例辭讓了三次，才接受了王命。

　　當各諸侯在踐土觥籌交錯的時候，原本跟隨楚國的陳國國君陳穆公這時候也厚著臉皮趕來與會。但是晉文公沒有給予陳穆公參加諸侯大會的待遇，只讓他在客館待著思過。亡國之君衛成公先後流亡楚國和陳國。衛國就由大夫元咺輔佐叔武暫代君位，也來到了踐土，希望參與晉國與諸侯的盟會。晉文公接納了叔武和元咺。

　　五月十六日，城濮之戰勝利後的第四十四天，晉文公和齊、魯、宋、衛等七國國君正式立約，發誓說：「皆奬王室，無相害也！有渝此盟，明神殛之，俾隊其師，無克祚國，及而玄孫，無有老幼。」（各國諸侯都要匡扶王室，禁止互相殘殺。如果有人違背盟約，讓神明嚴懲他，讓他全軍覆滅，讓他的宗室不能享有國家，讓懲罰延續到他的子孫後代，不論長幼都深陷懲罰的苦海。）

這就是晉文公規定的霸權秩序。

「踐土之盟」安定了黃河以南各國以後，晉文公便北渡黃河，榮歸晉國。

在晉國，晉文公輕拈棋子，進行了戰後外交布局。在勝利者眼中，鞏固權力最有效的方法就是懲罰敵人。楚國在戰敗後全面收縮了觸角，還向晉國求和，並不構成對晉國的直接政治威脅。晉國還不具備主動南下，進一步壓縮楚國的實力，只能見好就收，不能再對楚國施予懲罰。而楚國聯盟中剩下的較大國家就是魯國和鄭國了。

魯國雖然在戰前親楚，也與晉國出兵相對，但並非楚國的中堅盟國。在晉國取得軍事勝利之後，魯僖公馬上積極、賣力地親近晉國，獲得了晉文公的好感。晉國剛建立霸權，也需要魯國這樣大的追隨者。兩國戰後相近，魯國反而獲得了大片曹國割讓的土地。

鄭國則受到了懲罰。雖然鄭文公戰後對晉國表示友好，但並沒有徹底斷絕與楚國的連繫，也沒有得到晉國的真正信任。西元前六三〇年，晉國聯合秦國共同討伐鄭國。後來秦國退兵；鄭國則答應接受逃亡晉國、被晉文公認可的公子蘭為太子，晉、鄭兩國這才講和。實際上是晉文公改易了鄭國國君。

曹國被滅後，晉文公迫於同姓相煎的壓力，不久便釋放曹共公歸國。曹國復國。但是曹國被嚴格限定在晉國劃定的領土範圍內。曹國領土被分割。

衛成公在戰爭期間逃亡。楚國戰敗後他不但不向晉國示好，還南逃楚國。衛國大夫元咺，扶立了新君，執行親晉政策。衛國復國，但領土也遭到分割。晉文公分曹地給了在城濮之戰中非常配合晉軍、功勞不小的衛成公。後來衛成公透過流血政變復國。遭到衛成公迫害的元咺跑到河陽大會上控告國君，乞求晉文公主持正義。晉文公不願意衛成公回國

執政，於是把衛成公抓住並關押了起來，並密令醫師下毒殺死衛成公。衛國大夫寧俞賄賂了醫師。結果醫師下的毒很輕，衛成公才倖免於死。到晉襄公時，衛成公才得到了晉國的原諒。當時有衛成公拜謁晉襄公的記載。

一朝天子一朝臣。站錯了邊，遭受迫害，看來自古有之，這似乎是難以避免的規律。

讓我們從更加宏觀的角度來看城濮之戰的意義，它簡直就是春秋外交的重大轉折點。

城濮之戰的第一個轉折意義在於：中國大地進入了一個周王室徹底衰微，諸侯霸國主政的現實政治時代。「外交」不再是一個天子的專屬名詞，諸侯霸主則名正言順地主導外交。

城濮之戰當年（西元前六三二年）冬天，晉文公再次召集諸侯在溫地盟會，商討討伐不服的國家。齊、魯、宋、蔡、鄭、陳、莒、邾、秦等國應邀而來。為了使這次盟會「合法」，晉文公「邀請」周襄王也來見證諸侯大會。當時，各國諸侯已經會聚在溫地了，周襄王再從雒邑趕到溫地就太沒面子了，明顯是作為「橡皮圖章」來為溫地會盟作追認的。於是周襄王到了離溫不遠的河陽就止步了，晉文公則率領與會的諸侯去朝見周天子。孔子在編寫《春秋》的時候，認為「以臣召君，不可以訓」，用曲筆寫成了「天子狩於河陽」，以維護周襄王的面子。因此，理想主義色彩濃厚的孔子對晉文公沒有好感，認為「晉文公譎而不正，齊桓公正而不譎」。可是連周襄王都不敢說什麼，孔子著急又有什麼用呢？

《左傳》載：「五月癸醜……盟於踐土……冬，公會晉侯、齊侯……於溫。天王狩於河陽；壬申，公朝於王所。」晉文公一共朝見了周襄王三次，在當年冬天就逝世了。在西元前六三二年的短短一年時間中，他將「諸侯無外交」變成了陳舊觀念，將外交的主動權從繼續沉淪的周王

室轉移到了諸侯手中。

城濮之戰的第二個轉折意義在於：它代表著春秋政治的理想主義色彩逐漸褪去，現實主義的政治思想開始茁壯成長。這一思想轉變波及了外交領域。

晉文公雖然高揚著第二波「尊王攘夷」的旗幟，但他心中到底有多少對周王室的尊重，就很難說了。在晉文公最艱苦、顛沛流離的時候，周王室並沒有給他這個同姓貴族任何幫助，哪怕是道義上的。晉文公完全是靠自己的政治技巧成為齊桓公之後的霸主的。我們很難要求這樣的人時刻以王室為念。在平定王子帶叛亂後，晉文公似乎成了道德偶像。但他當時曾經向周襄王請求允許自己死後用帶「隧道」的墳墓下葬。天子的葬禮可以在地下挖掘道地，將靈柩送入墳墓內安葬。晉文公的請求暴露了他的非分之想。周襄公認為這是原則問題，沒有答應，而代替以賜予土地。

周王室賞賜的陽樊、溫、原、欑茅之地，居住著許多王室貴族、朝廷卿家和一些有頭有臉的人物。晉文公即便不承認這些人的貴族身分，保留他們的宗法待遇，也起碼要承認他們的國人身分。但是晉國用強力接收這些地區後，非但不承認這些人的國人身分，還摧毀了統治階級，將他們全部降為野人，把他們完全視為被征服之人。四地被降級為邑。

現實主義思想觀念波及外交上後，晉文公雖繼承了齊桓公的霸位和盟會，但完全喪失了扶危濟困、「尊王攘夷」的真正霸主精神。弱肉強食的規則已經被人們公開承認了。晉國日後的正卿趙鞅就說：「疆場之邑，一彼一此，何常之有？……自無令王，諸侯逐進，狎（更）主齊盟，其又可一乎？恤大舍小，足以為盟主，又焉用之？封疆之削，何國蔑有？主齊盟者，誰能辯（治）焉？」有槍就是王，拳頭說話的遊戲規則在趙鞅的話中明白顯現，哪裡還有和平共存的精神？如果之後沒有晉國這樣

的霸國繼續存在的話，春秋外交將會完全是名正言順的殘殺征伐和蠻橫無禮的兼併戰爭交替的外交。

晉國滅亡虞國時，剛開始還擔心外部輿論壓力，替虞國向周天子進貢。後來見諸侯國沒有反應，晉國就正式將虞國和虢國的土地劃入晉國管轄。稱霸後，晉國不斷表現出對其他國家的不敬，強迫諸侯朝貢、拘留諸侯的事件時有發生。

春秋外交思想以理想主義為主，但在春秋時期的理想主義外交思想發展過程中，現實主義的外交思想也在不斷發展。春秋理想主義外交思想賴以存在的根源有二。一是「周禮」的存在。雖然禮也崩了，樂也壞了，但仁義道德在人們心中還是有影響的。二是人們對戰爭還有一種道德罪惡感。戰爭一開始還處於「羞答答」的狀態。但是城濮之戰前後，戰爭成為國家明白宣示的政策選擇。理想主義根源的動搖就在城濮之戰前後。

城濮之戰的第三個轉折意義，也是最大的意義就在於：它奠定了之後百年的外交格局。

晉文公在位只有短短的五年時間，在取得城濮之戰勝利的同年冬天就死了。雖然晉文公只做了幾個月的霸主，但晉國的霸權體系卻相當牢固地植入了當時所有的重要國家。晉文公兒子晉襄公繼位後，依然以霸主身分對諸侯國發號施令。後代晉君繼續推行霸業，在長達一百多年的時間裡，先後滅掉二十餘國，征服四十餘國，使晉國始終保持著中原的全部或者部分霸業。從西元前六三三年到西元前五四六年的八十多年間，晉國都是稱雄的霸主。

晉國的霸權地位也遭人眼紅，多次受到挑戰，但晉國都挺了過來。春秋時期能夠挑戰晉國霸主地位的國家只有三個：楚國、齊國和秦國。楚國實力最強，對霸主地位也最眼紅。城濮之戰大敗後，楚國遣使向晉

國告和，也只是爭取幾年的停戰備戰時間而已。之後，「晉、楚爭霸約百年，楚國雖多次想打開進攻中原的道路，卻一直未能如願。城濮之役後，北方國家形成一個以晉為核心的穩定的集團，成為阻止楚國北上的勁敵」。雖然在楚晉邲之戰中，楚成王的孫子楚莊王大敗晉軍，成了新的霸主。但晉國依然保持在中原北部的霸主地位，尤其是黃河以北地區始終是楚國難以染指的禁臠。晉國在與楚國的多次大戰中，勝多敗少，其霸國地位沒有動搖。後期，晉國聯合東南方向的吳國，夾擊楚國，更是獲得了晉楚鬥爭的主動權。

齊國也想重振齊桓公時的光榮，試圖挑戰晉國的霸主地位，起碼是在北方的霸主地位。齊國也將忌妒轉化為了實際行動，可惜連連失敗。尤其是後期晉國聯合齊國的夙敵魯國攻入齊國境內，終於讓齊國認清究竟誰才是黃河中下游的霸主。

黃河上游的秦國是不斷崛起和有抱負的大國。秦穆公具備成為霸主的所有特質，可惜沒有趕上稱霸的時機，成為歷史上的悲劇人物。他是離霸主地位最近的秦國國君，可是連他都沒有成功，更何況其他能力和壽命都不如他的國君了。被東鄰晉國牢牢堵在崤山以西的秦國在春秋的絕大部分時間奉行孤立主義外交，專注攻略西戎，不參與東方的恩怨爭鬥。

楚成王也是一個悲劇性人物。他在位四十六年，擁有歷史賦予的充足時間、強大國力和初始的便利條件去爭奪霸主的耀眼榮譽。楚成王的悲劇就在於他接連遇到了世間豪傑。他第一次雄心勃勃地進取中原的時候，不想在召陵受到人中蛟龍齊桓公的阻擋；齊國衰落後，楚成王乘著泓水之戰的凱旋之風威震中原，不想又在城濮遭到上天空降的晉文公的沉重打擊；等晉文公死後，楚國也逐漸恢復了元氣，可是楚成王實在太老了，邁入了暮年。對手實在太強大了，我們後人實在不能苛求楚成

王。換一個角度來看，楚成王又是一個幸運的人物，他竟然能夠和齊桓公、宋襄公、秦穆公、晉文公這樣的歷史偉人直接過招，且有不俗的表現！

因此，楚成王可算是一位悲劇性的歷史偉人。

第六章　擦肩而過的霸業

岂曰無衣？與子同袍。

王於興師，修我戈矛。與子同仇！

岂曰無衣？與子同澤。

王於興師，修我矛戟。與子偕作！

岂曰無衣？與子同裳。

王於興師，修我甲兵。與子偕行！

《詩經·秦風·無衣》

機遇從指縫流過

在晉國主導的霸權秩序中，鄭國始終被晉國視為另類。

在一個單位裡也好，在一個國際體系中也罷，凡是被領導視為另類的人和國家都不會有好結果，鄭國就沒有嘗到甜頭。鄭文公是踐土會盟也參加了，對晉文公也服軟了，而且連晉文公加冕典禮的司儀也當上了，但是鄭文公和晉文公之間的心結卻怎麼也解不開。

鄭國是楚國的鄰國，鄭文公是楚國的女婿，楚國對鄭國有強大的號召力。踐土會盟一結束，鄭國沒幾天就恢復了與楚國的外交往來，開始在楚國和晉國兩強之間搖擺。晉文公不能容忍鄭文公的背叛，於是剛回國不久就又率領得勝之軍進攻鄭國。這一回，晉文公向秦穆公也發出了邀請一同圍鄭，「以其無禮於晉，且貳於楚也」。「無禮」指的是晉文公當年流亡鄭國的時候，鄭國拒絕接待；「貳於楚」指的是鄭國依附晉國的同時也與楚國交好。秦穆公親率軍隊來援，晉軍在北，秦軍在南，立馬將鄭國國都圍了個水洩不通。

鄭文公只好向楚國求援。但是楚國還沒有從城濮大戰的陰霾中走出來，沒有實力和決心出兵，與晉國、秦國兩大強國直接作戰。楚成王說，你們鄭國一定要頂住，我們舉雙手支持你們，但就是無力發兵援助。

鄭文公這時候才發現投靠錯了楚國，要投靠起碼也要等楚國恢復元氣後再投靠。現在他除了後悔，只能拚全力抵抗晉秦聯軍的進攻，急得像熱鍋裡的螞蟻一樣，想盡快抓住一根救命稻草。

這個時候，大夫佚之狐對鄭文公說：「鄭國已經到了國家存亡的緊急關頭。我推薦一個叫燭之武的賢人。他可以去見秦穆公，說服他們撤軍。」鄭文公連忙讓人將燭之武先帶來看看。

　　一見到燭之武，鄭文公就在心裡嘆了口氣。面前的賢人是一個鬚眉皆白、佝僂其身、蹣跚其步的老頭。可現在只能死馬當作活馬醫了，鄭文公請燭之武出面勸退秦師。想不到燭之武推辭說：「臣年輕的時候，就比不上別人；現在已經老了，想為國家效勞，可惜心有餘而力不足了啊！」鄭文公忙表示歉意說：「寡人不能早任用您，現在有了急事才來求您，這是寡人之過。但是鄭國滅亡了，對您也不利啊！請看在國家大義上，盡力而為吧！」得到國君的親口道歉後，燭之武掙足了面子，就接受了光榮而艱巨的任務。鄭文公眼巴巴地看著燭之武艱難地走出廳堂，默默地搖了搖頭。

　　事實證明，燭之武不是鄭文公的救命稻草，而是鄭國的擎天之柱。

　　當夜，燭之武縋城而出，拄著拐杖徑直向秦軍大營走去。我們可以想像一下，月黑風高夜，突然有位白髮蒼蒼的老頭緩緩地從城頭上墜下，這是一幅多麼戲劇性的畫面啊！

　　燭之武沒有被敵人射成蜂窩，反而見到了秦穆公。因為秦穆公非常想知道陷入絕境中的鄭國說客要對他說什麼。燭之武首先坦率地承認：「鄭國在秦、晉兩國的圍攻下，就要滅亡了。」秦穆公點點頭：「這和我們秦國有關係嗎？」燭之武說：「如果鄭國的滅亡對秦國有什麼好處，我就不來煩勞您了。恰恰是因為秦國是鄭國滅亡最大的受害者，我才來向您哭訴。」

　　精彩的開頭馬上吸引住了秦穆公。

　　燭之武詳細分析道：「第一，鄭國滅亡後只會成為晉國的領土，而不會增加秦國的疆域。因為秦國和鄭國之間隔著好幾個國家，而晉國是鄭國的鄰國。您為什麼要滅掉鄭國而增加晉國的土地呢？在國際競爭中，一個大國實力的增強就意味著另一個大國的相對削弱。第二，秦國一直希望深入東方，苦於沒有找到通往東方的據點。鄭國一向奉行對秦國的

友好外交政策，非常樂意成為秦國在東方的物資據點和政治轉運站，為秦國在中原的行動提供幫助。秦國使團和軍隊的往來可以隨時獲得鄭國提供的急需物資和情報。秦國為什麼忍心把潛在的重要盟友消滅掉呢？第三，您可能會說，秦國和晉國雙邊關係友好密切，您是出兵幫助盟友。我聽說，您曾經對三代晉君都有過恩惠，晉國還答應把河西的土地割讓給秦國。不知道晉國兌現了這些承諾沒有？我只看到晉國在東西兩線不斷地擴張疆土，國際地位如日中天。總之，鄭國的滅亡是秦國受損而晉國受益的事。我實在不明白，所以來問問您，為什麼要損害秦國的利益而一心幫助晉國？」

　　燭之武的外交說辭是春秋時期最精彩的外交表演之一。鄭國君臣早就看出了秦國和晉國是存在利益分歧的，因此將求和的重點放在了秦穆公身上。燭之武就是緊緊抓住秦、晉兩國在「秦晉之好」的表象掩蓋下的國家利益衝突，用扣人心弦的語言，盡力說服秦穆公認同鄭國的觀點。他的手法既有軟的一面（鄭國願意成為秦國的附庸，作為秦國的東方據點），也有硬的一面（鄭國的滅亡只會壯大對手晉國的實力，對秦國不利）。

　　燭之武的說辭如同一把鹽撒在秦穆公的傷口上，讓秦穆公感到火辣辣的疼。作為有志於天下的君主，秦穆公的雄心壯志似乎隨著晉國霸權的確立越來越沒有實現的可能。秦穆公幫助晉文公繼位，本來是希望晉國可以聽從秦國的安排，敞開秦國通向東方的大門。不料，秦國的東進之路受到了局勢安定後日益強大的晉國無情的阻礙和打擊。特別是晉文公這個女婿成為諸侯霸主後，就橫在秦國的東進路上，不給秦穆公這個老丈人到中原施展拳腳的機會。燭之武直指秦穆公內心深處的憂慮，明白地告訴他：你繼續和晉文公混在一起是沒有前途的。因此在鄭國問題上，秦國應該聯鄭捨晉才對。

　　秦穆公決定遵照自己內心的真實想法，與鄭國簽訂了盟約，也不和晉文公商量就班師回國了。臨走前，秦穆公還留下杞子、逢孫、揚孫三位秦軍將領率領部分軍隊幫助鄭國守衛城池，抵抗晉軍。秦穆公和晉文公主導的「秦晉之好」正式結束了。

　　天亮後，晉軍發現秦軍一夜之間成了敵人。很多將領都向晉文公建議追擊歸國的秦軍。晉文公說：「如果沒有秦君的幫助，我重耳就不會有今天。我們晉國不能過河拆橋。如果為此我們和秦國這個盟國關係徹底破裂的話，既不道義，也不明智。」晉軍加緊獨自進攻鄭國。

　　鄭國雖然勸退了秦軍，但是仍面臨著晉軍的巨大軍事壓力。在秦軍退卻後，晉文公就有了退兵的意思，壓縮了外交收益的期望值。晉文公提出了兩項退兵要求。一是鄭國必須殺了鄭大夫叔詹。叔詹在重耳流亡鄭國的時候，勸鄭文公殺了重耳以絕後患。二是鄭國要立公子蘭為太子。公子蘭是鄭國的庶子，流亡在晉國，對晉文公很恭敬，是著名的親晉人士。當時，公子蘭正跟隨晉文公圍攻鄭都。晉國提出和談條件後，鄭文公很是為難，不敢告訴叔詹，叔詹還是知道了，主動對鄭文公說：「臣之前勸說國君早殺重耳，國君不聽，晉國果然成了鄭國的大患。現在只要我死了，晉國就能赦免鄭國。為國盡忠也是我的夙願。」說完，叔詹就自殺了。鄭文公將叔詹的首級送給晉文公，並冊立公子蘭為太子。晉文公罷兵而歸。三年後，鄭文公卒，公子蘭繼位為鄭穆公，晉鄭關係徹底緩和。

　　儘管走了秦穆公，但晉文公還是取得了外交大勝。

　　年老的秦穆公執政的秦國是一個春秋時代的年輕國家。

　　秦國僻處西陲，西周早期才成為周朝的附庸小國，春秋初年因秦襄公助周平王東遷才被封為諸侯。因此秦國是個典型的後起國家，既具有許多落後的方面，又發展迅速。

　　秦人原本是居住在秦地（今甘肅張家川，一說是今甘肅清水）周圍的一個嬴姓部落。秦人的首領非子因為養馬養得好，周王一高興，就將秦地賜予了他。而到第一個被封為諸侯的秦襄公護衛平王東遷的時候，周王室失去了岐山以西的土地，乾脆就將這一片土地全部「賞賜」給了秦襄公。這是一個具有里程碑意義的事件。秦襄公正式建國。後世的文、憲、武、德、宣諸公，都在不斷消化周王室賞賜的土地，用武力從他人手中接收封地。秦國的疆土不斷東移。到秦穆公繼位時，秦國已經占有了現在大半個關中地區。

　　那麼秦國的實力發展得怎樣呢？西周末年周宣王時，秦人的首領秦仲才得到大夫稱號。《毛詩序》對《詩·秦風·東鄰》釋義說：「秦仲始大，有車馬禮樂侍御之好焉。」也就是說，秦國到了秦仲的時候才有了車馬、禮樂、侍臣等排場，之前可能就是「一貧如洗」，貴族和平民大概過著毫無差別的原始生活。當時的中原諸侯國如果看到這句話，一定會嗤之以鼻：都什麼時代了，有了這點平常的排場，就顯擺出來，還鄭重地記載下來，這不是在說自己是「土包子」嗎？而中原各國幾百年前就擁有的享受，在秦人看來卻是盛況空前，無比歆羨的。然而短短幾十年間，秦國憑藉著後發優勢，大踏步地前進。八百里秦川的關中平原，具有良好的自然條件，為秦國提供了雄厚的物質基礎；中原地區先進的工具和技術，為秦國提供了飛越式發展的可能。秦穆公時期的「泛舟之役」就表明當時秦國的農業和交通能力已經相當發達了。

　　在外交關係上，秦國領土在不斷擴大的同時，首都也在向東移動。秦國早期的發展歷史在一定程度上是從西戎的包圍中突圍，向中原文明靠攏的歷史。秦憲公時，秦國東遷至平陽（今陝西眉縣西），秦德公東遷到雍（今陝西鳳翔南）。儘管如此，秦國還是處於戎族的包圍之中。在中原諸侯看來，秦國就是一個出身卑微又長期僻處西北一隅的諸侯。儘管

秦國的實力不斷提升，但是中原諸侯堅持「戎翟遇之」，將秦人當作少數民族，而不是自己人。這種思想觀念在外交上就表現為東方諸侯在春秋初期一直把秦國排斥在諸侯盟會之外，孤立秦國。事實上，就地緣政治來說，秦國也被孤立了。秦國的西面和北面是高山、戈壁和荒漠，東面被黃河、函谷關和大國晉國阻擋，南面被秦嶺和另一個大國楚國阻攔著。四面之間還有若干並不太友好的諸侯小國壓制著秦國，因此秦國的外交局面實在是說不上太好。

因此，秦國的外交性格存在兩面性。一方面，秦國的不斷強大讓秦人產生了越來越強的優越感，很多秦國人雄心勃勃。另一方面，秦國的發展空間相當有限，外交孤立局面難以打破，很多秦國人又產生了濃厚的保守主義情緒。他們認為秦國就是秦國，在西方待著就好。中原諸侯不禮遇秦國，我們秦國也不搭理他們。我們才不摻和中原那些骯髒不堪的政治呢！

秦穆公繼位時，就面臨著這樣的歷史包袱和外交現實。秦穆公的目標是明確的，就是要率領秦國爭霸；秦穆公的方向也是明確的，那就是東進，東進，再東進。秦國的明天在東方，而不是老跟西方少數民族混在一起。概括地說，就是要打破孤立，實現雄心。

秦穆公上臺的第一年，就親自率軍征伐今天山西境內的少數民族部落茅津（在今山西平陵境內的戎族部落），取得大勝。這不僅是宣示秦國的東進策略，也掃除了一部分障礙。三年後，秦穆公又迎娶了晉獻公的女兒、重耳的姐姐做妻子，與晉國結交，希望晉國在秦國東進途中大開方便之門。這一年，中原的霸主齊桓公伐楚，正在召陵和楚軍對峙。

秦穆公能帶領秦國走出外交上的困境嗎？

秦穆公胸懷大志，卻苦於無賢才輔佐。

秦國要參與中原爭霸，就要有善於治國強軍的人才，熟悉中原政治

遊戲規則，了解中原的制度文化。但是秦國缺乏這樣的人才。雖然秦國算不上嚴格意義的少數民族，但居民的確以少數民族為主，只有少數貴族了解中原，知道諸侯爭霸的事情。可是要從中找到可以輔佐國君爭霸的人才，就少之又少了。而管仲之類的大才，就更屬鳳毛麟角了。秦國遭遇了人才瓶頸。

有人告訴求才若渴的秦穆公，當年晉姬嫁到秦國來的時候，有一個媵人（陪嫁的奴隸）百里奚是虞國的亡國大夫，是個不可多得的人才。秦穆公一聽，說那就找來見見吧！一查，百里奚接受不了做陪嫁奴隸的身分，已經逃亡楚國去了。秦穆公本來想用重金贖回百里奚，一想不對，如果用重金去贖一個奴隸，楚國人就知道他是個人才了，肯定不會放行。於是秦穆公派使者到楚國說：「敝國的媵奴百里奚逃到了貴國，請允許我用五張牡羊皮將他贖回。」五張牡羊皮就是當時一個奴隸在市場上的價格。楚國一聽，奇怪了，逃亡的奴隸多了去了，秦國人怎麼這麼在意這個逃亡的奴隸啊？秦國使者進一步解釋說：「敝國奴隸逃亡嚴重。寡君就是希望將百里奚抓回去，起殺一儆百的作用。」楚國在這樣的小事上還是要給秦國人面子的，當即將百里奚關在囚車裡，發往秦國。

百里奚當時已經七十多歲了，以奴隸來說，早已沒有了利用價值。百里奚完全是生不逢時、懷才不遇的典型例子。當初別妻離子、出外闖蕩的時候，百里奚滿懷文韜武略，結果流落不仕。在成為晉國俘虜前，百里奚遊歷了齊、周、虞、虢等國，做過許多工作，對各國的民俗風情、山川險阻、政治得失都知之甚悉。現在已過了古稀之年，百里奚心中的火焰依然沒滅。他被抓走的時候，楚國的同伴們都哭哭啼啼的，擺出生離死別的樣子。百里奚只是淡淡一笑，他知道自己的機會降臨了。

果然，百里奚被押回秦國後，秦穆公親自為他打開桎梏，與他連續商談了三天三夜國事。秦穆公判定自己挖到了一位真正的大賢才，要重

用他。秦穆公遺憾地說：「可惜啊，大夫你已經七十多歲了。不然可以託付國政。」百里奚不謙讓地說：「如果國君要讓我去上山擒虎、下水抓龍，我是太老了。但如果是治理國家，我比姜子牙還年輕十歲呢！」秦穆公很高興，就要託付國政給百里奚。百里奚這時候辭讓道：「臣遠比不上臣的好友蹇叔。蹇叔賢明卻很少有人知道。臣過去在齊國遊蕩乞討的時候，蹇叔收留過臣。後來臣想投靠齊國的公子無知，蹇叔勸臣不要投靠他，臣聽了他的意見。無知後來被殺，齊國大亂，臣有幸得脫齊難。周王子頹好牛，臣善於養牛而得到賞識。王子頹欲用臣，蹇叔又勸止了我。王子頹後來叛亂得誅，我又逃過一難。最後，我因為實在窮困難耐，要在虞國出仕。蹇叔勸臣三思。臣也知道虞君不重視我，但我實在需要祿爵，就留下了。這三件事情完全可以證明蹇叔的政治洞察力和忍耐力遠高於我。」秦穆公重禮將蹇叔請來秦國，任命他為上大夫，和百里奚一起執掌國政。百里奚和蹇叔兩人被稱為「二相」。

百里奚可能是春秋時期秦國最傑出的相國。由於百里奚是用五張牡羊皮贖回來的，秦人稱其為「五羖大夫」。掌權後，百里奚依然保持著簡樸的作風，「勞不坐乘，暑不張蓋，行於國中，不從車乘，不操干戈」。秦國在他輔政的五、六年間，得到大治。百里奚死的時候，「秦國男女流涕，童子不歌謠，舂者不相杵」。

有了良才輔政後，秦穆公意氣飛揚地圖強稱霸。他親自率軍伐晉，俘獲了晉惠公。秦國又滅亡了梁、芮兩個東方國家，向東方邁進了一步。

之後因為晉文公的出現，秦國的霸業一度停滯。

永恆的崤之戰殤

晉文公死後，秦國的轉機似乎來臨了。

晉文公死的年份是秦穆公在位的第三十二個年頭。秦穆公迫切需要重振秦國雄風，繼續爭霸路程。從被燭之武說服的那一刻起，秦穆公對晉國的不滿和對中原的覬覦就暴露無遺了。恰在此時，留守鄭國的杞子三人送回情報說：「我們掌握著鄭國國都北門的鑰匙。如果國內派軍隊來偷襲，鄭國就唾手可得了。」可見，當時秦國的將領也迫不及待地希望利用晉文公的死來擴張秦國的勢力。

秦穆公很贊同杞子的偷襲計畫。在正式出兵前，他去徵詢百里奚和蹇叔的意見。誰知兩位重臣卻反對偷襲鄭國，他們認為：「跨越幾個國家，經過幾千里路去襲擊鄭國是很難成功的。且行千里，其誰不知？我軍的行動一定會被鄭國知道。到時候，我軍精疲力竭，而東方的諸侯以逸待勞、嚴陣以待，我們就危險了。」秦穆公已經被爭霸中原的遠景迷惑了雙眼，堅持派遣百里奚的兒子孟明視、蹇叔的兒子西乞術和白乙丙三人為將帶兵出征。

大軍出師於東門之外。百里奚和蹇叔哭著為軍隊送行。蹇叔哭著對孟明視說：「侄子，我現在看著你們出征，卻看不到你們歸來了。」秦穆公很生氣，派人責罵蹇叔說：「你怎麼知道？等大軍凱旋的時候，你早死了，只能看自己墳墓中的拱木。」蹇叔的兩個兒子也在軍中，他又去和兩個兒子訣別：「晉軍肯定會在崤山（在今河南洛寧縣西北，西接陝縣，東接澠池縣）迎戰我軍。崤山旁邊有兩座陵墓，南陵是夏代後世皋的陵墓，北陵是之前周文王避風雨的地方。你們必死在兩座陵墓之間。到時候，我去給你們收屍。」出征的將士們都覺得很不吉利，但誰也沒把兩

位老人的話放在心上。

就這樣，秦國大軍雄糾糾氣昂昂地向戰場開拔了。

第二年（西元前六二七年）春天，秦軍到達雒邑。

按照周禮，諸侯軍隊經過王城的時候，要摘去盔甲、卸去武器，恭敬而過，以表達對天子的敬畏。現在秦國大軍正急著去征服鄭國呢！哪兒還有時間嚴格遵守這一套禮法？秦軍經過王城北門時，兵車的車伕根本就沒停車，更沒有下車致敬，只有車左、車右的兩位戰士摘去頭盔，跳下兵車跑幾步，表示對周王的敬意。隨即，左右兩位戰士也跳上車揚長而去。據說秦軍三百乘兵車的將士都是這麼蜻蜓點水般地向周王致敬。

當時周王室的公卿大夫們都在城池上頭無奈地看著這一幕。年少的王孫滿邊看邊搖頭，說：「秦師輕而無禮，必敗。輕則寡謀，無禮則脫；入險而脫，又不能謀，能無敗乎？」意思是說，秦國武士現在滿腦子都是勝利，缺乏冷靜的思考，這樣很容易缺乏謀略，陷入險境而遭遇失敗。

秦軍到達滑國的時候，鄭國商人弦高正帶著商隊前進在前往周王室的路上。弦高很快就發現了秦軍，便派人回國報告軍情。為了延緩秦軍的進軍速度，弦高也不知道從哪裡來的勇氣，冒充是鄭國的使節，帶著十二頭肥牛就去秦軍軍營犒師了。當孟明視等人聽說有鄭國使節來犒師，驚得連下巴都要掉了。弦高不卑不亢地說：「國君知道將軍您率領大軍要經過敝國，特派我來犒師。敝邑雖小，但一定會好好招待秦國大軍。只要大軍駐紮一天，我們就提供一天的物資；大軍如果要開拔，我們就保證大軍在鄭國境內的安全。」秦軍決定原地觀望。

國內的鄭穆公接到弦高的情報後，忙派人去客館察看秦國人的情況。秦國人果然在束載、厲兵、秣馬，準備裡應外合。鄭穆公派皇武子對杞子等人說：「各位將軍守衛敝國已經很久了。我們鄭國是小國，供應各位的軍需糧草覺得非常吃力，請各位將軍早日離開鄭國。鄭國有原

圍，就像秦國的具圉一樣，各位將軍可以取其中的麋鹿作為盤纏。怎麼樣？」話都說到這份兒上了，秦國人哪裡還真敢去領「盤纏」。杞子連夜逃往齊國，逢孫、揚孫兩人流亡宋國。

徘徊在滑地的孟明視知道內應已去，失望地說：「鄭國已經有防備了，已經達不到偷襲的目的了。如果貿然進攻，我軍必然陷入攻之不克、圍之不繼的困境。」三個人一商量，順手滅亡了滑國，撤兵回國。滑國可不是可有可無的小諸侯國。滑國不僅是晉國的同姓之國，還是晉國的附庸國。《史記》說：「滑，晉之邊邑也。」

這一下，孟明視一行人惹了個大麻煩。

滑國的滅亡讓晉國下定了攔截秦軍的決心。

當時，晉文公還沒有下葬，全國正在忙國葬，晉文公本將殯於曲沃。可是靈柩一出國都絳城，就發出如牛一般的響聲。尚未登基的晉襄公下令占卜。結果說：「將會有西方的軍隊穿境而過，擊之，必大捷焉。」晉國上下在晉文公倒下去的那一刻就為本國的霸國地位而擔心。他們的擔心來源於秦晉之間有著不可調和的矛盾。失去了晉文公的晉國君臣能否阻擋住秦穆公如狼似虎般的東進浪潮呢？重臣先軫就主張對秦國採取強硬態度，說：「一日縱敵，數世之患也。謀及子孫，可謂死君乎？」為了保持晉國的霸業，為了子孫後代，與秦國的戰爭是不可避免的。

但是晉國不想在國葬的時候與正發動攻勢的秦軍大動干戈。

當滑國被滅的消息傳到絳城的時候，晉襄公憤怒地說：「秦國欺侮我喪父，乘機攻滅我的同姓之國，是可忍孰不可忍。」先軫趁機說：「秦穆公不聽從蹇叔的忠言，貿然興兵，這是上天賜予我國的良機。機不可失，敵不可縱；縱敵患生，違天不祥。我國必須討伐秦師。」欒枝卻說：「秦國對我有恩，我們未報恩而伐其師，怎麼對得起死去的國君呢？」先

軫辯駁說：「秦國不哀我國國葬，乘機伐我同姓諸侯，無禮到這種程度，對我們還有什麼恩情可言？」晉襄公終於下達了截擊秦軍的命令。晉國還連繫了姜戎參與截擊。

晉國選擇的截擊地點果然是崤山的山谷。晉襄公命令全軍將喪服染成黑色，開進崤山埋伏起來。梁弘統率戎族軍隊作為左翼，萊駒率領軍隊作為右翼。於是，崤山谷地兩側的高地上黑壓壓的滿地伏軍。

在這裡有必要介紹一下晉襄公。晉襄公叫做姬驩，是晉文公和秦穆公女兒文嬴的兒子，也就是秦穆公的外孫。雖然身上流著一半秦人的血液，但是晉襄公完全站在晉國的政治立場上，以保持父親的霸業為己任。現在，他要對外公動刀子了。

秦軍因為來去暢通而疏於防範，再加上滿載滅滑的戰利品，行軍慢吞吞的。四月十三日，秦軍隊列完全進入晉軍的設伏地段。等待多日的晉軍突然發起猛攻，神兵天降般撲向秦軍。巨石、弓箭和慘叫聲迅速充斥了山谷。秦軍幾乎沒有反應過來就全軍覆沒了。孟明視、西乞術和白乙丙三人見敗局已定，早早躲在落地的巨石後頭，束手待擒。晉襄公在短短時間內就取得了被後世稱為「崤之戰」的這場戰鬥的全勝。

馮夢龍感嘆道：

千里雄心一旦灰，西崤無復只輪迴。

休誇晉帥多奇計，蹇叔先曾墮淚來。

回國後，晉襄公隆重安葬了晉文公。晉國從此定黑色為葬禮的標準色。

晉國的霸業因為崤之戰的勝利，得到了極大的鞏固。

晉襄公在全勝後，犯了一個不大不小的錯誤。

　　晉襄公的母親文嬴想讓孟明視、西乞術和白乙丙這三個被俘的秦軍將領回歸秦國。畢竟她身上流著嬴姓的血液。於是，文嬴對兒子晉襄公說：「這三個秦將將秦、晉兩國國君都給得罪了。秦國的國君恨不得吃了他們三人，你就沒必要親自動手殺他們了！不如把他們放回秦國去，讓他們的國君處理他們，怎麼樣？」文嬴很清楚自己說的不是實情，想不到晉襄公沒仔細想就同意了，下令將孟明視三人釋放。

　　先軫當天朝會，詢問秦國囚徒的情況。晉襄公說：「夫人為他們三人求情，我已經放了他們。」先軫憤怒地說：「這三個人是晉國的將士們拚命擒拿俘虜的，夫人說了幾句話就放了他們，這簡直是削弱自己，長秦軍志氣。晉國離亡國不遠了啊！」說完，先軫向晉襄公吐唾沫，揚長而去。這在古代是大不敬的舉動。晉襄公立即明白了過來，忙以袖掩面，承認了錯誤，自然也沒有治先軫的罪。

　　晉襄公立刻派陽處父帶領人馬去追殺孟明視三人。

　　陽處父一直追到黃河邊上，才發現孟明視三人。孟明視三人被釋放後，拚命地逃跑，這時候已經登上渡船，划到了河中心。陽處父忙將自己所乘的左驂之馬解下來，在岸邊大喊：「請三位將軍留步，國君贈予駿馬作為坐騎，特地叫我趕來相送，請你們收下！」孟明視不是傻子，肯定不會再入虎口。他站在船頭行禮說：「晉君仁慈恩惠，不因為我們挑釁侵略而處治我們，讓我們回秦國接受處罰。晉君不殺我們，我們便已感激萬分了，哪裡還敢再收受禮物？如果我們有幸保全性命，三年後再來報答晉君的恩賜。」這最後一句話讓陽處父聽得心驚膽顫。

　　另一頭，秦穆公穿著素服，擺出隆重的儀式，親自到郊外迎接孟明視三人。

　　三人請罪。秦穆公卻公開檢討說：「我不聽百里奚和塞叔的話，才使你們三位遭受侮辱。你們沒錯，錯在我。你們要專心謀劃報仇雪恥，不

可懈怠！」秦穆公不僅恢復了三人的官職，還更加信任地將軍隊大權託付給他們。

孟明視等人摩拳擦掌，決定去赴與晉襄公的三年之約。

晉文公的死的確給了許多人希望。最後，晉襄公讓這些人都失望了。

除了秦國公開挑戰晉國的霸權外，當時的狄人乘晉國國喪，起兵侵略中原。狄人先是侵略齊國，取得了勝利。見晉國沒什麼舉動，大膽起來的狄人就順便來攻打晉國，一直打到了晉國內地的箕。晉襄公毅然親征。在戰鬥中，先軫不穿甲冑，孤身殺入狄人陣中，最終陣亡。後世都認為他是因為之前對晉襄公的無禮而戰死謝罪。在箕，白狄的君主被斬，晉軍取得大捷。北方少數民族立即老實了下來。

晉文公死後，中原的許多前楚國附庸國出現了異動。其中，許國開始和楚國來往。晉襄公馬上聯合鄭國、陳國進攻許國。楚國剛好也想試探一下如今的晉國，便出兵攻擊陳、蔡兩個依附晉國的小國。陳、蔡投降，楚軍再攻擊鄭國。晉國轉攻蔡國。楚軍趕緊回救蔡國。晉國的陽處父統率晉軍，楚國大將子上率兵北上。晉、楚兩支當時最強大的軍隊隔著泜水對峙。

戰前，楚軍在南，晉軍在北，隔河相望。陽處父的處境其實很糟糕，因為晉軍糧草將盡。他沒有決心戰勝楚軍，很想退兵，但又怕退兵時遭到楚軍追殺。於是陽處父想出一計，派人對子上下戰書說：「兩軍隔河相望，難以決戰。如果貴軍想戰，我就退後一舍，讓你渡河列陣；如果貴軍不願渡河，那就請讓我一舍之地，使我渡河列陣。不然兩軍長時間相持不下，勞師費財，誰都得不到好處。」子上就想渡河列陣，隨行將領勸說：「晉人不講信用，如果乘我軍半渡的時候攔擊，我們就吃虧了，不如讓他們渡河列陣吧！」於是子上選擇讓楚軍後退一舍，等待晉軍渡河迎戰。

到了約定的戰期，楚軍如約後退。陽處父馬上高聲宣布：「楚軍不戰而逃了。」他也就率糧盡的晉軍歸國了。

陽處父知道子上和楚成王太子商臣的關係非常糟糕，退軍沿途就造謠說：「子上是受了晉國賄賂才退兵的。」他還特地把這個消息告訴了商臣。商臣（日後的楚穆王）自然知道晉國的話不能相信，但他極需要一個政治大清洗的藉口，便將此事告訴了父親楚成王，促使楚成王殺掉了子上。由此看來，從古至今，外交都不是孤立的，與國內政治的結合將帶來巨大的效益。楚國在泜水之戰的外交謀略上，落在了晉國後面。儘管童書業先生認為：「楚國的聲勢在晉的全盛時代也並不衰息。」但是從一系列鬥爭結果來看，晉國依然牢固把持著中原的霸權。

孟明視沒有等滿三年，在失敗的第二年（西元前六二六年）就帶兵東向復仇了。

秦軍搶先突入晉國領土，在彭衙（今陝西白水東北）遭遇了晉軍的頑強抵抗。當時晉國先軫已死，他的兒子先且居接替父親為中軍元帥。在戰鬥中，晉軍首先衝入秦陣，打亂秦軍陣勢，秦軍再次失敗。

孟明視不氣餒，在秦穆公的支持下，繼續整頓內政，訓練軍隊。晉國這邊，重臣趙衰臨死前警告後人說：「秦軍雖然連敗兩次，卻更加發憤圖強，將會是晉軍的死敵。要是秦軍再來進攻，一定要避免和他們打硬仗。」

西元前六二四年，秦穆公親自率兵討伐晉國。晉軍渡過黃河以後，秦穆公下令將渡船全部焚燬，表示誓死克敵的決心。有人擔心：「萬一我們再失敗了，到時候怎麼回去啊？」孟明視鄭重地說：「如果再失敗了，我們還有什麼臉面再回國去啊？」秦軍以敢死必勝的決心，一連奪得王官和郊等晉國城池。晉軍一看來了個不要命的對手，想起了趙衰的勸告，就採取了避其鋒芒、堅壁清野的對策。任憑秦軍怎麼挑戰，晉軍就

是不出戰。秦軍縱橫晉國領土，雖然沒有取得斬將殺敵的輝煌戰績，但無人敢敵，也算是取得了勝利。

秦穆公的心裡卻高興不起來。占領一兩座城池並不能動搖強大的晉國的根本；只要強大的晉軍實力保存完好，秦軍東出爭霸的宏偉計畫就永遠只能是夢想而已。三十多年來開闢東進道路的努力，近年來連續敗於晉文公父子的慘痛事實都促使秦穆公在戰場上開始反省自己的策略。找不到晉軍主力後，秦穆公乾脆率秦軍從茅津渡過黃河，到達南岸的崤山。崤山是秦軍的傷心地。三年前喪命於此的秦軍將士都還沒來得及收殮埋葬，已經變為累累白骨，情景淒涼。有些白骨縫隙中已經長出了茂密的草木，不知道是白骨掩映在草木之中還是草木生長在枯骨之間。這一幕是秦國永恆的歷史傷痕。面對慘痛的歷史和殘酷的現實，秦穆公終於明白了：廣闊的中原舞臺是不屬於春秋時代的秦國的。秦國不僅突破不了晉國的防線，就算真正面對弱肉強食的中原，也難保不再有崤山之敗。痛定思痛，秦穆公下令在崤山戰場上為戰死的將士堆土標記，全軍肅立默哀。之後，秦國大軍悲傷地踏上了回國之途。

秦穆公決定回歸秦國祖先光榮的原點。

孤立的地區強國

地理環境極大地影響了一個國家的外交。

在春秋時代，鄭、陳等國注定要成為南北強國征戰拉鋸的重災區，誰讓它們夾在南北之間呢？對於秦國來說，它過去是、現在是、首先是西方大國，而不是天下大國。

任何世界大國首先都要是本地區的強國。一屋不掃，何以掃天下？同理，如果連家門口的事情都擺不平，怎麼可能在世界事務中說話有分量呢？秦國幸運地得到了上天賜予的關中地區。首先，關中地區雖然在國際格局上地處西方，但氣候溫潤，少有天災，農業經濟發達，「西有羌中之利，北有戎翟之畜，畜牧為天下饒」。秦人重農，國家經濟政策得當，研究出了發達的麥作農業生產方式，使關中有穩定的農業收成可以支持秦穆公的外交雄心。其次，關中地區地理位置相對封閉，地勢較高，攻守自如。該地區對外的主要通道函谷道和武關道都是易守難攻的關隘。其東豫西地區山麓、丘陵與河谷廣泛覆蓋著黃土，受黃河、伊河、洛河、汝河、潁河的切割，在西段只有一條三門峽峽谷可以通行。河谷南岸是崤山稠桑原，懸崖高聳，上下相對高度三百到五百公尺。《水經注》說：「歷北出東崤，通謂之函谷關也，邃岸天高，空谷幽深，澗道之峽，車不方軌。」周邊的關隘構建了關中完備的攻防體系，儘管戰事頻繁，但從來沒有出現過他國侵略秦國的情況。這兩大地理優勢使得秦國輕易地成為地區強國。

秦穆公要回歸的外交定位就是做一個西方霸主。

秦國要稱霸西方，只要解決少數民族問題就可以了。

在現在的陝甘寧一帶，春秋時生活著許多戎狄的部落和小國，「秦自

隴以西有綿諸、緄戎、翟、（獂）之戎，岐、梁山、涇、漆之北有義渠、大荔、烏氏、朐衍之戎函」。他們生產落後，被髮衣皮，各有君長，不相統一。秦國的人口比例中，只有貴族和少數百姓是華夏族血統，多數人口是少數民族血統。秦國的崛起過程就是與周邊少數民族不斷鬥爭融合的過程。早先，少數民族常常突襲秦國的邊地，搶掠糧食、牲畜，擄奪子女，干擾了秦國正常的國家發展。最先被封為大夫的秦仲就是被西戎殺死的；秦莊公的長子世父還被西戎俘虜；世父的弟弟秦襄公將妹妹繆嬴嫁給了豐地的西戎王為妻。秦襄公還推行「以戎俗變周民」，透過吸收西戎風俗文化使自身強大，緩和與周邊民族的衝突。民族史一直貫穿在秦國的春秋史中。

秦穆公先前的東進政策雖然沒有成功，但是取得了晉國黃河以西的土地，與強大的晉國形成了勢力均衡局面，這就使得秦國有餘力來經營西方。秦穆公調整發展策略後，採取了先強後弱、次第征服的謹慎戰術。

當時西戎諸部落中較強的是在今甘肅天水的綿諸、寧縣的義渠，今陝西大荔的大荔。這些部落都形成了固定的政權形式，其中又以綿諸最為強大。綿諸不僅有國君，還因為領地在秦的故土附近，與秦國交往密切。綿諸王經常與秦穆公互通使節。

一次，綿諸又派了個叫由余的人出使秦國。秦穆公向由余展示了秦國壯麗的宮室和豐裕的積儲，本意是想讓由余折服於秦國的強盛。不想由余看完後頗為不屑：「使鬼為之，則勞神矣。使人為之，亦苦民矣。」也就是說，由余覺得壯觀的秦國宮殿只是秦穆公的形象工程，除了勞民傷財，沒有帶給他其他感覺。

秦穆公大吃一驚，想不到蠻族的使節還能說出這樣的話來。他繼續問道：「我們華夏國家禮法完備，但內亂外患不斷，你們綿諸是怎麼發展的？」由余平靜地回答：「上含淳德以遇其下，下懷忠信以事其上，一國

之政猶一身之治，不知所以治，此真聖人之治也。」由余的意思是，其實他們也不知道怎麼治國，治國大概就像對待身體一樣，順其自然就可以了。秦穆公又大吃了一驚，想不到蠻族中竟有如此的人才。

秦穆公不無憂慮地對內史廖說：「鄰國有聖人，敵國之憂也。現在由余就是綿諸的賢才，也就是寡人之害，怎麼辦呢？」內史廖建議說：「少數民族地處偏僻，社會落後，人的享受也就有限。國君可以試著贈送給綿諸王美女和禮樂，讓他玩物喪志。」秦穆公贊同內史廖的主張，決定從綿諸國國君那裡製造機會。國君被攻陷了，大臣再賢能、再有能力也是徒然。

於是，由余被「挽留」在秦國居住。同時，秦國為綿諸王送去美女禮樂。左擁右抱、翩翩起舞、美酒佳餚，綿諸王很快沉溺其中不能自拔。他終日飲酒享樂，不理國政；綿諸又遭遇了災荒，大批牛馬死亡，綿諸王也不加過問。於是，秦穆公這才將由余放回亂得一塌糊塗的綿諸國去。由余的確是個賢臣，數次勸諫國君要振作起來，勵精圖治。陷在溫柔鄉裡的綿諸王自然是聽不進去。秦穆公那邊又頻頻拋出橄欖枝，招攬由余。於是由余降秦。

由余入秦後成了秦國統一西方的總軍師。秦穆公的征伐策略基本上都是由余設計的。

西元前六二三年，秦軍出征西戎，以迅雷不及掩耳之勢，包圍了綿諸國。綿諸王被抓，國滅。

秦穆公乘勝前進，二十多個戎狄小國先後歸服了秦國。至此，秦國闢地千里，國界南至秦嶺，西達狄道（今甘肅臨洮），北至朐衍戎（今寧夏鹽池），東到黃河，成為和楚國一樣的龐然大物。秦國的強盛引起了東方諸侯的關注。齊景公就曾向孔子提出疑問：「昔秦穆公國小處辟，其霸何也？」秦國這個西戎小國怎麼就成了西方的霸國呢？

　　周襄王不問原因，只對政治鬥爭的客觀結果進行追認。在秦國基本統一西戎後，周襄王派遣召公過帶了金鼓送給秦穆公，承認秦穆公是西戎侯伯。秦穆公終於成了霸主，但只是地區霸國。

　　有了西方作為鞏固的根據地後，秦穆公的外交變得靈活而從容。從秦穆公以後到春秋末，秦國的外交策略可以用四個字來概括 ── 「抗晉聯楚」。秦國與楚國是春秋後期晉國頑強的敵人。晉襄公死後，秦國曾經有過一次機會扶持晉公子歸國繼位，可惜護送公子的軍隊被晉軍打敗了。晉靈公的時候，晉軍主動伐秦，攻取少梁。秦軍也報復攻取了晉國的郫。秦康公曾親自伐晉，占領羈馬。晉侯怒，派趙盾、趙穿、郤缺等大舉進攻秦國，大戰於河曲。總之，秦國和晉國成了冤家對頭。秦國與東南方向的楚國加強了連繫，在抗擊晉國，進軍中原問題上形成了統一戰線。楚共王迎娶了秦國的宗室女，秦楚成了婚姻之國。秦國還不時幫助楚國出兵。西元前六一一年，秦國幫助楚國滅掉了庸國，秦楚兩國開始成為領土上的鄰國，往來更為密切。這種雙邊友好關係持續到了春秋末期。吳楚柏舉之戰後，楚國國都被吳軍攻陷。秦軍的援軍就是通過庸地進入楚國，幫助楚人復國的。儘管外交保守主義情緒在國內重新成為主流，外交困境也沒有完全被克服，但這些問題尚未實際暴露出來。秦國在外交棋局上運作自如。

　　每個政治人物在政治大格局中都有自己的位置。秦穆公經過近四十年的摸索，才找到了自己的位置。

　　歷史總是充滿巧合。在統一西部後，秦穆公就去世了；他的外孫晉襄公也同時死去。

　　和晉襄公留下一個繼續存在的晉國霸權類似，秦穆公也為繼承人留下了巨大的遺產。秦穆公身後的秦國西起甘肅西部，北到寧夏，南達漢中。在這一大片疆域內，國家鞏固、強大而難以攻入。《史記‧秦始皇本

紀》讚秦穆公說：「自繆（穆）公以來，稍蠶食諸侯，竟成始皇。」司馬遷儼然將秦穆公視為日後秦王朝帝業的奠基者。秦孝公在回憶祖先秦穆公的時候說道：「昔我穆公，自岐雍之間，修德行武，東平晉亂，以河為界，西霸戎翟，廣地千里，天子致伯，諸侯畢賀，為後世開業，甚光美。」

　　秦穆公死後所做的一件事情備受後人詬病。他用了一百七十七人殉葬，其中包括一些有目共睹的人才。不知道秦穆公在做出這個決定的時候，是否記得秦國的崛起其實很大程度上始於百里奚的到來。而秦國實現下一次實質上的崛起，則要等到戰國中期一位來自衛國的人才商鞅，史稱：「里奚致霸，衛鞅任刻。厥後吞併，卒成凶慝。」

　　有一點是肯定的，秦穆公這個春秋的地區霸主留下了豐厚的遺產。

第七章　兩極格局的形成

升彼河兮而觀清。水揚波兮冒冥冥。

禱求福兮醉不醒。誅將加兮妾心驚。

罰既釋兮瀆乃清。妾持楫兮操其維。

蛟龍助兮主將歸。呼來櫂兮行勿疑。

《先秦歌謠·河激歌》

楚國恢復了元氣

當天下人的目光都聚焦在西戎的秦國時，原先在城濮傷筋動骨、灰頭土臉大敗而歸的楚國卻在悄無聲息地恢復元氣。

帶領楚國舔舐傷口、對中原虎視眈眈的人是楚穆王。楚穆王名叫商臣，是楚成王的長子，是一個比楚國歷代國君都更現實的君主。楚成王晚年曾經在是否傳位商臣的問題上有過猶豫，因為他發現自己的這個長子性情殘忍，而且過早地深深插手朝政。結果，在一個萬籟俱寂、月黑風高的夜裡，商臣在老師潘崇的幫助下，用一根絲帶無情地勒死了自己的父親楚成王。道德旗幟還在飄揚的春秋時期，親子弒父的例子並不多，楚穆王的出格行為很引人注意。還有一個例子可以表明楚穆王的殘忍。鄭國的公子士到楚國聘問。當時楚穆王剛好滅掉了江國，突然想起公子士的母親是江國的公族女子。楚穆王又聯想到公子士是否會因為母親祖國的滅亡而為害楚國呢？萬一公子士日後成了鄭國國君，鄭國還會恭敬地依附楚國嗎？楚穆王乾脆祕密派人在葉縣的客舍中毒殺了公子士。

就是這麼一個國君，對楚國來說卻是福音。在國家遭遇艱難困苦的時候，苛求新國君的個人品德，倒不如寄希望於他的才幹和手腕。

當時楚國深陷外交困局，以晉國為首的中原諸侯國結成了聯盟，將軍事壓力推進到了楚國的北方邊界，像一張網一樣籠罩在楚國的上空。楚穆王在鞏固權力後，就開始認真規劃楚國的外交發展之路。他清醒地意識到楚國新敗，晉國正處於士氣高漲的時期，楚國沒有能力直接挑戰晉國，突破北方的包圍圈。為了盡快改變楚國外交上的頹勢，楚穆王為楚國選定了一個新的發展方向：楚軍轉向中原外交網絡沒有籠罩到的、勢力較為薄弱的東北地區，也就是現在的江淮地區。

楚穆王要用武力在江淮地區為楚國殺出一條易於發展的血路。

楚穆王善於巧妙地抓住中原外交壓力薄弱的轉瞬之機，迅速擴展國家利益。

西元前六二四年秋，楚穆王當上楚王的第二年，晉國和秦國爆發了戰爭，暫時無力對楚國施加軍事壓力。楚穆王看準強國互相攻伐的機會，揮師進攻晉國的附屬國江國（今河南息縣西南）。晉國派陽處父率軍南下救援江國，但被楚軍阻擋於方城之外不能動彈。江國失去了外援，很快就被楚國吞併。楚穆王滅掉江國，將其設置為楚國的一個縣。江國被滅之事引起了不大不小的波瀾。對於楚國來說，從此它在淮河上游兩岸已控制的息、樊、弦、黃、江等地都聯結成了一個整體。楚國勢力穩步向江淮縱深地區推進，到達了現在的安徽中西部一帶。而江國既是晉的盟國，又是秦的同姓國，國君都姓嬴。江人國滅祀絕，遠在關中的秦穆公為之舉哀。

西元前六二一年，晉襄公死了。他實在太年輕了，兒子尚在襁褓之中。晉國陷入新君紛立內亂之中，大夫趙盾等人實際操縱了國家大權。楚穆王判定晉國無暇外顧，如果自己搞點動作，晉國也派不出大軍來。他認為這是千載難逢的良機，他要帶領楚國重新回到中原。在當時的楚國，朝野普遍認為晉國的內亂有利於楚國的發展，要求國君把握住機會。大夫範山就向楚穆王進言：「晉君少安，不在諸侯，北方可圖也。」

這一次既然機會比上一次要好，楚國的目標也定得比上一次要高。晉國對楚國的包圍壓迫主要是透過聯絡靠近楚國的陳國、蔡國和鄭國實現的。這些國家原本懾服於楚國的軍威，現在卻成了晉國的前哨和先鋒。楚國要衝破晉國的包圍圈，首先要重新懾服這些「牆頭草」。

西元前六一八年春，楚穆王果斷率軍北上，軍鋒直指鄭國腹心，到達今河南許昌地區。在這裡，楚軍大敗了沒有晉國支援的鄭軍，還俘虜

了鄭國的公子堅、公子龍和樂耳三人。鄭國被迫與楚國訂盟求和，倒向楚國。夏天，楚穆王乘勝進攻叛楚附晉的陳國，迅速攻占了陳國的壺丘（今河南新蔡）。秋天，楚國派出一支別軍從東方進攻陳國。儘管這支由楚國的息公子朱率領的別軍被陳軍以弱勝強打敗了，但陳國實在難以承受常年的大軍壓境，更害怕楚國強勢報復，於是陳國把戰爭的勝利作為妥協求和的籌碼，反而主動提出向楚國稱臣納貢，要求訂立盟約。楚穆王愉快地答應了。在這一年中，晉國人內鬥忙得不亦樂乎，沒有向遭受攻擊的中原各諸侯國派出一兵一卒。其實楚軍在陳國的遭遇顯示楚國的實力雖然開始恢復，但是並沒有達到先前對陳、蔡等國戰無不勝的程度。如果晉國強硬地派兵迎戰，楚穆王可能會陷入進退兩難的窘境。蔡國見狀，也主動向楚國靠攏。

威服鄭國和陳國後，楚國的處境大為改觀。楚穆王決定就地召開會盟，檢驗第一階段的外交成果。西元前六一七年，楚穆王先召集鄭國鄭穆公、陳國陳共公在息縣會盟。會後，三國諸侯一同赴厥貉（今河南項城）與麇子和蔡莊侯會盟。厥貉會盟要解決的議題是四國合力討伐晉國的堅定盟友宋國的問題。

楚穆王的作為就像盤旋在高空捕獵的蒼鷹。只要晉國聯盟稍有懈怠或出現疏漏，他就俯衝下來撲向獵物。

宋國人也不是傻子，一看沒辦法指望晉國了，楚軍又不會善罷甘休，乾脆不用楚軍來打就投降了。

厥貉之會就不用舉辦了，楚穆王接受了宋國的投誠。陳共公、蔡莊侯因故先行回國。楚穆王不急著回家，留下鄭穆公，再叫來宋昭公一起去孟諸圍獵，聯絡聯絡感情，順便炫耀一下實力。孟諸在今河南商丘東北，風景出眾。但是鄭穆公和宋昭公沒有欣賞的閒情逸致。春秋的圍獵要布軍陣、行軍令，和作戰一樣嚴密規範。圍獵時，楚穆王居中路，鄭

穆公出左翼，宋昭公雖然是地主，卻以賓客的身分為右翼。楚國的息公子朱和申舟為左司馬，期思公為右司馬，負責圍獵的組織工作。申舟行令執法，一早就吩咐諸軍要帶取火的燧，駕好車。宋昭公違令（不知道真假），申舟身為大夫，不能責罰諸侯，就責打了宋昭公馬車的駕駛人。責打是在軍前公開示眾的，以此法來代替宋昭公應受的責罰。宋昭公受到申舟的大辱，但懾於楚國兵威，只好忍著。

參加厥貉之會的本來還有麇國。麇國是在今湖北與陝西交界處的小國，和宋國關係很不好。麇子聽說楚穆王要攻打宋國，積極響應，都帶好軍隊來赴厥貉之會了。但楚國威服宋國後就收手了。麇子意識到麇國和楚國的目標存在衝突，不願成為楚國勢力北上的棋子，中途擅自逃回國了。楚穆王震怒，在次年（西元前六一六年）派成大心興兵伐麇，先後敗麇兵於堵陽、防堵（在今湖北西北房縣地區）等地，兵鋒直指麇國都城錫穴（今陝西白河東南）。麇國成了楚國的附庸。

厥貉之會象徵著楚國繼城濮之戰敗北後重新振作了起來，成了左右中原局勢的強國。

人的壽命和外交政策的延續有直接的關係。

西元前六一三年，執政十二年的楚穆王正要雄心勃勃繼續北上中原的時候，突然暴病而亡。之後楚國的復霸進程有了一段時間的耽擱。楚穆王強健的身影剛剛走下歷史舞臺不久，楚國就陷入了內亂。楚穆王雖然走了，但他用不長的時間就成功地打破了晉國從各個方面對楚國的包圍封鎖。楚國滅掉了江、六、蓼、宗等國，東向開疆拓土近千里，北向威服城濮之戰後叛楚的鄭、陳、宋、蔡等國，重新營建了楚國的中原勢力範圍。楚國重新成了晉國的心腹大患，也成了讓中小諸侯心驚膽顫的強國。

楚穆王使楚國恢復了元氣，為兒子楚莊王問鼎中原、飲馬黃河奠定了堅實的基礎。

楚莊王問鼎中原

　　楚穆王的死對楚國的消極影響是顯而易見的。

　　楚國大夫的強勢在楚穆王死後暴露了出來，楚國相繼出現了多位權臣。新繼位的楚莊王一度被權臣劫持出逃。再加上當時自然災荒造成的經濟上的困難，使楚國無暇外交，專心內政。晉國的趙盾卻穩定了政局，乘著楚國國喪，召集了宋、魯、陳、衛、鄭、蔡、許七國諸侯，重新訂立盟約，鞏固了霸主地位。而繼位後的楚莊王，渾身都散發著亡國之君的氣息，讓人失望。楚莊王繼位的前三年，「不出號令，日夜為樂」。這位新國君不僅左手一個美女，右手一個嬌妻，還天天美味佳餚，夜夜歌舞不休，不處理政事，也不接見官員，十足的昏君模樣。更令人搖頭的是，楚莊王還下令國中：「進諫者，殺毋赦！」看來他對自己的所作所為還揚揚自得，不以為過。

　　眼看著晉國重新會盟諸侯，被楚穆王拉過來的陳、鄭等國又投向了晉國一邊，楚國的許多大臣著急了。照這樣發展下去，楚國的復霸就成了一句空話，甚至連楚國的強國地位都難保。楚莊王對這一切都無動於衷，反而親近小人，要佞臣進獻美女。

　　終於有個叫伍舉的大臣看不下去了，冒死入諫。只見楚莊王左手抱著鄭姬，右手抱著越女，坐在鐘鼓之間。伍舉說：「臣請楚王猜一個謎語。」楚莊王很高興地答應了。伍舉說：「阜這個地方有一隻鳥，三年不飛也不叫，請問是什麼鳥呢？」楚莊王說：「三年不飛，一飛就將沖天；三年不叫，一鳴就要驚人。伍舉，你退下去吧！我都知道了。」伍舉很高興地退出去了，心裡還想：誰說我們的王是昏君啊？從他的回答來看，分明是一位胸有成竹的有志國君嘛！

　　然而伍舉馬上又失望了。一連過了幾個月，楚莊王醜態依舊，既不飛也不叫，照舊是喝酒聽歌，打獵遊戲，沉迷女色。史載：「居數月，淫益甚。」大夫蘇從實在忍受不住了，也冒死入諫。但蘇從不像伍舉，會說個謎語什麼的。他直截了當地勸楚莊王應該怎樣，什麼樣是不行的。楚莊王生氣地說：「你難道不知道寡人頒布的命令嗎？」蘇從坦然回答：「殺身以明君，這是我的願望。」說完，一副大義凜然等死的樣子。沒想到，楚莊王不僅沒有殺他，反而連連說好，下令提拔蘇從和伍舉為主政大臣，廢除美女、聲樂和遊戲，親自處理政事。楚莊王大刀闊斧地連續裁撤和誅殺了數百位大臣，提拔使用了數百位名聲好、才華出眾的新人。一時間，楚國朝野奔走相告。

　　楚莊王從此以後脫胎換骨。有一次，令尹子佩請楚莊王赴宴，他爽快地答應了。子佩在京臺將宴會準備就緒，結果楚莊王爽約沒有來。第二天，子佩拜見楚莊王時就詢問國君為什麼沒來赴宴。楚莊王鄭重其事地說：「寡人聽說你在京臺擺下盛宴。京臺可是個好地方啊，向南可以看見料山，腳下正對著方皇之水，左邊是長江，右邊是淮河。山河美景俱在，誰還能記得自己是生活在現實之中？寡人德行淺薄，肯定難以承受如此的快樂。我怕自己會沉迷於此，流連忘返，耽誤治理國家的大事，所以改變初衷，決定不去赴宴了。」可見，楚莊王蛻變得相當徹底。

　　關於楚莊王的戲劇性轉變，後世有不同的評論。第一種解釋是將他視為浪子回頭、改邪歸正的典型。世間有的人是真笨，是真的沉溺於物質享受，但楚莊王不是。他最初的荒唐的確是因為禁不住物質和美景的誘惑，成了一個墮落的年輕人。可他的體內畢竟懷著楚國的勃勃雄心和發憤圖強的意志，一旦有人為他接連指出，理性馬上就戰勝了享受心理。所以楚莊王和多數浪子一樣，是可以挽救的。

　　關於楚莊王轉變的第二種解釋是出於現實政治的考量。楚莊王即位

初期是一位虛君，權臣敢於挾持楚莊王在楚都發動叛亂。雖然叛亂被平定，他復位為王，但之後又接連出現了公子燮、斗克、成嘉等權臣，讓高高在上的楚莊王既觸摸不到真實的權力，也分不清楚到底誰是忠臣賢才，誰是奸臣小人。在人心不定的年代，楚莊王學會了偽裝自己、保護自己，如履薄冰地推行著自己的集權攬才計畫。他不出號令，是想知道到底是誰在出號令；他不理朝政，是想觀察臣下怎麼處理這些朝政；他整天沉溺於聲色犬馬之中，是想讓溜鬚拍馬之輩充分暴露。結果，楚莊王成功了，頃刻間掌握了實權，更淘出了忠臣。

不管哪種分析符合楚莊王真實的心理，楚莊王最終轉變成了符合楚國利益和朝野呼聲的國君。

楚莊王一變成賢君，就有傑出的外交表現。

《史記》上只用了四個字來記載這件外交大事：「是歲滅庸。」

庸國的滅亡很大程度上是咎由自取，成了楚莊王揚名立威的靶子。楚莊王最荒唐的前三年，楚國國內發生災荒。位於楚國西北部的庸國、麋國，認為這是趁火打劫的好機會。但打劫也是要看實力對比的，小蝦米死也不要打生病的鯨魚的主意，不然後者一張口就把小蝦米給吞了。庸國不明白這個道理，勾結百濮叛楚，從楚國搶奪了一些土地和物資。

庸國是有名的古國，地處巴、秦、楚三國間，建都上庸（今湖北竹山西南）。庸國在商朝末期是隨同周武王滅商的主要諸侯國之一，被視為南方群蠻的領袖。楚國的崛起比庸國要晚，但逐漸代替庸國成了「百濮之長」，引起了庸國酸溜溜的心理。於是整個春秋時期，庸國都與楚國抗衡，東威懾楚國的崛起，西牽制秦國的擴張，忙得不亦樂乎。西元前六一一年，楚國遇上嚴重災荒，楚莊王不理朝政。楚之四鄰乘其危難群起而攻之，庸國國君自然不會放過這個機會。他不僅起兵東進，還率領南蠻各國的軍隊一起大舉伐楚。

　　就在楚國危在旦夕的時候，楚莊王從容不迫地率軍迎戰，他看準了雙方實力的差距，採取了擒賊先擒王的策略，將打擊的矛頭對準了庸國。楚國連繫巴國、秦國從腹背攻打庸國。對於庸軍主力，楚國採取七戰七敗的麻痺驕敵戰術，然後集中優勢兵力，一舉消滅庸軍主力。楚與秦、巴三國聯軍大舉破庸於方城，庸遂為三國所滅。楚莊王滅掉威脅最大的庸國後，又集中兵力壓向麋國，迅速控制了現在的湖北、河南和陝西交界地區。楚國擴張了領土，與秦國接壤，一改前幾年的頹勢。梁啟超在評價庸國滅亡時說：「楚莊王即位三年，聯秦、巴之師滅庸，春秋一大事也。巴庸世為楚病，巴服而庸滅，楚無內憂，得以全力爭中原。」

　　楚莊王真的上演了三年不飛，一飛沖天；三年不鳴，一鳴驚人的神話。

　　在外交小勝後，楚莊王在內政上也多有斬獲。

　　楚國多人才，對人才的成功重用促進楚國的大步前進。楚成王就任用了一批賢能之人，實行改革。楚國修明政治，發展生產，擴充軍伍，國力大盛。值得一說的是，楚莊王提拔了純粹平民出身的孫叔敖為令尹。孫叔敖是中國歷史上著名的賢相，司馬遷在《史記·循吏列傳》中把他列為第一人。《呂氏春秋·情慾》稱讚孫叔敖是：「世人之事君者，皆以孫叔敖之遇楚莊王為幸。……孫叔敖日夜不息，不得以便生為故，故使莊王功績著乎竹帛，傳乎後世。」楚國的復霸和楚莊王的成功與孫叔敖的忠心輔佐、精心能幹是分不開的。楚莊王、孫叔敖兩人相得益彰。孫叔敖出身平民，的確做到了富貴不能淫，清廉到死後子孫無依無靠的地步。最後還是在楚莊王的幫助下，孫叔敖的兒子才解決了吃飯問題。最後，楚莊王還和地處江浙之地，與楚國距離甚遠的吳、越兩國訂盟通好，保障側翼安全。

　　迅速完成這一切部署後，楚莊王開始了楚國的復霸之路。

西元前六〇八年，楚國聯合鄭國進攻依附晉國的陳國和宋國，晉國的趙盾率兵救陳及宋，轉而攻鄭。楚軍救鄭，在鄭都以北的北林挫敗晉軍，並活捉了晉將解揚。不久，晉國為報北林之仇，再度出兵攻鄭。除了楚晉兩國的直接交戰外，兩國的附庸國之間也爆發了戰爭。西元前六〇七年，鄭國公子歸生在楚國的授意下出兵攻宋。宋國大將華元率兵抵禦，雙方戰於大棘（今河南睢縣）。戰前，華元為了鼓舞士氣，下令宰牛殺羊，犒賞三軍。不知道是有意還是無意，華元並沒有犒賞自己的馬伕。馬伕心理不平衡了，覺得自己的辛勞得不到肯定，情緒最後由埋怨發展到了仇恨。第二天，鄭、宋兩國軍隊正式交戰時，馬伕不聽指揮，載著華元脫離了陣地，華元很吃驚。車伕說：「昨天的事你說了算，但是駕車的事由我做主。」最後，車伕駕著車來到鄭軍陣地中。堂堂宋軍主帥華元束手就擒，成了鄭國的俘虜。結果宋軍群龍無首，大敗而逃。華元最後勉強逃回國。這就是成語「各自為政」的來歷。宋國的失敗就是晉國的失敗。

這年夏天，覺得特別沒面子的晉國聯合宋國、衛國、陳國三國準備攻鄭，以報大棘之仇。楚國也不含糊，直接將軍隊開到鄭國國都等待晉軍的到來。晉國中軍元帥趙盾率領的聯軍沒料到楚軍迎戰這麼乾脆，心裡沒有準備，不敢前往交鋒就退縮回去了。楚莊王又勝了一回。

楚莊王這隻大鳥的鳴叫終於讓全天下都震驚了。

楚莊王也越來越自滿。

西元前六〇六年，楚莊王親率大軍討伐陸渾戎（今河南欒川、嵩縣、伊川三縣境）。當時的戎族正在侵略周王室。楚莊王驅逐了戎族軍隊，來到了雒邑，在周王室的鼻子底下觀兵炫耀。周定王派王孫滿犒勞楚莊王。楚莊王在這個時刻，竟然問起周鼎的大小輕重。

這件事情的意義有多大呢？首先，我們要知道周鼎的重大象徵意義。

　　鼎是禮器。先秦祭祀中禮器是以鼎為主的。用鼎的多少是等級高低的指標。相傳大禹劃分天下為九州，令九州都貢獻青銅，鑄造九鼎。九州的名山大川、奇異之物都鐫刻在九鼎之上，以一鼎象徵一州，並將九鼎集中於夏王朝都城。因此，九州就成了中國的代名詞。九鼎成了王權至高無上、國家統一昌盛的象徵；九鼎的易手代表著王朝命運的轉換。「得九鼎者得天下。」自然，詢問鼎的大小輕重就意味著提問者對天下的覬覦之心。後來夏朝滅亡了，九鼎轉而被商朝所得；又過了六百年，周武王聯合諸侯伐商，推翻商朝，建立周朝，九鼎成了周朝的鎮國之寶。春秋時期，周王室雖然衰落得不成樣子了，但依然以天下共主的身分保管著九鼎。

　　王孫滿面對楚莊王的無禮提問，無力喝斥，只好回答：「在德不在鼎。」這就是典型的道德說教，認為實力次於道德。其實在王權鞏固的時候，直接將覬覦九鼎的諸侯拖出去砍了就是了，而現在王孫滿只能這麼回答。楚莊王根本就不吃道德教育這一套，輕蔑地說：「子無阻九鼎！楚國折鉤之喙，足以為九鼎。」意思是說，楚軍在戰鬥中折斷的武器的尖刃都可以造新的九鼎了。王孫滿感嘆道：「你難道忘記了嗎？夏朝在它強盛的時候，四方都來朝貢，利用諸侯的貢金造了九鼎。鑄鼎象物，百物而為之備，使民知神奸。後來夏桀亂德，鼎落入了商朝手中，給予商朝六百年國祚。商紂王暴虐無道，鼎遷於周。我大周朝德之休明，雖小必重；其奸回昏亂，雖大必輕。周成王定鼎郟鄏的時候，占卜顯示周朝可以享受三十代七百年的天下。現在周德雖衰，但是天命未改。鼎之輕重，是不可以問的。」王孫滿這段話的前半部分是重複了先前的道德說教，後半部分才是主要內容，即警告楚莊王，周朝雖然衰落了，但是國運還在，還不是別人可以推翻取代的。楚莊王想想自己的實力，的確還不具備吞併周朝的實力，便退兵回國了。

楚莊王走了，但問鼎中原的「壯舉」卻石破天驚。

接下來的幾年，楚、晉兩國都在虛晃刀槍，尋找合適的過招機會。

西元前六○四年，楚國首先發起了進攻。陳國發生了桃色醜聞，後來夏徵舒殺死了陳國國君。這一內政隨即成為外交導火線，楚莊王高舉道德旗幟，以討伐「徵舒弒其君」為名，攻破陳國，又殺入鄭國境內。陳國馬上依附楚國。晉國派荀林父救鄭攻陳。第二年，晉國趙盾也率兵南下攻陳。陳國熬不住，又倒向晉國。楚國隔年再攻陳國，這一次乾脆滅亡了陳國，將它降為楚國的一個縣。陳國在宗法和實力對比上都是相當重要的諸侯國，它的滅亡引起了不同的反響，多數大臣都來向楚莊王祝賀。申叔當時正好出使齊國回來，卻憂心忡忡，不向楚莊王祝賀。楚莊王問他，他回答說：「您先前以道德大旗率領諸侯討伐陳國之亂，現在卻因為利益將陳國貪為楚國的一個縣，今後將怎麼再號令天下啊？」楚莊王猛然醒悟，原來王孫滿和申叔說的都有道理，一味地追求國家利益是稱不了霸的，道德的外交作用不能忽視。楚國先輩之前的外交進進退退，不務道德是其中坎坷的原因之一。楚莊王於是允許陳國復國。

陳國這回算是徹底投向楚國了，面臨同樣困境的鄭國怎麼樣了呢？

在西元前六○八年到西元前五九六年的十三年中，晉國五次伐鄭，楚國七次伐鄭。鄭國幾乎年年遭遇戰禍。有的時候，一年遭到晉、楚兩國的交相攻擊。比如，西元前六○六年春，晉國討伐鄭國，責備鄭人與楚國結盟；夏天，楚國又出兵鄭國，責問其背楚親晉。鄭國軍隊疲於奔命，鄭國財政簡直變成了軍事財政，鄭國百姓不堪重負。

西元前五九八年，楚軍再度攻入鄭國境內，攻占了鄭國的重鎮櫟邑。鄭國的大臣子良認為晉國和楚國「不務德而兵爭」，都是沒有信用的國家。「晉楚無信，我焉得有信？」楚國和晉國都是無賴國家，鄭國也不用和它們講什麼政治信用了。子良順勢提出了後來被許多中小諸侯國奉

為經典的「與其來者」的方針,誰的軍隊來了就服從誰,不必遵守什麼盟約。在這一策略思想指導下,鄭國乾脆不抵抗了,直接投降楚國。以後鄭國索性就「犧牲玉帛待於二境」,誰來就獻上一份禮物表示服從,免遭兵禍。也就是說,鄭國在國家的南北邊境造了多個倉庫。一看到楚國和晉國的軍隊來了,鄭國外交官趕緊送上投降書,再奉上早已準備好的禮物,說:您辛苦,您先歇會兒,我們投降。

我們不能用有沒有骨氣來評價鄭國的行為。對於鄭國來說,減輕戰爭的損害,爭取喘息的機會是主要目的,骨氣就變成了奢侈品。

鄭國兩面應付、周旋於晉楚之間的政策,晉國是默許的,楚國卻跳腳了。

意料之外的勝利

剛硬的楚國人認為政治立場只能有一個，模棱兩可是絕對不能接受的。

西元前五九七年春，楚莊王率領主力來到鄭國。邊界官員想按照舊例處理，馬上表示舉國投降。楚莊王不接受鄭國的投降，長驅直入，圍困鄭國國都，要求鄭國在楚國和晉國之間只能選擇一個老大。楚軍對鄭國國都發動了長達三個月的持續進攻，終於攻入城內。大軍到達宮門的時候，大家都愣住了。只見鄭伯赤裸著上身，手裡牽著羊，不斷地向楚軍作揖，請求投降。只聽他嘴裡唸唸有詞：「孤不天，不能事君，君用懷怒，以及敝邑，孤之罪也。敢不唯命是聽！賓之南海，若以臣妾賜諸侯，亦唯命是聽。若君不忘厲、宣、桓、武，不絕其社稷，使改事君，孤之願也，非所敢望也。敢布腹心。」意思是，我錯了，請求原諒。千錯萬錯，都請楚國看在之前鄭國對楚國恭敬的情分上，再給我一次做牛做馬的機會。此情此景，真的是見者傷心，聞者落淚。但還是有一部分楚國大臣建議楚莊王不要接受鄭國的投降，直接滅掉鄭國，免除後患算了。楚莊王更加看重這一幕表演的幕後意義，說：「鄭君都做到這一步了，肯定不會失去信用的。對於有信用的人，不可以滅國絕嗣！」於是，楚莊王親自掌旗，指揮攻入城內的楚國大軍後撤三十里駐紮，並接受了鄭國的投降。最後，楚國和鄭國達成協議，鄭國以公子良為人質保證服從楚國指揮。

其實在鄭、楚大戰的時候，鄭國向晉國派出了求援使者。這一次，晉國是集結全國兵馬，南下救援鄭國，想給楚國一個教訓。晉軍的戰鬥序列是這樣的：老將荀林父將中軍，士燮將上軍，趙朔將下軍，郤克、

欒書、先縠、韓厥、鞏朔等人輔佐。可惜晉軍進展緩慢，到六月才到達黃河北岸。

這時候，鄭國投降楚國，鄭伯肉袒與盟的消息傳到了晉軍營壘。晉軍內部在關於是否要繼續南下，尋找楚軍決戰的問題上產生了分歧。主帥荀林父提議戰鬥的目的已經失去，不如全軍撤退。先縠卻認為：「我們是來救援鄭國的，怎麼能連鄭國土地都沒到達就撤軍？如果撤軍，將會導致中原諸侯離心。」先縠說到做到，擅自率領本部兵馬渡過黃河，繼續南下。先縠的個人行為，使晉軍陷入了兩難。撤軍吧，無異於將先縠的部隊陷入孤軍深入、坐觀其敗的危險境地；進攻吧，前途難料。荀林父雖然經驗豐富，戰功卓著，但約束不了先縠等人，更在此時優柔寡斷。司馬韓厥是負責軍紀的，原本應該處罰先縠的個人行為。可他卻出於逃避責任的考慮，勸荀林父說：「先縠一走，無異於深入虎口，一定會失敗的。您身為三軍主帥，肩負救鄭敗楚的使命。現鄭國已經投降，使命難以完成了。如果再讓先縠的軍隊覆滅，您的罪責就更大了。我看不如全軍渡河南下，如果戰勝了楚軍，可以完成重任；如果失敗，那麼三軍主帥和副帥都分擔罪責，您一個人的壓力就小多了。」這完全是置國家利益於不顧的自私想法，卻得到了荀林父的贊同。他下令全軍渡過黃河，尋找楚軍決戰。

先縠的一意孤行，荀林父的軟弱和自私，將晉國引向了戰爭。

當時，楚國已經完成了戰爭目的：服鄭，正找了個「飲馬於河」的名義準備撤退。沒想到，晉軍卻洶湧而至，楚軍不得不準備迎戰。鄭國新附楚國，楚軍大軍在側。鄭軍也動員起來，加入楚國的陣營，迎戰晉軍。

最後，南北大軍在邲（今河南滎陽北）遇上了。

戰爭在正式爆發前，其實是可以避免的。

　　雖然晉楚雙方都可以望見對方閃閃發光的頭盔了，但是雙方最高層都沒有決戰的心意。楚國攻打鄭國，原本只是想迫鄭服楚，卻意外地遭遇了南下的晉軍主力。楚莊王不禁想：楚軍做好了與晉軍硬碰硬的準備了嗎？當時令尹孫叔敖都已經下令將全軍車頭轉向南方，準備撤退了。他的態度代表了多數楚國大臣的意見。但是近臣伍參（伍子胥的爺爺）認為這是楚國戰勝晉國的絕佳機會，不能放棄。孫叔敖則堅決反對決戰。最後楚莊王力排眾議，下令將所有戰車一律朝向北方，不撤退了，先做好迎戰的準備。楚國和晉國之間遲早會有一戰，逃避是沒有用的。但是否要馬上決戰呢？楚莊王也沒把握，決定先派使者去試探一下晉軍的虛實。

　　楚莊王派蔡塢居前往晉軍。荀林父接待了蔡塢居。他向楚國人表達了議和的意思，並且建議雙方同時退兵。晉國顯然對決戰也沒有下定決心。蔡塢居沒有得到議和的授權，所以荀林父決定派魏錡、趙旃去楚軍陣營議和。魏錡就是跟隨晉文公逃難的魏仇的兒子，趙旃也是世家子弟。他們兩人都對自己的職位不滿，希望獲取更高的權位。可是他們不透過自己的努力和戰績提升地位，卻盼著晉國大軍能夠失敗，將帥們受到處罰，這樣就可以為他們騰出位置來。荀林父是讓他們倆去議和的，他們卻向楚莊王遞交了戰書（顯然是他倆偽造的）。楚莊王接到戰書後，最終下定了決戰之心。

　　魏錡、趙旃實在太想挑起戰爭了。他們在回去的路上，竟然對一部分楚軍發動了襲擊，還俘虜了幾個楚軍士兵回去。楚軍哪裡能夠容忍他們這樣囂張的行為，隨即發兵追擊魏錡、趙旃。而荀林父得到的消息卻是楚軍派兵追擊晉國的使者，因此做出了緊急派遣戰車前往接應的決定。於是一場小規模的衝突爆發了。

　　如果這僅僅是一場小規模衝突，那麼晉楚兩軍孰勝孰敗還難以預

料。楚莊王這時候決定親率部分楚軍迎戰來犯之敵。楚軍在楚莊王的鼓舞下，很快就將魏錡、趙旃和支援的兵車打得落荒而逃。楚莊王還意猶未盡，乘勝追擊敗逃的晉軍。

留守楚軍陣營的令尹孫叔敖坐不住了。楚莊王親自跨馬上陣，冒險衝鋒，萬一有個閃失，那可怎麼辦啊？楚莊王出去的時間越長，孫叔敖就越擔心。當得到情報說晉國大軍要出來迎戰時，孫叔敖急令全軍列陣，向前推進去護駕。請讀者想一想，當數以萬計的楚軍列陣出戰的時候，這個場面是多麼壯觀，能夠做多少事情？浩浩蕩蕩的楚軍穩步推進，早已經超過了為楚莊王護駕的需求，反而是連續打敗晉軍的小股部隊和先鋒部隊，直接逼近晉軍主力。楚莊王一見事情發展到了這一步，乾脆乘勝對晉軍駐地發起猛攻。荀林父前個時辰剛派出議和的使者，現在根本沒想到楚軍已經到了家門口。晉軍在突襲面前，根本組織不起有效的抵抗，士氣迅速潰散。幾個士兵開始逃跑，後來逃跑的士兵越來越多，最後連將領也開始逃跑了。

晉國上軍主將士燮是晉軍中保持頭腦清醒的少數將領之一。在敗局已定的情況下，士燮沉著鎮定，指揮上軍且戰且退，避免了晉軍全軍覆沒的命運。而一盤散沙狀態的晉國中、下軍面對楚軍的進攻四處潰散，傷亡慘重。各部晉軍陸陸續續潰敗到黃河南岸。

這個時候，荀林父再次失去理智。他既沒有聚攏晉軍，憑藉背水一戰的地形，對楚軍進行有組織的反擊，掩護撤退，也沒有安排撤退的事宜，只是籠統地下令：全軍盡速渡河，先過河者有賞。我們可以理解荀林父在一敗塗地的情況下，他滿心希望保全殘部，但是他不應該鼓勵全軍渡河北逃。晉軍在缺乏統一指揮的情況下，士卒自相砍殺，搶船爭渡。當時楚軍追擊尚遠，上天給了荀林父組織抵抗、減輕損失的機會。可惜荀林父沒有把握住，導致在黃河爭渡中傷亡的將士人數遠遠超過了

在與楚軍對陣中傷亡的人數。尤其是晉軍的中軍、下軍因為缺乏組織，無建制地潰逃，幾乎全軍覆沒。《史記》記載：「晉軍敗，走河，爭度，船中人指甚眾。」這是多麼恐怖的情景啊！晉軍的船隻中滿是人的手指，都是那些落在水裡的將士在搶奪船隻時被戰友砍去的。楚國還有紀律地俘虜了晉國的軍隊和部分將領。

擁有六百乘兵車的晉國人馬，一戰之間幾乎全部覆滅。這是晉國歷史上第一次大敗，也是參與春秋爭霸的最大失敗。這是晉國卿族強大起來所形成的矛盾在戰爭中的暴露。荀林父歸國後，主動請死：「臣為督將，軍敗當誅，請死。」晉景公也很想殺了荀林父，但是大臣們多數認為國家新敗，正是用人之際，為他求情，荀林父這才免於一死。其他將領也都只是受到訓誡而已。

「是時楚莊王強，以挫晉兵河上也。」楚國沒有精密組織，更沒有想到能在瞬間取得如此重大的勝利。這場出乎意料的勝利不僅讓楚莊王喜出望外，也讓中原國家跌破眼鏡。中小諸侯紛紛承認楚國是新的諸侯，鄰近的小國和部族也都紛紛歸附。與此同時，齊、魯等國也紛紛遣使與楚國通好。大獲全勝的楚莊王為了慶祝此次大捷，不僅舉行了規模宏大的河神祭祀儀式，而且在黃河岸邊修建了楚國先君的祭廟，以示報仇雪恨。有大臣建議將晉國將士的屍體壘起，造成山丘，號稱「京山」，以炫耀楚國的軍威。楚莊王對這個不道德的建議斷然拒絕了。

不知道楚莊王凱旋時，有沒有感嘆命運之神的眷顧。

在晉、楚爭霸過程中，宋國是晉國最忠誠的跟隨者，這對楚國接觸齊魯和稱霸中原不利，因而楚莊王就想找個藉口進攻宋國。

楚莊王決定以大夫的性命去賭一個藉口。他派申舟出使齊國，派公子馮到晉國訪問。從楚國到齊國，申舟要經過宋國；從楚國到晉國，公子馮要經過鄭國。

　　按照外交禮儀，經過他人領土要事先通知，可這一次楚莊王要求申舟和公子馮都不要向所經過的國家借道。

　　申舟接到楚莊王的命令後，心臟都要跳出來了。當年在孟諸打獵時，他當眾責罰了宋昭公，早已被宋國視為不受歡迎的人。如果這次申舟再激怒宋國，可能連小命都沒了。於是申舟不得不對楚莊王說：「鄭國在外交上遠比宋國高明，去晉國的公子馮可能不會受害，而我肯定會葬身宋國的。」楚莊王冷淡地說：「如果宋國人殺了你，你就是烈士。我會攻打宋國為你報仇的。」楚莊王把話都說到這份上了，申舟不得不硬著頭皮出發了。臨行前，他把兒子申犀託付給楚莊王，乞求兒子能夠被好好照料。

　　申舟經過宋國時果然被宋國人扣留了。宋國重臣華元說：「經過宋國而不向我們借路，這完全把我們宋國當成了楚國的邊邑。如果我們讓申舟過去，就等於承認是楚國的一部分。做了楚國的邊邑，宋國就亡國了。殺了楚國申舟，楚國一定會來攻打我們，那時候我們大不了就是亡國。我們橫豎都是亡國，不如殺了申舟，**轟轟烈烈**地亡國。」於是，申舟就被犧牲掉了，宋國準備迎擊楚國的問罪之師。而鄭國則任由公子馮經過領土，裝作沒看見。

　　楚莊王得到申舟被殺的消息，終於有了討伐宋國的理由，立刻發兵大舉進攻宋國，迅速將宋都團團圍住。可是宋國上下同仇敵愾，視死如歸，直到第二年五月，楚軍都沒有取勝，戰爭陷入了膠著狀態。其間，宋國派大夫樂嬰齊去晉國求援。晉景公傾向於出兵，但是大夫伯宗等人卻喪失了與強大的楚國直接交戰的勇氣。他們對晉景公說：「雖鞭之長，不及馬腹。我們沒有實力管楚國的事情了。不如暫不出兵，從長計議，等楚國國勢衰退以後再做打算。」晉景公朝議後決定只給宋國一張空頭支票，派大夫解揚去告訴宋國人不要投降，晉國大軍隨後就到。晉國希望以此來拖延楚國稱霸的進程。這是西元前五九五年的事情。

　　誰知，解揚經過鄭國的時候被抓住並交給了楚國。楚莊王要他以晉使的身分勸宋國人投降，不然就殺了他。解揚一開始拒絕了，但經過楚國三次逼迫後便答應了下來。當解揚登上巢車時，卻把晉景公交代的話告訴了宋國人。他說：「晉國大軍已經出發了，請宋國一定要堅持下去。」楚莊王生氣地要殺了他。解揚說：「我終於不辱使命了，請你殺了我吧！你殺我是對我忠於國家的獎勵。」對這樣的忠臣，春秋諸侯都會釋放的，解揚最終獲釋了。

　　那包圍圈裡的宋國人聽信了解揚的話，滿懷希望地堅持了下去。

　　轉眼到了夏天，楚軍還沒有攻破宋國國都。楚莊王失去了耐心，計劃撤離宋國。申舟的兒子申犀跪在楚莊王的馬前叩頭說：「先父明知會死，但不敢背棄國君的命令，完成國君的使命。現在國君您為什麼失信呢？」楚莊王無言以對。當時申叔正在為楚莊王駕車，他提出了一個打持久戰的建議：「我們不妨修建房屋，招募農夫在宋都四周耕種，做長期準備。那樣，宋國一定會聽從君王的命令。」楚莊王於是下令停止攻擊，就地駐紮下來，擺出一副不走的架勢。

　　宋國人還是不投降，堅持抵抗。最後，「城中食盡，易子而食，析骨而炊」。居民們互相交換小孩子煮了吃，把劈開屍體取出的骨頭當作柴火來燒。宋國已經到了山窮水盡的地步了。宋國人終於意識到晉國的援軍不會來了，心裡害怕了起來。華元自告奮勇，在夜裡偷偷摸進楚營，來到楚國重臣子反的營帳裡。子反正睡得好好的，突然感覺床上多了一個人。他睜開眼睛一看，對手華元怎麼來了呢？再看那華元，貴為宋國顯貴，現在餓得皮包骨頭，不成樣子了。只聽華元冷靜地說：「宋國國君派我來把宋國的困難告訴你，我們已經山窮水盡了。即使如此，我們也不接受兵臨城下的屈辱盟約。但是如果楚國撤去我們國都的圍困，候車三十里，宋國就俯首聽令。」黑燈瞎火的，子反聽到華元撂下的狠話，

心裡害怕極了，他當即就答應了華元，並把情況報告給了楚莊王。楚莊王顯露出政治家的胸懷，率領楚軍退兵三十里。

宋國如約投向楚國，盟約上信誓旦旦地說，雙方相互信任，互不欺騙。華元親自入楚為人質。這場慘無人道的戰爭終於結束了。晉國不能救宋，失信於諸侯。更惡劣的是，不救就算了，還為了一己私利，欺騙宋國，導致了宋國的危機，這樣的舉動讓中小諸侯寒心。戰後，各諸侯更加緊密地投向楚國陣營。魯國也趕緊派人向楚莊王獻禮，表示親近。

楚國的實力就此達到了頂峰。

西元前五九一年，楚莊王因病逝世，歸葬紀南城郊八嶺山。楚莊王在臨死前囑託群臣：「無德以及遠方，莫如惠恤其民，而善用之。」與先輩不同的是，楚莊王的遺囑帶有濃厚的道德色彩。這也許是楚莊王成為霸主的重要原因：僅僅有楚國人的勇武和善戰是不夠的，還更需要接受中原諸侯的遊戲規則，那是有濃重道德色彩的遊戲規則。楚莊王的進步是楚國連續不斷努力的結果。

史載楚莊王「並國二十六，開地三千里」。楚莊王開闢疆土，造就了「赫赫楚國，而君臨之，撫征南海，訓及諸夏，其寵大矣」的可觀局面。但我們說楚國取代晉國成為天下霸國，也是不對的。邲之戰後，楚莊王雖稱霸一時，然晉國仍然不可忽視。只能說晉國的實力和影響在消退，卻不能說它不是霸國了。此後一段時間，晉、楚雙方勢均力敵，難分勝負，結果形成南北對峙、各霸一方的局面，之後的春秋歷史進入了兩極格局階段。

行文至此，我們總覺得楚莊王的霸業缺少些什麼，那就是召集諸侯會盟。楚莊王死後兩年（西元前五八九年）冬，楚、魯、蔡、許、秦、宋、陳、衛、鄭、齊、曹、邾、薛、鄫十四國在蜀（今山東泰安西）開會結盟，正式推舉楚國主盟。楚莊王成了中原遲到的霸主。

第八章　拉鋸戰沒有勝者

既破我斧，又缺我斨。周公東征，四國是皇。

哀我人斯，亦孔之將。

既破我斧，又缺我錡。周公東征，四國是吪。

哀我人斯，亦孔之嘉。

既破我斧，又缺我銶。周公東征，四國是遒。

哀我人斯，亦孔之休。

《詩經·豳風·破斧》

不同的復霸努力

晉景公是晉文公之後最偉大的晉國領導人。

晉國在靈公、成公時期，力量衰落。晉靈公是一個昏庸的君主，在正史上惡行罄竹難書，最後被公卿殺死；晉成公在位只有短短的幾年，是個庸碌無能的人。這就是晉國大敗於楚莊王、失去霸主地位的歷史背景。大亂之後必有大治，隨後繼位的晉景公是比較有作為的君主，他帶領晉國走上了復霸的道路。

晉景公一走上政治舞臺就抓住了一個大機遇。西元前五九四年，周王室發生了王孫蘇和召氏、毛氏爭權的事件。王孫蘇殺死召公和毛伯，毛、召二族的黨徒進行報復，王孫蘇逃到晉國。晉景公平定了這次動亂，將王孫蘇送回周王室，周王室安定了下來。此情此景很容易讓人想起晉文公那次成功的外交亮相。之後，晉景公擴充實力並轉向東方，大規模對赤狄用兵。西元前五九四年，晉國滅潞，次年又攻取申氏、留籲、鐸辰等赤狄其他各部。當取得上述進展後，晉景公想學前任，會盟諸侯，以圖在東方重新確立霸勢。這一回，晉景公走得太急了。

為使盟會成功，晉景公於西元前五九二年春派遣郤克出使齊國，去做外交斡旋。齊國一直是東方最強的諸侯國，也是僅次於晉國的北方第二強諸侯國。自從齊桓公之後，齊國就罕有作為。晉國希望先取得齊國對自己復霸的支持。晉景公想當然地認為齊國這次肯定不會反對自己稱霸，並且相信齊國也沒有反對的實力。

郤克在齊國遭到了出乎意料的外交羞辱。外交接見的時候，齊頃公的母親蕭夫人躲在帷後觀看。郤克腳有殘疾，走起路來一瘸一拐的。他一出現，蕭夫人就忍不住笑出聲來。當時來齊國斡旋的還有衛國孫良

夫、魯國季孫行父。孫良夫的一隻眼睛是瞎的，季孫行父則是個禿頭。幃後的蕭夫人於是笑個不停，笑聲很響，在場的人都聽到了。齊頃公身為主人，也沒有制止。按照春秋禮法，外交場合和諸侯會盟的時候是禁止女子出席的。齊國蕭夫人的出場、大笑不僅被視為極不嚴肅的事情，更被視為對晉、魯、衛三國的公開羞辱。郤克等三人的涵養都不錯，沒有當場翻臉。但當齊頃公在之後的外交活動中，分別讓一個瘸子、一個瞎子和一個禿頭去和郤克等三人會談時，郤克等三人完全憤怒了！

齊頃公為什麼要這麼做呢？因為他要挑戰晉國的霸權，要為齊國爭取更大的外交空間和更多的國家利益。齊頃公判斷齊國復霸的機會來到了。他過度評斷了晉國的衰落程度，希望趁機盡可能地恢復祖先的光榮和威望。

受到羞辱的郤克在離開齊國時惡狠狠地說：「此仇不報，我不再渡過黃河！」回到晉國後，他要求伐齊。晉景公不同意，說：「你怎麼可以因為個人的恩怨，動用整個國家的力量呢？」但是在這年夏天，晉景公還是會合魯、衛、曹、邾等國國君在斷道（今河南濟源西）謀討背晉之國。齊頃公清楚這個盟會是針對自己的，害怕在盟會中受辱，只派了高固、晏弱、蔡朝、南郭偃四個大夫赴會。四位齊使到達晉國河內時，郤克把四個人都抓起來殺了。晉、齊兩國矛盾進一步加深。

兩個一心恢復祖先榮耀的國家終於走到了戰爭的邊緣。

晉國和齊國的戰爭是由地處兩國間的魯國引起的。

魯國和晉國的關係是穩定的。齊、魯兩國因邊界爭端而為世仇，征戰不斷，魯國常常處於劣勢。在一個小區域內，競爭失敗的一方最常見、最有效的報複方式就是引入區域外的大國力量來平衡區域內力量的失衡。在齊國的欺壓面前，魯國就引入了晉國的支持。它讓晉國深深地涉入了東方事務。當然了，晉國對此是心甘情願的。

西元前五八九年，齊國又開始進攻魯國的龍邑，一直打到了巢丘。

同時，齊軍還入侵衛國，在新築大敗衛軍。衛國統帥孫良夫僥倖逃脫後，急於報仇雪恨，竟然不請示國君就直接去晉國請求伐齊。魯國也派了臧宣叔到晉國乞師。他們兩人都找到了晉國的執政者郤克。因為世人皆知郤克對齊國的怨恨很大。

郤克馬上向晉景公提出要討伐齊國。這一次，晉景公同意了。當時，晉之宿敵楚國已從晉國手中奪取了對中原大部分地區的控制權，正努力施展拉攏齊國的外交手段，以進一步削弱中原地區抗楚的勢力。楚、齊兩國間也開始眉來眼去。晉景公深知，若齊國與楚國結成聯盟，必將對晉構成嚴重威脅。因此，打擊齊國是晉國震懾諸侯，復興霸業的緊迫需求。

重創齊國，晉國就等於砍斷了楚國的右臂，也粉碎了齊國復出的欲望。

晉國很重視這次戰爭，以郤克為中軍主帥。

西元前五八九年，元帥郤克率領晉國上、中、下三軍戰車八百乘，士兵六萬人，會同魯、衛、曹及狄人的軍隊進攻由齊頃公率領的滯留在衛國的齊軍。這邊，魯國派臧宣叔做嚮導，另派季文子率魯軍參戰。齊頃公聞訊，決定先避開諸侯聯軍的鋒芒，迅速東撤，保存實力再尋找有利的戰機。六月十六日，聯軍尾隨齊軍進入齊國西南部的靡笄山（今濟南千佛山）下。回到國內的齊頃公下令停止撤退，並遣使向郤克挑戰。這是齊國在熟悉的內線作戰，齊頃公充滿了必勝的信心。

次日清晨，齊頃公戰前激勵將士們說：「速戰速決，大破晉軍後再回來吃早飯。」春秋時打仗都是從早上開始的。齊頃公對一戰擊潰晉國率領的諸侯聯軍自信滿滿。雙方在鞌（今山東濟南西）列陣。求勝心切的齊頃公自恃齊軍勇猛，馬不披甲，催動其所乘戰車，率先向以晉國為首的諸侯聯軍衝擊。齊國果然英勇，以一國之力和聯軍展開激戰，進攻非

常猛烈。郤克在混戰中中箭，血流滿身，鮮血順著大腿淌到了鞋子裡。他漸漸堅持不住了，想退回營壘治療。他的戰車馭手解張也身負箭傷，卻激勵郤克說：「我也中了兩箭。但我不敢聲張自己的傷勢，怕引起士兵們的疑慮。請元帥您也忍忍吧！」解張說完，一手並彎駕車，騰出一隻手來代替郤克擊鼓。車右的鄭丘也非常勇敢。郤克的戰車在戰場上多次遇到故障或障礙，鄭丘都冒著生命危險跳下車去排查。如果戰車遇到了實在跨不過去的障礙，他就奮力推車前進。在他們的鼓勵下，郤克始終堅持指揮作戰。受到鼓舞的晉軍奮勇拚殺。郤克帶領軍隊向齊軍猛攻，齊軍漸漸支持不住了。齊頃公在亂軍中和大夫醜父調換了位置，以防萬一。晉國的韓厥幾次衝到齊頃公車前，嘲笑說：「寡君派我來救魯、衛。」最後，齊頃公的戰車被晉軍團團圍住了。醜父見機行事，派齊頃公下車取水，齊頃公這才逃脫，回到齊軍營壘。醜父被俘。郤克發現抓錯了，一怒之下要殺醜父。醜父正色道：「我能夠代替國君而死，後人都會把我視為功臣。」郤克沒有辦法。春秋時，人們最不願意成全仇敵的名聲。醜父最終被釋放，回到齊國。

　　取得鞌之戰的勝利後，晉國聯軍乘勝追擊，繼續東進，攻打齊都臨淄西南方的馬陘（今山東淄博東南），進而威脅臨淄。齊頃公被迫遣使向郤克求和。剛開始，齊頃公請求獻上寶器財物，請晉國撤軍，遭到了郤克的拒絕。郤克的和談條件有兩條：一是要嚴懲蕭夫人，二是要求齊國將田壟都改為東西走向。把田壟改為東西走向，是為了方便從西向東進攻的晉軍前進。齊頃公不能接受，和談就這麼僵持了下來。魯國、衛國勸郤克說：「蕭夫人是齊君的母親，齊君怎麼可能處罰她呢？況且您以義伐齊，而以暴為後，不太好啊！」當時，楚國已經動員軍隊，準備北上了，魯國、衛國兩國急於將主力調防回國，於是向郤克施加壓力。郤克便答應與齊國講和。齊國歸還侵占的魯、衛兩國的土地，並向晉國獻上

大量財物，徹底破滅了復霸的夢想，重新屈服於晉國。

在鞌之戰中，齊國國君幾乎成了晉軍的階下囚。齊國的地位大為削弱。晉國取得了重大勝利，鞏固了晉國在諸侯國中的霸主地位。

晉齊兩國的復霸角逐，最終以晉勝、齊敗結束了。

在晉、齊鞌之戰中，楚國雖然表面中立，但實際上是支持齊國的。

當年冬天，楚國出兵救齊。令尹子重盡起楚師伐魯，先攻打衛國，後又從蜀地入攻魯國。魯國不支，只得向楚求和，子重允許。接著，與魯、蔡、許等國國君及秦、宋、陳、衛、鄭、齊等國大夫會盟於蜀。楚國的面子真是大，連秦國都請來了。有人統計認為這是春秋歷史上參與國家最多的盟會。晉國辛辛苦苦取得了鞌之戰的勝利，卻沒有遏制住楚國的囂張。

對於楚國這樣的氣焰，晉國無疑是不甘心的。在蜀地會盟的第二年（西元前五八八年），晉國約集了魯、宋、衛等國伐鄭。晉國的部分軍隊深入鄭地，卻中了鄭國將領公子偃設下的埋伏而敗。鄭國人去楚國獻俘。

這一階段，晉、楚兩國基本是勢均力敵的，中原諸侯國既害怕晉國，又不敢得罪楚國，差不多都是兩邊朝聘、納貢。中原地區陷入了常見的拉鋸戰之中。晉、楚兩國的鬥爭歷史雖然表面看來很混亂，卻有其井然的條理，是一種格局的循環。也就是說，晉、楚兩強經過一場大戰後，晉勝，則一些以前附楚的小國自動或被動地轉而附晉。這樣一來，楚國不肯罷休，便和這些小國算帳；小國從了楚，晉又不肯罷休，也和這些小國算帳。每次戰鬥都會產生新的恩怨，戰爭越多恩怨也越多，最後結成了一張巨大的網絡，包括了所有的國家。於是，一場新的大戰就不能避免了。只有戰爭才能讓大家的恩怨作一個了斷。

「兵來將擋，水來土掩」的話雖然沒有錯，但是兵和水來的次數多了，也會不敷調動，土也會取完的。

外交三角與盟會

在春秋後期，晉國出了一張好牌。

在實力均勢難以改變的情況下，晉國接受了從楚國逃出來的申公巫臣的建議：聯吳制楚。如果說晉國和楚國是外交的兩個定點，那麼秦國和齊國就是圍繞在其外的兩大國。楚國、秦國和晉國構成一個外交三角，秦國偏向晉國；晉國、齊國和楚國又構成東方的外交三角，齊國現在偏向晉國。這兩個三角都是平穩的，晉國和楚國僵持不下，晉國需要開闢對自己有利的新外交三角。這個三角最好符合一個條件：只要晉國插手，局勢便會朝著對楚國不利的方向發展。楚國和吳國在南方的鬥爭格局就符合這個條件。

吳國和楚國的關係很不好，衝突甚至戰爭不斷。按說，楚國的力量比吳國要大得多。但楚國把主要力量都投入到北方兩個三角的鬥爭中，對吳國方面並沒有投入太多。因此吳國以弱國之軀在南方和楚國形成了均勢。晉國看中吳國是一隻「潛力股」，認為很值得投資。

晉國很快就同意了巫臣的建議，巫臣還自告奮勇去吳國當使臣。巫臣到吳國後得到了吳國國君壽夢的重視，一拍即合，立即實現了晉國、吳國的聯合。巫臣還帶了一隊晉軍去吳國傳授吳軍射箭、駕車、列陣等軍事技術，原先善於水戰的吳軍由此學會了車戰，軍隊面貌大為改觀。吳軍覺得自己的力量增長很快，晉國就開始慫恿吳國去攻打楚國。為此，巫臣還留下自己的兒子孤庸擔任吳國的行人（外交官）。

晉與吳在會盟以後，還展開了相對頻繁的使節交聘。吳公子季札（季子）曾兩次出使晉國。西元前五九九年，季札第一次出聘是為了「通嗣君也」。他歷聘魯、鄭、衛、晉，對中原諸國的禮樂、典章制度做了一

番考察和研究。季札第二次出聘晉國是在西元前五九五年，適值吳楚交戰，「季札聘於上國，遂聘於晉，以觀諸侯」。除季札使晉以外，吳還曾派過其他人員使晉。西元前五九二年，巫臣之子狐庸聘於晉。晉也曾派使者出聘至吳，晉平公時「使叔向聘於吳，吳人拭舟以逆之」。吳國人用富有東南特色的禮節接待了晉國使節。西元前五五〇年，晉將嫁女於吳，雙方透過婚姻進一步加強了連繫。

晉國的目的是想讓吳國能夠盡可能地牽制楚國，削弱楚國在北方與自己相爭的實力。那麼吳國能達到晉國的期望值嗎？

吳國很配合，開始賣力地進攻楚國。

吳國清楚自己的實力，將進攻的矛頭對準楚國的附庸巢國（今安徽巢縣）、徐國（今安徽泗縣西北）。取得一系列小勝後，吳軍還攻入了楚國領土，鬧得楚軍來回奔波。「吳始伐楚、伐巢、伐徐」，楚軍在戰場上「一歲七奔命」，「蠻夷屬於楚者，吳盡取之」。一些屬於楚國的小國都被吳國奪去。吳國日漸強大，開始與中原諸侯交往。此後近七十年間，雙方先後發生過十次大規模的戰爭，仇恨越來越深。在這十次戰爭中，吳軍全勝六次，楚軍全勝一次，互有勝負三次。楚國受到極大的牽制。

晉國也很夠朋友，出兵配合吳國的進攻。晉軍攻打附庸楚國的蔡國，還俘虜了沈國國君。晉國和楚國圍繞著晉國和吳國的交通問題展開了激烈的爭奪。西元前五八三年，晉國會合諸侯軍隊討伐郯國（今山東郯城），開闢了通往吳國的道路。不料第二年（西元前五八二年），楚國攻占莒國國都，重新截斷了晉國和吳國的交通。

我們有理由相信，吳國會不負眾望。

晉、楚兩國打來打去久了，慢慢產生了厭戰情緒。

西元前五八二年的一天，晉景公視察軍府，看到了一個戴著南方帽子的囚犯。晉景公問旁人：「那個戴著南冠的囚犯是誰啊？」有關部門的

人匯報說：「這是鄭國人獻上來的楚囚。」

這個被後人稱作「南冠楚囚」的囚犯名叫鐘儀。鐘儀是楚國設在鄖邑（今湖北安陸）的行政長官，稱作鄖公。鐘家世襲伶人一職。西元前五八四年，令尹子重率兵攻打鄭國時，鐘儀隨軍出征，戰敗淪為戰俘。鄭國把他抓住後，又轉送到晉國關押了兩年。

晉景公對這個被關押了兩年、還堅持戴故國帽子的人十分感佩。晉景公下令釋放鐘儀，並立即召見他，雙方展開了一段對話。晉景公先問起鐘儀的家世，鐘儀回答說自己先世是楚國的伶人。晉景公很感興趣，當即要他奏樂。鐘儀拿起琴，演奏了楚國的樂曲。晉景公接著又問起當時在位的楚共王的為人。鐘儀堅持不評價自己的國君，只回答說：「這不是小臣所能知道的。」晉景公覺得鐘儀的回答非常得體，鐘儀是個賢臣、忠臣。

從這裡我們可以看出兩點。首先，晉景公對楚國的風土人情和政治充滿好奇，可惜他沒有太多交流的管道，和楚國囚犯的交談竟然成了他為數不多的消息來源之一。其次，從更深層次看，晉景公身上顯現出了一種倦意，連年的戰鬥使他厭倦了。之後，晉景公曾透露過自己和鐘儀的交談情況。晉國的大夫範文子敏銳地意識到這是一個改善晉國和楚國關係的機會，就說：「您看到的這個楚囚，學問修養不凡，而且不忘根本，忠於國君。這樣的人，應該放他回去，讓他為晉楚兩國修好發揮一些作用。」晉景公欣然採納了範文子的意見。這就為之後的雙邊關係奠定了基調。

鐘儀不久後就被釋放，回到楚國。他如實向楚共王轉達了晉國與楚國交好的意願，進一步建議兩國罷戰休兵。楚共王的心態也和晉景公一樣，欣然採納了鐘儀的意見，決定與晉國重歸於好。晉、楚兩國開始來往聘請，釋放囚徒，關係出現了轉機。

第八章　拉鋸戰沒有勝者

橫亙南北多年的堅冰開始出現消融的跡象。

與南北霸國都有關係的宋國重臣華元發揮了外交和談的橋梁作用。

華元不僅與晉國執政欒武子有交情，還與楚國令尹子重也交好。他消息靈通，知道了晉、楚兩國的和談意願，就奔走於晉、楚兩大國之間，撮合兩國於宋都西門外相會。西元前五七九年，宋大夫華元倡導，提出停戰的建議，在宋都西門外召開十四諸侯國參加的弭兵大會。晉、楚訂立盟約，規定：「凡晉、楚無相加戎，好惡同之，同恤災危，備救凶患。若有害楚，則晉伐之；在晉，楚亦如之。交贄往來，道路無壅；謀其不協，而討不庭。有渝此盟，明神殛之，俾墜其師，無克胙國。」雙方約定建立穩固的外交交流管道，互不交兵，互相救難，共同討伐不聽命的諸侯。

晉國正卿趙武和楚國令尹屈建各代表本國參加。各國要歃血訂盟。按禮，盟主先歃。於是趙武和屈建為歃血的次序展開了一次明爭暗鬥，兩人各不相讓，幾使盟會破裂。最後，晉臣羊舌氏對趙武說：「主盟以德不以勢，若其有德，歃雖後，諸侯戴之。如其無德，歃雖先，諸侯叛之。」趙武接受勸告，將首歃權讓給了楚國。羊舌氏的勸說明顯是色屬內荏。趙武之所以讓出主盟權關鍵不是相信道德說教，而是他的主要心思放在國內政治鬥爭上。趙武本人就是在殘酷的國內政治鬥爭中倖存，並取得權力的。國內政治鬥爭嚴重制約了外交事務的自由獨立性。

不管怎麼說，春秋實現了第一次和平盟會。和之前的諸侯盟會不同的是，這不是大戰之後對和平的權力追認，從中也能流露出諸侯對和平的自發的渴望。但是，這種和平的理想能夠實現嗎？

宋國第一次弭兵大會的成果像紙一樣薄，頃刻間就被戳破了。

三年後，楚國違背盟約進攻鄭、衛兩國。當時的楚國令尹子囊有所疑慮地說：「我們最近和晉國結盟，就違背盟約，似乎有點說不過

去啊？」司馬子反說：「只要對本國有利的事情就可以做，管他什麼盟約？」好一句「管他什麼盟約」，原來盟約在他們看來是可有可無的，完全是工具，而不是目的。鄭國發兵相抗。晉國也約了吳國在鐘離（今安徽鳳陽）和諸侯相見。這是吳國參與中原諸侯盟會的開始。對於晉國的抬舉，吳國自然是萬分感激。楚國見形勢不利，許諾給予鄭國汝陰之田收買鄭國。鄭國轉向楚國一邊，還遵從楚國的意思起兵伐宋。衛國則遵從晉國的意思伐鄭。看來各國對盟約的態度都不是嚴肅的。不嚴肅的態度引起了現實外交的連鎖反應，導致了新的華夏大戰。

現在我們似乎可以說華元的第一次弭兵大會與諸侯盟會的最大不同就在於它是大戰的前奏，而不是對戰果的追認。

鄢陵燃燒的烽火

　　西元前五七五年五月，晉厲公與齊、魯、衛等國相約伐鄭，楚共王領兵救鄭，兩軍相遇於鄢陵（今河南鄢陵西北）。

　　晉國隨軍的大夫士燮不想和楚軍交戰，他的想法是「外寧必有內憂」，只要沒有外部戰爭了，晉國內部就會有麻煩。因為戰爭往往成為國內政治轉移衝突的手段，晉國內部矛盾激烈，他怕萬一把楚國打敗了，殘酷的國內鬥爭就要開始了。士燮的話也從側面暴露出當時晉國的內鬥是多麼的頻繁。這樣的晉軍能取得勝利嗎？

　　六月二十九日，楚共王採取了以往的策略，楚軍擺開陣勢在黎明時突然逼近晉軍營壘，希望能夠取得像楚莊王先發制人的意外勝利。當時晉軍營地前有大片泥沼，一時沒有空間布陣迎敵，晉軍將領不知所措。士燮的兒子提出建議說：「我們把井填上，把灶剷平，就可以在營地內騰出空間來，足夠擺開陣勢，也能保證行道疏通。同時，我們派老弱病殘到營後去挖掘新的井灶。上天同樣保佑晉國和楚國，我們有什麼可擔心的？」士燮聽了氣得拿起戈趕兒子出去，並說：「國家的存亡，是天意決定的，小孩子知道什麼！」一旁的郤至乘機進一步提出楚軍的六大弱點：「楚軍統帥彼此不和；楚王的親兵都是貴族子弟；附屬鄭國的軍隊雖然擺出了陣勢，但是軍容不整；楚軍中的蠻族雖然成軍，但不能布成陣勢；布陣不避開月末這天；士兵喧囂，吵鬧卻不知道團結。我們一定能戰勝他們。」晉厲公這才下定決戰之心。到最後應戰的時候，晉軍還是填井平灶，疏散行道，列隊出營。

　　戰前，楚共王登上了巢車觀望晉軍的動靜。從晉國叛逃過來的太宰伯州犁在楚共王後面陪同。伯州犁把晉軍分布、列陣等情況都告訴了楚

共王，但沒有提出切實的應敵措施。而由楚國逃到晉國的苗賁皇也跟隨在觀察戰場的晉厲公身旁，也把楚共王親兵的位置告訴了晉厲公。楚國當時最精銳的武士都集中在中軍，而且人數眾多，戰鬥力很強。苗賁皇向晉厲公提出了建議：「楚國的精銳部隊只不過是中軍中那些楚王的親兵罷了。我們如果分出精兵來攻擊楚國的左右兩軍，再集中三軍圍攻楚王的中軍親兵，一定能把他們打得大敗。」晉厲公欣然接受了他的建議。

戰鬥開始後，晉厲公及時改變原有陣型，從中軍各抽調精銳的將領和士兵加強左右兩翼。晉國的謀劃是誘使楚左、右軍進攻晉國中軍，而得到力量加強的晉國上、下軍抓緊時間擊退楚國的上、下軍，最後晉國集中上、中、下軍與新軍共擊楚國精銳的中軍。部署既定，晉軍遂在營內開闢通道，迅速出營，繞營前泥沼兩側向楚軍發起進攻。

楚共王果然中計。他只望見晉厲公所在的晉中軍兵力薄弱，就率中軍攻打，企圖先擊敗晉國中軍，結果遭到晉軍的頑強抵抗。晉將魏錡用箭射傷楚共王的眼睛，迫使楚中軍稍稍後退，未能支援兩翼。魏錡很快又被楚軍復仇的弓箭射殺。

晉軍乘勢猛攻楚左、右軍。追擊中，晉下軍將軍韓厥數次幾乎生擒楚共王。頑強的楚軍並沒有潰敗。暫時的失利讓楚軍的戰鬥更加兇猛。據說當時楚軍中有大力士，舉著晉軍將士就玩「擲鉛球」，擊毀了多乘晉軍兵車。在混戰中，雙方都充分發揮了弓箭的作用，造成了由點及面的殺傷。

兩軍打得天昏地暗，激戰自晨至暮，都沒有分出勝負來。

夜裡，晉軍和楚軍都抓緊時間補充士兵和物資，準備雞鳴再戰。

白天的戰鬥中，楚軍傷亡慘重，但並沒有失去勝利的希望。晉軍同樣損失慘重，迫切需要休整。楚共王計劃以夜幕作掩護，集中一切資源補充白天的消耗，準備明天再和晉軍大戰三百回合。當時，楚共王已經

瞎了一隻眼睛，強忍著疼痛召開軍事會議。會議開始後，司馬子反沒有來。一查，子反戰後醉酒，已經不省人事，不能商議軍機了。楚共王不禁仰天長嘆，這軍事會議開不成了。他對明天的再戰喪失了信心，連夜帶領楚軍逃跑了。晉軍進入楚營，連吃了幾天楚軍留下的糧食。

直到戰爭結束，魯、衛兩國都未發一兵一卒。晉軍在回師的時候，齊國的盟軍才趕到。晉國派人問罪，齊國派太子光到晉國當人質，承認了晉國的霸主地位。

鄢陵之戰是春秋中期繼城濮之戰、邲之戰之後，晉楚爭霸中第三次也是最後一次兩國軍隊主力會戰。晉國最終阻止了楚國的北進。但晉國的勝果並不大，而楚國的失敗也並不慘重。雙方都意識到了對方的厲害。從此，中原再也沒有發生爭霸大戰了。之後，諸侯各國都把精力投入平定國內的動亂。

楚軍連夜奔逃到國內的瑕地。楚共王派人對子反說：「之前大夫使軍隊覆沒都要自殺，那是因為國君不在軍中，大夫要承擔責任。這次，你不要為自己的過錯擔心，失敗是寡人之罪。」子反再拜稽首說：「君賜臣死，死且不朽。臣之卒實敗，是臣之罪。」楚共王的寬勸反而讓子反產生了心理負擔。令尹子重原本就和子反有矛盾，他派人對子反說：「當初覆沒軍隊的人的命運，你也聽到過。現在你怎麼不為自己考慮一下？」子反回答說：「先大夫的例子我都知道，我怎麼敢不義呢？我敗君師，豈敢逃死？」楚共王派來勸阻他的使者正在路上，等趕到的時候，子反已經自殺而死了。

戰場是不會完全沉寂下來的。大戰雖無，但春秋後期晉楚間的小戰仍不斷。

先是本來附屬於楚國的陳國，受不了楚國令尹子辛的壓榨，反叛楚國。楚國為了維護自己的勢力範圍，下令伐陳。晉方諸侯派兵相救，雙

方沒有爆發大戰。後來楚國將子辛殺死，新令尹子囊伐陳。陳國這次又重新歸了楚國。楚國小勝。

鄭國在南北霸主的輪番爭奪中，政治立場反覆多變，晉楚雙方都苦於難與鄭國結成鞏固的同盟關係。西元前五七一年，晉、齊、宋、衛等國共同伐陳，在鄭國西界的虎牢建築城池，威逼鄭國。八年後，晉方諸侯軍隊加固城池，並長期駐守，又在梧地築城，在虎牢加築小城。楚國曾經來攻，雙方都無戰意，不戰而返。晉悼公為了徹底解決這一問題，將晉國及其從屬國的軍隊搭配劃分為三部分，駐於虎牢，輪流出征與楚國爭奪鄭國，採用「楚進則晉退，楚退則晉進」的以逸待勞戰術。鄭國終於禁不起晉國的輪番進攻了，在一次晉悼公親自率領大軍進攻鄭國時，鄭簡公向晉悼公表達了願意永結盟好的誠意，並請求歃血立盟。晉悼公拒絕說：「交盟已在前矣，君若有信，鬼神鑑之，何必再歃？」的確，鄭國和晉國已經有過許多次盟約了，如果有誠意結盟，就沒有必要再次歃血為盟，只要嚴格遵守之前的盟約就可以了；如果無心友好，再多幾次歃血也是徒然。為了進一步給鄭國壓力，晉悼公傳令將鄭國俘虜全都放歸，還撤掉虎牢全部駐軍，嚴禁軍隊侵犯鄭國百姓。隨後他語重心長地對鄭簡公說：「寡人知爾苦兵，欲相與休息。今後從晉從楚，出於爾心，寡人不強。」（我知道你苦於兵災，早就想停戰休息了。今後你要從晉，還是從楚，都由你的內心決定，我不強求你。）鄭簡公聽了這句話，感動得淚流滿面，發誓再也不背叛晉國。此後較長時間內，鄭國果然專心從晉。晉悼公軍事壓力和道德感召相結合，顯示自己和好的至誠之意和對屬國主權的充分尊重，成功地拉攏了鄭國。這是晉國在春秋後期最大的外交成果。

西元前五七二年，楚國利用宋國大族間的鬥爭，支持逃亡楚國的魚石回國，並奪取了宋國的彭城（今江蘇徐州）作為魚氏的封地，還派兵

車三百乘協助，培植宋國的親楚勢力，割斷晉國和吳國的交通。宋國求援於晉國，晉國出兵。晉軍和楚軍相遇後，盤桓許久，最後不戰而回。第二年，晉、魯、衛、曹、莒等國圍困彭城，彭城投降，魚石被遷出彭城。楚國截斷晉、吳交通的計畫破滅。晉國小勝。

衛國也發生了叛亂。衛國上卿孫林父因內訌割據戚邑（今河南濮陽北）反叛，並為尋求外援而依附晉國。晉平公派三百士卒協助守衛，後來三百晉兵被衛國公室平叛的軍隊殲滅。晉國欲起大兵討伐衛國。衛獻公與大夫寧喜赴晉國準備向晉君面陳孫林父反叛之罪，反被晉國一度扣留。晉國公開支持衛國的反叛勢力，這是晉國自文公起一直仇視衛國的外交方針的延續，但插手明顯無理的一方，擴大他國內亂的行為是不得人心的。晉國可謂棋失一著。

在晉楚的恩恩怨怨中，晉國略占上風，楚國不能與晉國直接對抗。晉悼公在位時的晉國出現了外交的小高潮，但其最大成效也就是征服了鄭國而已。當時的晉國和楚國就像兩個病入膏肓的人，霸國的光環和實力都在慢慢消退。只是晉國一時還能夠從內鬥中抽出身來，全力對外而已。

中原爭霸至此也就接近了尾聲。

齊國的徹底沉淪

晉悼公、晉平公時期是整個晉國歷史的最後高潮。

晉悼公在諸侯間爭鬥局面一時難以改觀的情況下，透過處理民族問題達到了發展國家的目的。在對待戎族的政策方面，他採取了「和戎政策」，即「戎狄薦居，貴貨易土，土可賈焉，一也；邊鄙不聳，民狎其野，穡人成功，二也；戎狄事晉，四鄰振動，諸侯威懷，三也；以德綏戎，師徒不勤，甲兵不頓，四也；鑑於后羿，而用德度，遠至邇安，五也」。也就是用財物去騙取戎族的大片土地，以代替過去的軍事殺伐；派魏絳去安撫諸戎，與戎族結盟，從此晉國免除了後顧之憂，可以抽出兵力和楚國爭奪鄭、宋，爭霸中原了。

晉悼公病逝，其子晉平公繼位。恢復元氣的齊國原來就不是真心實意地加入晉國聯盟，現在乘晉君初立之機，公然背棄中原聯盟，與楚通使交好，並興兵攻打魯、衛、曹等中原諸侯，即使不欲代晉稱霸，起碼也要推翻晉國強加在齊國身上的霸權。晉平公就選擇對齊國出手，為自己在歷史年輪上留痕。西元前五五七年，晉平公召集諸侯會盟，魯襄公、宋平公、衛獻公、鄭簡公等十國諸侯都來了。齊國只派出了大夫高厚參加。晉國要求各國歸還侵略的鄰國土地，實際上是針對齊國的。因為齊國一直仗著自己相對強大的國力，四處侵占周邊小國的土地。對於晉國的這個要求，大夫高厚在盟會上明顯表露出不滿。大哥哪能容許小弟暴露不滿？晉國於是由不滿加深到了憤怒。高厚在察言觀色後，害怕得中途跑回國去了。惹不起，難道我還跑不了嗎？但是身為外交代表，高厚的這一走，是不負責任的。

之後，齊國我行我素，繼續侵略魯國。晉國聯盟陣營內部分裂。

這是齊國在春秋時期最後一次較盛大的外交表演。

西元前五五五年，晉平公親自領兵出征齊國。晉、宋、衛、鄭、曹、莒、邾、滕、薛、杞、小邾十一國軍隊會師於魯國的濟水。晉國組成了規模龐大的討齊聯軍。齊靈公選定平陰作為決戰地點，率軍在平陰組織防禦，並在平陰附近的防門挖壕築牆以堅守。諸侯聯軍兵分兩路，以主力攻打平陰之齊軍，餘部經過魯、莒國境，越沂蒙山奔襲齊都臨淄。聯軍主力在平陰的防門展開攻堅戰，牽制齊軍的主力。齊守軍死傷甚眾。

晉軍此時進行了一場成功的情報戰。戰前，晉軍就散布假情報說，魯國、莒國分別請求派一千乘戰車從本國領土出發同時進攻齊國，協助晉國。晉軍說自己還要考慮考慮。這個消息被傳給了齊靈公，齊靈公很為晉國聯軍到底有多少實力而疑惑、擔心。為進一步迷惑齊軍，聯軍又在平陰南面山澤險要之處虛張旗幟為陣；晉軍還到處布置軍陣，在戰車左邊坐上真人，右邊放上假人，以大旗做前導，車後拖著柴草，故意揚起塵土，遠望起來彷彿有千軍萬馬在調動馳騁。齊靈公在平陰城內看到這幅情景，心驚膽顫，對出兵對戰完全喪失了信心，乘夜率軍遁逃了。

齊軍逃跑了，晉軍還不知道。第二天，晉軍覺得奇怪，齊國方面一片沉寂。有人懷疑齊軍是不是已經開溜了，想去追擊，可又怕這是齊軍故弄玄虛的伏兵之計，貿然進攻會中了埋伏。正猶豫時，晉軍中精通音樂的師曠發現烏鴉在平陰城頭盤旋，認為：「烏鴉發出了愉快之聲，齊軍已經逃走了。」聯軍隨即進入平陰，俘虜了齊軍負責殿後的殖綽、郭最等人，又乘勝攻克了京茲、圍盧等地，主力進抵臨淄城下與先遣軍會合，將齊國都城團團包圍。聯軍對臨淄的四面城門進行火攻，鬧得齊國人一日三驚。

齊靈公原本想借晉國國君新立的機會撈一筆好處，沒想到卻惹上了

渾身的麻煩。

當年年底，晉軍和魯軍焚燒了臨淄城外四面的城郭和林木，臨淄成了死城。

齊靈公眼看臨淄有失守的危險，不顧大臣們的堅決反對，準備逃往郵棠（今山東平度東南）。眼看國君就要上馬了，太子光和大夫郭榮攔住馬說：「晉軍進攻很快，是為了掠奪財物，退兵是遲早的事情。國君您是社稷之主，不能輕易逃離國都。」齊靈公還是害怕，堅持逃跑。太子光只得抽出寶劍來，斬斷馬鞍，這才讓齊靈公跑不成了。

就在晉國離勝利只有一步之遙的時候，楚國興兵攻打鄭國，藉以救齊。晉平公唯恐腹背受敵，就在次年春與諸侯匆忙會盟於督揚（今山東長清東北）後撤軍。楚國的目的達到了，晉國的目的也達到了：那就是懲罰齊國，讓它徹底斷了爭霸的念頭。

晉軍之後又聯合衛軍進攻過一次齊國。這一次，能力不行、野心不小的齊靈公病死了，齊國和往常一樣發生了內亂。晉國主動回軍，堅持不攻打有喪事的國家，藉以往自己臉上貼金。其實當時的齊國實力已經越來越弱，再加上內亂，完全不能對晉國構成威脅了，晉國是懶得打了。西元前五五三年，晉、齊、魯等十三個國家在衛國的潭淵結盟。齊國這才與中原諸侯修好，回歸晉國主導的諸侯聯盟。

我們真是替齊國這個曾經的霸國惋惜。春秋後期，齊國不斷沉淪，現在算是徹底沒救了。

第九章 裁軍與和平

子之豐兮，俟我乎巷兮，悔予不送兮。

子之昌兮，俟我乎堂兮，悔予不將兮。

衣錦褧衣，裳錦褧裳。叔兮伯兮，駕予與行。

裳錦褧裳，衣錦褧衣。叔兮伯兮，駕予與歸。

《詩經‧鄭風‧豐》

中原爭霸的尾聲

西元前五四六年盛夏的一天。

烈日照得中原大地一片沉寂，連塵土都乖乖地伏在地上。

突然，滿地的塵土被疾駛而過的一行車駕驚起，瀰漫了小半邊天。

這是宋國派往晉國的使團。使團快馬加鞭，向北而去。坐在大車中的正使是宋國的左師官向戌。向戌木然地坐在車中，任憑車駕顛簸，陷入了深思之中。

宋國使團此行的目的是說服晉國同意與夙敵楚國實現和談。

這是個看起來不可能實現的使命。從春秋前期齊桓公創霸業起，直到春秋後期，晉、楚等諸大國為了爭霸砍殺了百餘年，累積了筆筆血債。現在讓殺紅了眼的仇敵坐在一起和解，談何容易！但是向戌必須去執行這個看似不可能實現的任務。在百年征戰中，主角是晉、楚等大國，而宋國等小國也被深深牽扯到其中，遭受深重的災難。尤其是南北力量形成均勢後，大國的拉鋸戰在中原地區形成惡性循環。大國爭鬥，懲罰的拳頭老是落在無奈的小國頭上。有時候，大國不便直接對陣，就指使雙方的附庸國進行「代理人戰爭」，使得各國苦不堪言。

向戌的祖國宋國就地處晉、吳、齊、楚交通要道之間，是中原爭霸的主戰場。宋國和鄰國鄭國首鼠兩端，哪一方勝利了就跟從哪一方，雖然恭恭敬敬，奉獻不斷，但是依然吃盡了苦頭。在其他國家眼中，宋國和鄭國是毫無信用的流氓國家，兩國君臣都是典型的「牆頭草」。但是正如鄭大夫子良所說：「晉、楚不務德而兵爭，與其來者可也。晉、楚無信，我焉得有信？」正所謂在強權交侵的情況下，道德要求對弱國來說是奢侈品，弱國不得不降低道德標準，以求生存。即便如此，戰爭的破

壞和朝貢的負擔也使得中原各小國人民不堪忍受。向戌敏銳地觀察到，其實晉、楚兩國也厭倦了常年的征戰，本身也陷入了國內重重矛盾，有停戰議和的可能。

一想到這兒，向戌對這次奔走晉國、締結盟會的使命有了些許信心。

車駛過黃河，向戌開始進入晉國。觸目所及，一片蕭條、百姓流離失所。向戌在車中對隨員們嘆息說：「看來，大家的日子都不好過啊！」

「左師官，我們這次會不會重蹈華元大人的覆轍？」

向戌聞言又將目光轉向車外。華元的悲劇是每一個尋求和平的外交官心中永遠的傷痛。

那是三十多年前的事情了。西元前五七九年，當時是宋國執政大臣的華元也有感於連年征戰，無人受益，於是與楚國令尹子重、晉國中軍元帥欒書鼓動晉、楚兩國議和。宋國從中促成了歷史上的第一次弭兵會議。但是晉、楚兩大國只是將這次弭兵作為暫時緩解外交和軍事壓力的手段。四年後的春天，楚國首先背約，再次向中原的鄭、衛發動進攻。

即便這一次的議和成功，會不會也只維持四年的短暫和平呢？向戌也不清楚自己主導的和談會不會成為走向新的戰爭的前奏。任何外交事件都是難以預測的，就好像沒有人可以主導天氣變化一樣。想到這裡，向戌又寬慰了許多。抵達晉國曲沃後，向戌先敲響了與自己私交不錯的晉國大臣趙文子的家門，誠懇地說明了欲結和平之盟的來意。

幾天後，晉國的大夫們會集商議和談的可能性。大殿之上，氣氛沉悶，鴉雀無聲。無論是白髮蒼蒼的老臣，還是平日慷慨激昂的年輕人，都一言不發。大家都知道和談意味著什麼。進軍中原、遏制楚國北進是晉國的基本國策，關係到國家的核心利益。誰都不願意在原則問題上提議修訂國策，畢竟政治風險太大，儘管在場的人都清楚外表強大的晉國實際上已經處於即將噴發的火山頂上，沒有能力繼續大規模的戰爭了。

　　打破僵局的是一向老成持重的權臣韓宣子（正是他的子孫分解了晉國），他站了起來，緩慢而有力地說道：「諸位大夫，戰則勞民傷財，非但宋、鄭、衛、魯等小國難以承受，我泱泱大國也受益甚小。然而真正停戰和談，聽任楚國滲透中原，又於我大大不利。和平永遠不會降臨天下。」

　　韓宣子話鋒一轉：「儘管如此，晉國也要答應宋國，同意向戌提出的和談建議。不然，如果楚國人先答應舉行和談，我們晉國就變得被動了。如果楚國到時再利用和平攻勢配合大軍來號召諸侯，我們的中原盟主地位將受到嚴重挑戰。因此在策略上，我們不能走在楚國後面。」

　　趙文子也是晉國權臣，他緊緊抓住韓宣子鬆動的話頭，闡述了自己的觀點：「我們晉國為連年戰爭付出了許多年輕的生命。現在中原的屬國們與我們貌合神離，西秦始終抱持敵對態度，白狄又時常來犯，與楚國暫緩戰爭可以集中我們的軍隊解決這些先前被忽略的問題。我們需要和平的時間來整備軍隊。」

　　兩位權臣的意見奠定了會商的基礎，大夫們紛紛附和。最終群臣商議一致贊同向戌的倡議。

　　想不到事情會進展得如此順利。向戌從趙文子那裡聽到這個結果時，長長地舒了口氣。但主導和談的任務才剛剛完成了一小部分，向戌匆忙告別老友，又風塵僕僕地出現在由晉國通往楚國的道路上。

　　到了楚國都城，向戌故技重演，先找了老朋友、時任楚國令尹的屈建。屈建聽了向戌誠懇的述說後馬上召集一批大臣來商議這件事情。

　　對於楚國來說，楚共王執政後，楚國霸勢轉衰，好多個原先的中原屬國倒向晉國一邊。在南北對峙的格局中，天平已經開始向晉國一方傾斜了。子重等一班舊臣對外竭力維持力不從心的霸業，對內又居功自傲，常常將私利放在國家利益前面，貪婪侵占，終演成內亂。與晉國出

現白狄入侵一樣，楚國也面臨著崛起於東南的吳國的騷擾。吳國日益強大起來，開始伐楚、伐巢、伐徐。「蠻夷屬於楚者，吳盡取之，是以始大，通吳於上國（通中原諸國）。」對楚國構成嚴重威脅。

令尹屈建推動的商議最終也達成了一致意見：同意向戌的倡議，與晉國和談。楚國的考慮與晉國一樣，既有形勢所迫的現實利益考慮，又想搶占外交先機，畢竟主張和平在外交上永遠比戰爭更具道德優勢。

兩個超級大國都同意了盟會的提議，向戌隱約看到了成功的曙光。緊接著是要說服次等大國齊國和秦國，這兩個國家一東一西，向戌馬不停蹄，著實奔忙了一番，好在皇天不負有心人，齊國和秦國也相繼同意了向戌的建議。事情辦到這裡，向戌懸著的心終於落下了。當時的國際政治格局是，晉、楚、齊、秦四大國是「二超、二強」。沒有它們一致同意的盟會注定不會成功；一旦它們都同意了，中小國家都不得不同意。

向戌表現出一個外交家的精細之處。他或親往，或去函，先後又連繫了一些中小諸侯國。

當年五月至七月間，弭兵盟會在宋國舉行。最先抵達宋國的是趙武率領的晉國使團，他們受到了向戌隆重接待。作為稍占優勢的霸國，晉國對這次和談表現出了必要的負責任的姿態，受到了宋國的歡迎。接著鄭國、魯國、齊國、陳國、衛國、邾國、楚國、滕國、蔡國、曹國、許國和東道主宋國等十三個侯國的卿、大夫和小國國君都先後到會。秦國因為僻處西方，交通不便，沒有向宋國派出使團，但是秦國口頭表示同意弭兵。

於是一場外交盛會召開了。宋國專門在都城西門外搭建了會場。會場之上，冠蓋雲集，莊嚴肅穆，規規矩矩；會場之下，雙邊往來，交遊許願，可能更重於會場之上。上下交替、內外結合自古就是國際外交場合的慣例。

第九章　裁軍與和平

　　要在短時間內消除剛剛放下屠刀的各國的心理隔閡是不可能的。因此會議進行得並不是那麼順利。楚國使團在會場上下都在自己的衣服裡面暗藏了兵器，不知是防備心強，還是有襲擊晉國人的企圖。晉國使團一開始就發現了這些兵器，認定楚國人心懷叵測，會議氣氛開始不對了。與會的趙文子老成地說：「沒關係。如果楚國人有所動作，對我們不利的話，我們就馬上跑到宋國都城去。」這個消息又傳到了鄭國使臣叔向那裡，叔向說：「沒什麼大不了的，提前有個防備即可。」楚國使團的部分成員開始覺得攜帶兵器參加會議有些不妥，有可能在天下人面前失去信用，便建議全團不要這麼做。使臣子木力排眾議說：「我們和晉國人本來就互不信任。只要我們能爭得霸主的地位，就要不惜使用任何手段。」楚國依然我行我素。一時間，各國使團都議論紛紛。好在大家都是政壇老手，很快便適應了這樣相互戒備的狀態。

　　在公開場合，晉國和楚國為了獲得盡可能多的利益，爭得面紅耳赤，主導了外交過程。

　　楚國使節拋出了第一個和談方案：「晉楚之從，交相見也。」這個「晉楚之從」是指附屬於晉、楚的中小國家；「交相見」的意思是相互朝貢，也就是說原來晉國的屬國現在也要向楚國朝貢，楚國的屬國同樣要向晉國獻奉。分別從屬晉、楚的中小國家現在要同時負擔向晉、楚兩國朝貢的義務，其結果是這些中小諸侯國增加了原來一倍的貢納財物的負擔。春秋中後期中小國家的朝貢壓力是相當重的。例如，在西元前五五一年，晉國派人到鄭國要貢品時，子產回答說：鄭國對於晉國，「不朝之間，無歲不聘，無役不從。以大國政令之無常，國家罷病，不虞薦至，無日不惕，豈敢忘職。」春秋時代，魯、鄭等國相比於晉、楚大國屬於二等國，但是它們對於一些小國又是強者，小國對於它們又有負擔。魯國向邾國等國家索取貢物，便是其例。這個要求必然加重強國對

弱國的剝削，弱國們對楚國的方案敢怒不敢言。對於晉國來說，由於原來從屬於晉國的國家占多數，這個方案使晉國吃虧。

向戌身為東道主，一時間也不知道該怎麼辦。他環顧四周，看見晉國的趙文子端坐在那不動聲色，暗自慶幸自己身處兩強對峙的局面，總會有人出頭遏制楚國的。

趙文子在眾人期許的目光中站了起來，說：「晉、楚、齊、秦是相互匹敵的四大國。我們不能強求齊國去朝貢楚國，正像你楚國也不能強求秦國來朝貢我們晉國是一樣的道理。」接著，趙文子本著求同存異的原則，做出了很大的讓步，同意按照楚國的方案進行討論。最後各國商定，除齊、秦兩國外，其他各國都須相互向晉、楚兩國朝貢奉獻。兩國的附屬國必須既朝晉又朝楚，承認晉、楚為其共同的霸主。最後的外交成果與當時南北方對峙的力量格局是完全吻合的。晉、楚兩國無力繼續爭霸，無奈地選擇了平分天下霸權。

楚國從這個結果中獲得了好處。看似失利的晉國，在以趙文子和叔向為代表的大臣勸說下也接受了這個結果。趙文子等人認為：「如今，大部分諸侯國都參加了弭兵盟會，我們反楚國之道行之，顯示出大國的德行、氣度，並沒有吃虧。我們晉國的目標是要最終成為諸侯國中的霸主，而不要目光短淺地爭這個暫時的盟主。」在具體程序上，晉國兩次出讓給楚國會盟中的首歃權。趙武身為兩次盟會的晉國代表，一次以道德理由，一次以「以驕其志」的理由放棄與楚國的鬥爭，是深知身陷內爭的晉國在爭霸天下的時候已經力不從心了，是他自欺欺人、苟安的退縮。

經過兩個多月在細節上的爭吵，弭兵會盟最終在七月結束。

這場足以載入外交史冊的弭兵會議使左師向戌獲得了巨大的聲望。向戌自詡有功，非常重視會議的成果。宋國上下也非常認同這次發生在

本土的國際盛會。宋平公因此給予向戌六十個邑的封賞。

　　向戌飄飄然，不免有些驕傲。他找到司城子罕炫耀起自己的外交功績。沒想到，一向持重的子罕非但沒有對弭兵會議表示讚賞，反倒惡狠狠地數落了向戌一番。向戌遭此棒喝，大為意外，戰戰兢兢地聽完子罕的數落。

　　子罕說：「國家間的矛盾和鬥爭是永遠存在的。戰爭是國家鬥爭的軍事表現，也是不可避免的。況且軍事威脅的存在有很強的威懾作用，它可以威懾不法行為，可以成為伸張正義的工具，怎麼能從根本上廢除它呢？沒有了軍事的存在，也就沒有了基本的威懾力量，有的國家就會肆無忌憚地挑起爭端，天下會出亂子，國家也會滅亡。你，向戌，不自量力地努力去廢除它，既是自欺欺人，也是欺騙天下人。晉國、楚國、齊國、秦國和其他一些中小諸侯國的國君和百姓都被你欺騙了。他們聽信了你的不實之詞，做出了錯誤的判斷，參加了這個不可靠的會盟。各路諸侯和全天下的百姓應該共同來討伐你，而你不是見好就收，而是得寸進尺地還希望得到國君的賞賜。放眼天下，有你這樣貪得無厭、厚顏無恥的人嗎？」

　　說到激動的地方，子罕一把從向戌手裡搶過那幾片寫著封邑的冊命竹簡，當著向戌的面用刀狠狠地把那幾片竹簡砍壞，並且憤怒地一把將其扔在了地上。

　　向戌已然是呆若木雞了，回想著子罕聲色俱厲的斥責。沉默片刻，他突然一把拉住了子罕的雙手，痛哭流涕地說了一番話：「沒有你的提醒和警示，我向戌就不知道自己犯了個大錯誤。多虧了你，我才知道不能對外交盟會寄予厚望。國家間的利益追求和鬥爭才是永恆的。」

　　向戌和子罕的對話代表了當時很多卿、大夫的觀點，充分顯示出當時這個所謂的「弭兵會盟」是多麼的不可靠。晉、楚兩國各有各的算盤，

這個和平的協議只是權宜之計，它們都在保持自己的武力，以圖日後能爭得霸主。這場會盟只是從西元前五四六年到戰國初期的長時間停戰而已。正如子罕所言，軍事力量的存在是必要的。子罕並不是反對用和平對話的方式去解決爭端和問題，而是意識到和平的實現要依靠強大的國防，不能不切實際地希望和平的來臨。即使在和平條約簽訂以後也不能放棄對軍隊和國防的建設，因為它是一種威懾的力量，是實現持久和平的保障。

雖然向戌成功主持的弭兵會盟得到人心思定的中小諸侯國的交口稱讚，但他在接受了冷酷的批評，經歷了短暫的浮躁後，表現出了異常的冷靜，承認了外交手段必定不是國家競爭的根本方式。客觀結果也證明，弭兵會盟後中小國家的負擔並沒有減輕，它們為短暫的和平付出了雙倍的貢賦代價。這些當然還是落到了人民頭上，人民負擔也就不斷加重，如齊國「民參其力，二入於公」。人民因此掀起的反抗和國內其他衝突混雜在一起，促使各國更加專注於國內事務的處理。

弭兵會盟最大的影響是結束了中原混戰，使春秋以一個相對和平穩定的姿態進入了戰國時期。弭兵會盟召開後，各諸侯國之間四十年內沒有交戰。尤其是晉國和楚國之間終春秋之世未再兵戎相見。除了後起的吳與楚、越與吳之間的爭雄戰爭外，在廣大的中原地區基本上沒有了大規模的戰爭。這是在國際格局方面的轉折性變化。

與中小諸侯國一樣，晉國和楚國也都轉向專注於內部爭鬥。在晉國，日後的韓、趙、魏三家分晉已初見端倪。大夫取代諸侯、家臣取代大夫的新變化是此時開始呈現的政治趨勢。在更深層次上，它顯示舊的奴隸主貴族在逐漸沒落，新興的封建主逐漸崛起，而社會中的奴隸也在不斷轉化成自由的小生產者。舊的貴族勢力逐漸退出政治舞臺。因此，大國之間對於霸主的爭奪也遠遠沒有昔日那種銳氣了。

　　楚國也受到吳國的掣肘。吳國與以晉國為代表的中原國家常通友好，堅持與楚國為敵，奪取了原來屬於楚國的很多土地。西元前五〇六年，吳王闔閭歷經五次戰役，終於攻陷了楚國的都城。楚昭王逃亡，直到第二年楚國大夫申包胥從秦國借來救兵，與楚國殘餘力量合力才得以擊退吳軍。經此大仗，楚國元氣大傷，不再有力量參與中原爭霸了。

　　「因此可以說，弭兵之會是春秋時期由諸侯兼併轉向大夫兼併的關鍵之年，也是春秋時代由前期轉入後期的象徵。」

　　之後的春秋征戰重心便由中原轉移到了東南地區的吳與楚、吳與越之間。當楚國解決了南方問題，再次北向的時候，原來的老對手晉國已經解體了。

分裂的國家權柄

西元前五四六年後，中原各國開始了一個新的歷史時期，就是由過去的諸侯爭奪為主、大夫爭奪為輔，顛倒了過來。中原國家開始了分裂。

晉國在春秋後期走向了解體。早在晉獻公時期，晉國為了吸取之前公室相爭的歷史教訓，對同姓公族舉起了殺戮的屠刀和放逐的鞭子，任用異姓大臣進入權力核心。趙國的始祖趙盾和趙穿殺死晉靈公更立他人，開了晉大臣專權的先例。以後，異姓大臣的勢力在晉國坐大。晉屬公為了扭轉這個趨勢，加強公室，曾利用大臣間的矛盾誅滅掌權大臣，但他自己卻被自危的兩家大臣欒氏、中行氏所殺。晉國君弱臣強的局面成了不可逆轉的定局。晉昭公以後，晉國形成了強大的範、中行、智、韓、趙、魏六卿，公室權威蕩然無存。國家內政開始因為六卿之間的爭權奪利而激烈動盪。晉國將帥不團結，晉國的政治局面不穩定，影響到了一系列的對外關係。內政始終是外交的基礎和依靠。

客觀地說，最後瓜分晉國領土的趙、韓、魏三家都是春秋前期受封的卿大夫，對晉國的霸業和守成都做出了巨大的貢獻。他們長期承擔了國家政權的運轉。晉國中期執政的趙盾輔佐公室，功勳卓著，但也導致了趙家勢力的壯大。晉靈公想陷害趙盾不成，反被趙氏族人趙穿殺死。後繼的晉景公利用朝臣矛盾幾乎滅亡了趙氏之族。而十五年後，趙家的遺腹子趙武（就是前面出現的那個晉國代表）在趙家殘餘勢力和其他公卿大族的支持下重新恢復了趙家，參政執政。在當代戲劇中有兩齣名劇《鬧朝擊犬》和《趙氏孤兒》，說的就是趙家勢力在晉國的沉浮。人們在感嘆趙家傳奇經歷的同時，很少想到晉國分裂的種子正是在這段時期萌芽、成長。

　　吳國的季札出使晉國的時候就敏銳地意識到「晉國之政，卒歸此三家（趙、韓、魏）」的必然性結局。春秋後期，六卿透過屠殺公族、瓜分國君直接控制的土地，進一步削弱公室，「晉益弱，六卿皆大」。六卿之間也展開了殘酷的鬥爭。西元前四五七年，智、趙、韓、魏四家攻滅並分占了範氏、中行氏的土地。晉出公怒了，公卿大夫竟然背著國君私分土地。他計劃聯合齊、魯討伐四卿。結果四卿反過來進攻晉出公。晉出公兵敗，逃往齊國，結果死在了路上。人們不禁感嘆：世道真的是變了。趙、韓、魏又聯合滅亡了智氏，瓜分了其土地。晉幽公時期，晉國國君害怕三位大夫的力量，反過來朝拜趙、韓、魏三大夫。西元前四〇三年，周王冊封趙、韓、魏為諸侯。

　　一個超級大國以解體的方式退出了歷史舞臺。

　　透過被概括為「鬧朝擊犬」的晉靈公被殺事件，我們將對公卿力量的崛起有一個直觀的了解。

　　晉靈公夷皋是正卿趙盾扶持的。晉襄公死時，太子夷皋還是一個尚在母親懷中的小孩。大臣們普遍擔心君主年幼無知，不能主持國事，對國家不利。趙盾也認為國家正處於多事之秋，決定扶立已經成年的晉襄公的弟弟公子雍。不料，晉襄公的夫人穆嬴不同意，她採取了女人特有的抗議方式：天天抱著太子夷皋去晉國宗廟啼哭；每次朝會時，她和夷皋也是持續不停地哭泣。穆嬴不僅哭個不停，還公開責問趙盾：「國君臨終前將太子託付給你，說太子能否成為合格的國君全靠大夫您的教導。現在先君還沒有入土，你就要放棄自己的責任，辜負先君的信任嗎？」除了硬的一面，穆嬴還來軟的一面，差點就向趙盾下跪求情了。趙盾在軟硬兼施之下，最終同意以太子夷皋為新國君。晉靈公剛登基的時候，晉國大事全由趙盾一人主持，獨攬朝政。那時候晉靈公還很小，只記得每天上朝的時候趙盾來回穿梭，指點江山。晉靈公忙著在寶座上把玩自

己的那些小玩具。客觀上，晉靈公要感謝趙盾。趙盾的執政使晉國度過了國君更替的政治動盪期，繼續保持了晉國在國際格局中的霸主地位。趙盾將法制引入了晉國。他「制事典，正法罪」，補充和完善原有的法律條文，使賞罰量刑有明確的客觀標準可循；「辟獄刑，董逋逃」，平反冤假錯案，處理舊案，穩定社會秩序；「續常職，出滯淹」，進行人事改革，繼承晉國選賢任能的傳統，罷黜庸才和政績平平的官吏。趙盾把所有的「事典」在全國頒布執行，深入人心。在他獨攬朝政的十多年間，晉國平安無事，穩步發展。但趙盾嚴厲、峻急的形象總在晉靈公的腦海中閃現。晉靈公常常在想起趙盾上下指揮的情景時就顫抖，不安地在宮中踱起步來。隨著年齡增長，晉靈公越來越懷疑母親當年的輔政承諾是權宜之計，是一種政治交換，母親是用國家的輔政大臣之位來換取自己的君位。

備受煎熬的晉靈公最終決定消滅趙盾。國家的實權掌握在趙盾家族手中，晉靈公不敢採取光明正大的方式剷除趙盾，先是派出了著名刺客鉏麑。但鉏麑不忍對趙盾下手，自殺身亡。晉靈公一計不成，再生一計，精心策劃了一場宮廷刺殺。

之前晉靈公一方面是心裡鬱悶，另一方面也是有些貪圖享樂，有許多驕奢淫逸、任意妄為的不道德行為。趙盾多次當面嚴肅指出，要求晉靈公改正。晉靈公害怕趙盾，每一次都非常誠懇地表示要改正，要勵精圖治，但就是沒有做到。現在，他主動表示要痛改前非，邀請趙盾來宮廷赴宴，共商國是。這是一場鴻門宴。晉靈公不僅把餓了好多日的惡狗安排在宴會廳屏風後面，還在殿堂裡暗藏了一隊甲士，以擲杯為號，意欲殺害趙盾。

趙盾不知有難，欣然赴宴了。宴會開始，晉靈公先說了很多承認錯誤的話，表示之後一定要勵精圖治，還請趙盾等大臣多多輔佐。君主都

這麼說了，趙盾半信半疑也只好向晉靈公表示祝賀。酒過三巡，晉靈公不經意地對趙盾說：「寡人聽說正卿久經戰陣，全靠了一把鋒利的佩劍。不知正卿能否解來佩劍，借寡人觀賞一下啊？」春秋時期，大臣們上朝還是可以佩劍的。趙盾毫無防備之心，就要解下佩劍，遞給晉靈公。

　　堂下的趙家車伕提彌明見狀，大吃一驚。大臣雖然可以佩劍上殿，但當著國君的面拔劍，是大不敬的行為。晉靈公此舉，無疑是要從趙盾身上得到一個斬殺他的藉口。覺察這一陰謀的提彌明趕忙登上朝堂對趙盾大喊道：「臣下陪同國君飲酒，超過三爵就不合禮節了！」趙盾猛然驚醒。晉靈公也大吃一驚，愣住了。趙盾回頭看去，只見晉靈公的眼神失去了先前承認錯誤的誠懇，閃現出殺機。趙盾多次衝殺戰陣，情知大事不好，慌忙起身告辭，往堂外跑去。提彌明配合地上去把趙盾扶下堂來，兩人急步下堂。

　　晉靈公迅速反應過來，高呼放狗，甲士殺出。一時間，人奔犬吠，都向趙盾二人撲去。餓了多日的惡狗最先衝到趙盾背後，就要向趙盾咬去。就在惡狗飛身躍起、千鈞一髮之時，提彌明轉身彎腰，一手扼住惡狗的咽喉，一手托住惡狗的身子，將牠高高舉起。不等惡狗掙扎，提彌明狠命地把惡狗摜在地上。惡狗哀鳴了幾聲，死了。

　　提彌明因摔死惡狗，耽誤了逃跑的時間，被衝上來的甲士團團圍住。那一頭，趙盾沒能跑到大門口，也被逼了回來。主僕二人被一圈圈長矛利刃緊緊逼迫。提彌明不等敵人逼近，猛地拔出趙盾的佩劍，拽著趙盾殺向大門。甲士們沒料到趙盾和提彌明冒死突圍，更被提彌明的氣勢所震懾，漸漸讓出了一條路。提彌明大喊殺敵，左突右衝，掩護著趙盾踏上了宮門。晉靈公惱羞成怒，跺著腳在堂上高呼：「莫要放走了趙盾！」甲士們硬著頭皮殺向宮門。提彌明一把將趙盾推出宮外，毅然轉身堵在門口，瘋狂揮劍退敵。血戰中，提彌明多處受傷，最後單膝跪地

作戰，直至倒地身亡。

這時，奔出宮門的趙盾到處尋找不到自己的車輛。他年紀大了，加上朝服肥大累贅，一時間不知道該如何是好。更要命的是，宮廷甲士又陸續圍了上來。趙盾頓時有一種上天無路、入地無門的感覺。沒想到，圍殺趙盾的一位武士突然丟開長矛，一把背上趙盾就跑。那人還邊跑邊說：「正卿放心，我這就帶您去車輛那兒。」原來趙盾一次在首山打獵時救了一個餓得奄奄一息的年輕人，還送了他一百枚錢讓他找點事情做。此人名叫靈輒，後來進宮做了衛士。當天靈輒參加了圍殺趙盾的行動，念及舊情，更是不忍殺害忠臣，就在趙盾生死關頭挺身相救。靈輒將趙盾背上他的車輛，猛拍馬匹，看著趙盾駕車衝上大街，他才自己尋路逃亡。晉靈公的宮廷刺殺行動失敗了。

僥倖逃脫後，趙盾帶上兒子趙朔，緊急逃出晉國國都，準備逃往國外。事實上，趙盾根本沒有時間逃出國境。幾天後，晉靈公就被趙家的勢力殺死了。趙盾的族弟、晉靈公的姐夫將軍趙穿去找晉靈公，質問他為什麼要謀殺趙盾。晉靈公非但不理會，還對趙穿惡言惡語。極為憤怒的趙穿帶領軍隊一擁而上，在桃園殺死了晉靈公。《史記》對如此重要的事件的記載只有一行字：「盾遂奔，未出晉境。乙醜，盾昆弟將軍趙穿襲殺靈公於桃園。」這是典型的「春秋筆法」。我們不能將晉靈公和趙盾的矛盾簡單地理解為昏君對忠臣的迫害，可以理解為虛君對權臣的反抗。

晉靈公死後，趙盾返回國都，仍然執掌國家大政。在他主持之下立晉襄公的弟弟、晉靈公的叔叔黑臀為新國君，這就是晉成公。趙盾和趙穿殺死晉靈公更立他人，客觀上開了晉國大臣專權的先例。晉成公繼位後，晉國統治集團內部需要緩和政治緊張氣氛。晉成公就對以趙家為主的卿大夫做出了更多的讓步，立卿大夫嫡子為公族，餘子為公室，庶子為公行，賜給土地作為食邑。趙盾的異母弟趙括被封為公族大夫，兒子

趙朔娶晉成公女兒為妻，並受封「旄車之族」使掌公行。晉景公時，四朝元老趙盾逝世，享年五十多歲。晉國給趙盾諡號「宣孟」。

　　南方楚國的內亂一樣離奇，一樣對國家內政外交產生了巨大的消極影響。

　　楚國內部動亂和權臣擅權不斷。以下只舉春秋中後期發生在楚國的一件大事來說明它的內亂情況。楚平王繼位的第二年，派大夫費無極去友邦秦國為太子建求親。秦國非常重視秦楚雙邊關係，將公主孟嬴嫁給太子建。在歸楚途中，護送新娘的費無極搶先回到國都，悄悄對楚平王說：「這次秦國嫁過來的新娘非常漂亮，大王可以自娶，以後再為太子另娶就可以了。」好色的楚平王聽了，竟然娶了本應該成為兒媳婦的孟嬴，生下了兒子熊珍，太子建則另娶了他人。這個費無極非常無恥，當時他是太子建的太子少傅（伍奢是太子太傅），為了個人的仕途，慫恿國君做出了亂倫不齒的醜事。此後，費無極和太子建之間關係破裂。太子畢竟是未來的國君，費無極不得不為自己的前途著想。他決定挑撥楚平王和太子建的父子關係，日夜在國君面前誣告太子建。太子建當時十五歲，他的生母是蔡國女子，並不得寵。楚平王日漸疏遠了太子建。

　　四年後，楚平王將太子建打發到楚國北境邊邑城父去守邊。費無極留在國都加緊誣陷太子建。他煞有其事地對楚平王說：「自從無極我為國君迎娶了秦女，太子就仇恨小臣，並對大王您口出妄言。大王您可不得不防啊！現在太子駐紮在城父，手握重兵，連繫外交諸侯，極可能成為國家禍害。」楚平王原本就與太子建有心結，現在寧可信其有不可信其無。他叫來太子太傅伍奢，責備他沒有教育好太子。伍奢清楚這是費無極的誣陷，他嚴肅地說：「大王您怎麼可以因為小臣的幾句話就疏遠骨肉至親呢？」費無極則說：「現在大王不早做防範，將來一定會後悔的。」於是楚平王認定太子建在邊境圖謀不軌，囚禁了伍奢，命令司馬奮揚將

太子建招誘回國都誅殺。太子建聽到消息後，逃亡到了宋國。

費無極並沒有就此罷手，他繼續挑撥說：「伍奢的兩個兒子伍尚和伍子胥還在外面掌兵，如果不殺他們就會為楚國留下隱患。不如讓伍奢將兩個兒子召回來，他倆肯定回來。」楚平王對伍奢說：「只要你將兩個兒子叫回來，就讓你活，不然就殺死你。」伍奢說：「即使我寫信叫他們回來，伍尚會回來，伍子胥肯定不會回來。」楚平王問他怎麼知道。伍奢說：「我大兒子伍尚的為人，廉而死節，慈孝而仁，知道只要自己回來就能保全父親的性命，肯定趕回來，而不計較自己的生死。伍子胥的為人，智而好謀，勇而矜功，回來就是死路，肯定不會回來。將來在楚國掀起大亂的人可能就是我這個小兒子。」伍奢果然是楚國的大忠臣。他知道楚平王殺自己和兩個兒子的心已定，所謂的活命承諾完全是幌子，卻依然寫了信叫兩個兒子回來，還提醒楚平王注意伍子胥，防止他日後成為國家的大患。楚平王就派人帶著伍奢的信件去軍中叫兩人回來，並承諾：「回來後就赦免你們的父親。」伍尚和伍子胥完全明白事情的來龍去脈。哥哥伍尚對弟弟伍子胥說：「我們知道只要回去就能保全父親的性命後而不趕回去，是不孝；但去了以後坐等殺戮，將來又報不了殺父之仇，是無謀；知道情況能夠找到兩全其美的方法，是為有智。弟弟，你快逃命去吧！我回去赴死即可。」伍尚於是跟著使者走了，伍子胥出奔吳國。楚平王和費無極於是殺了伍奢和伍尚。

伍奢在臨死前還憂慮地說：「伍子胥亡命在外是楚國的危險。」楚平王連這位忠臣、能臣都要殺，造成了人才的外逃，造成國家巨大的傷害。太子建這件事還為他國干涉楚國內政提供了藉口。四年後，楚平王將太子建的生母出居到巢地。吳國派出公子光進攻楚國，取太子建的生母而去，安置在邊邑作為反楚的旗幟。後來吳國又支持了太子建的兒子白公勝分裂楚國的叛亂行為。

費無極替楚平王立下「汗馬功勞」後獲得了豐厚的回報，成了主政大臣。費無極這樣的人除了專權和欺壓臣民，對國家的內政外交不僅談不上貢獻，而且損害多多。楚國大夫伯郤宛之子伯嚭受到他的迫害，也逃奔吳國，成了吳國重臣。吳兵在伍子胥和伯嚭兩個楚國人的鼓動帶領下數次入侵楚國。楚人對費無極的主政怨聲載道。楚昭王繼承楚平王之位後，令尹子常見費無極民怨極深，用誅殺費無極來取悅民眾立威。楚國又是一場內亂。

齊國退出春秋舞臺的方式是國君被人偷梁換柱了。

與晉國不同，齊國的權勢公卿經過了多次血與火的更替。齊莊公被大夫崔杼和慶封聯合殺死。崔杼和慶封共立齊靈公的幼子杵臼為君，史稱齊景公。崔杼自立為右相，慶封擔任左相。齊景公年幼，不能主政。崔杼專橫，獨攬了朝政大權，引起了慶封的嫉妒。慶封想取代崔杼為相，但沒有與崔杼硬碰硬的實力，只能採取陰謀詭計。剛好崔杼家族內部爆發了權力爭鬥，諸子相爭，父子不和。慶封乘隙誘引崔氏子弟，自相爭奪。慶封做得非常隱蔽，以至於崔杼對這一切都茫然無知。火候到的時候，慶封提供精甲兵器，促使崔杼的嫡子崔成、崔疆刺殺了崔杼的家臣東郭偃和棠無咎，將崔家的家庭矛盾發展為流血爭鬥。崔杼落荒而逃，既怕又怒，去見慶封，哭訴家中發生的變故。陰險的慶封佯作不知，驚訝地說：「這兩個小子，怎敢這樣目無長上呢？你若想討伐，包在我身上。」崔杼信以為真，武斷地說：「好。如果你能為我除掉這兩個逆子，消除家亂，我讓宗子崔明拜你為父。」慶封要的就是這句話，連忙召集士兵，由家臣盧蒲嫳指揮，殺向崔家。崔成、崔疆二人還以為慶封叔叔是來幫忙的，毫無防備，被當場斬首。慶封還抄殺了崔氏妻妾兒子，把崔家所有車馬服器都蒐羅起來搶走，臨走前還把崔家放了一把火給燒了。最後，慶封提著崔成與崔疆的首級送給崔杼。崔杼見到兩個

兒子的頭顱，既悲又憤，向慶封再三稱謝，告辭回家。回到家中，看到家破人亡的景象，崔杼才知道被慶封給害了，悲痛至極，吊了根繩子自殺了。

慶封終於如願，當上了齊國唯一的相國，獨攬朝政。他上臺後迅速荒淫腐化。盧蒲嫳是慶封的家臣，他的妻子美貌，慶封不僅和她私通，還不理政事，乾脆把政權交給兒子慶舍，自己捲著鋪蓋、財寶，搬到盧蒲嫳的家裡和盧妻公開同居。盧蒲嫳甘心戴綠帽子，整日和慶封一起飲宴娛樂，還為主子介紹了王何。等到慶封對他去除戒心後，盧蒲嫳和王何突然發兵進攻慶氏，殺死慶舍，盡滅慶氏同黨。倖免於難的慶封糾集力量，發動反攻。結果戰事不利，士卒紛紛逃散，慶封只好逃往吳國。吳王夷昧將朱方這塊地方賜給慶封，讓他聚攏族人和力量，作為吳國的前線據點，防備楚國。慶封在吳國又得到了高官厚祿，像在齊國時一樣富有。魯國大夫子服惠伯聽到這個消息，對叔孫豹說：「難道天降福給淫人嗎？慶封又在吳國發達了。」叔孫豹說：「善人富裕，可說是賞賜；淫人富厚，可說是災殃。慶氏的災殃就要到了。慶氏全族聚居，正好被一舉而滅盡。」果然，在楚國和吳國的戰爭中，慶封全族被楚人誅滅。馮夢龍在《東周列國志》中感嘆齊國的變亂說：

昔日同心起逆戎，今朝相軋便相攻。
莫言崔杼家門慘，幾個奸雄得善終！

儘管去了慶封，但是齊國朝政還是轉移到卿大夫手中。來自國外的田氏逐步竊取了實權，收買人心。先是田桓子滅欒、高二氏，把他們的家產分給國人以收買人心；後來他的兒子田乞滅了國、高二氏。齊景公死後，田乞立齊悼公，殺晏孺子，專擅國政。其子田常繼續專政。最

後，田氏取代了姜子牙的後代，成了齊國的國君。很多人將「田氏代齊」視為春秋的結束和戰國的開始。

小國的情況一點也不比大國樂觀。

宋國在春秋時期的表現，除了早期有所作為外，一直積弱不振。中早期，宋國宗法制度穩固，強宗大族擅權，雖然政治上因循守舊，但沒有出現權臣擅權。宋昭公時的司馬樂豫說：「公族，公室之枝葉也；若去之，則本根無所庇蔭矣。」楚國人認為：「諸侯唯宋事其君。」只有宋國的諸侯才能牢固掌握國家政權。楚國也陷入了國內權臣專政的困境，發生了諸如「白公勝之亂」等內亂。但從春秋中葉以後，宋國政權也開始下移到卿大夫手中。一開始為華元執政，華元之後為司城子罕，司城子罕之後為向戌，向戌之後為華亥，華亥之後為樂大心，樂大心之後為皇瑗，皇瑗之後為皇緩，至春秋之末為樂筏。宋國以二流國家的身分勉強進入了戰國時期。

衛國的情況比宋國還要糟糕。在春秋初年，衛國還算是一個大國。但不久就被狄人攻擊，幾乎滅國。在齊桓公的幫助下才恢復了國家，可大國的地位卻一去不復返了。春秋中葉後，衛國夾在齊、晉、楚三國之間，成了大國爭鬥的犧牲品。衛國在連年戰亂中逐漸成了一個小國。衛國內部卿大夫擅權的情況也很嚴重。孫氏、寧氏是衛國最重要的卿族，長期主持衛國國政，深刻地影響了衛國政治。卿族在外交上代衛君聘問、盟會、出征、修好，完全不把國君放在眼裡，以臣代君。發展到最後，孫、寧合作將衛獻公驅逐出國，廢立國君如家常便飯。春秋末年衛國南氏執政，大權悉掌其手。到春秋末期，衛國勉強還是個三流諸侯國。

和平對各國之賜

在晉國和楚國平分霸權的和平體系中，各個小諸侯國的日子怎麼樣呢？

儘管沒有了大規模戰爭，但是各國的日子並不好過，主要是因為在霸國軍威下背負了沉重的經濟壓力。按照盟約，中小諸侯國要交替向晉國、楚國朝貢送禮，造成各國和談後負擔有增無減。楚國、晉國的新宮落成、婚姻、節日等都要求各國朝賀。西元前五三七年，晉國嫁女給楚靈王。兩國來往的人都經過鄭國；鄭國南北都要款待，結果為霸國的婚姻付出了繁重的物資代價。

鄭國的子家寫信告訴晉國的趙宣子說：「小國之事大國也，德，則其人也；不德，則其鹿也。鋌而走險，急何能擇？命之罔極，亦知亡矣。將悉敝賦，以待於鯈（地名），唯執事命之。文公二年，朝於齊；四年，為齊侵蔡，亦獲成於楚。居大國之間，而從於強令，豈有罪也？大國若弗圖，無所逃命。」在信中，子家表達了小國的艱難處境。小國在大國之間，今天去朝拜這國，明天去祝賀那國，本來就奔走疲憊，還要承擔大國的指責和賦稅。然而子家的埋怨並沒能博取晉國的同情，更沒有讓晉國減輕對鄭國的要求。鄭成公到晉國訪問，晉國為了懲罰他的二心於楚國，就把他囚禁於別宮。

魯國是比較活躍的諸侯國。周公旦之子伯禽封魯後，魯國對周朝文物典籍保存完好，素有「禮樂之邦」之稱。魯襄公二十九年（西元前五四四年）吳公子季札觀樂於魯，嘆為觀止。魯昭公二年（西元前五四〇年）晉大夫韓宣子訪魯，看了魯國保存的文物典籍後讚歎：「周禮盡在魯矣！」魯國雖然在文化建設方面取得了重大成績，也出了孔子等

著名的思想家、社會活動家，但魯國故步自封，發展緩慢。後來，魯國三桓亂政，宮室三分，政權轉移到了大夫手中。國力削弱的魯國經常是大國爭霸征伐的對象。在外交上，魯國絲毫不能保持周禮的行為規範。西元前五四四年，魯君親自去朝拜楚國，在楚國一待就是半年多。其間，魯國不得不廢除了自己的正月「朝正」之禮（因為國君不在國內）。魯君居楚期間又遇到楚康王之死，楚國故意讓魯襄公按照一般的使節身分參加葬禮，為死者穿衣服。魯襄公去朝見晉君時，竟然也被要求向晉侯行稽首之禮。這也難怪孔子發出「禮崩樂壞」的感嘆。

西元前五八四年，衛定公與大臣孫林父爆發衝突。孫林父逃往晉國。西元前五七七年春，衛定公出訪晉國。晉厲公強行要他接見孫林父，被衛定公拒絕。同年夏，衛定公剛剛回國，晉厲公就乾脆直接派人將孫林父送回衛國。衛定公仍想拒而不納，夫人定姜知道這件事後，勸諫衛定公說，「孫林父是衛君的同姓宗卿，又有大國為之求情，如果仍堅持不接納他回國，將會遭到晉國的征伐而導致亡國。」衛定公意識到此事的嚴重性，很快便接見了孫林父，恢復其職位。護送孫林父來的晉國大夫受到了款待，對衛國的怠慢還老大不高興。

「霸主國和屬國實際上是一種君臣關係」的說法看來並不為過。

在和平背景下，大魚吃小魚，小魚吃蝦米。

春秋時代，宋國、魯國、鄭國對於晉國、楚國來說是二等國家，但對小國而言又是強國。小國對這些二等國家也要負擔貢賦。比如，魯國就向邾國、鄫國索取貢品，從而形成了層層勒索的關係。魯國連年討伐莒國，使莒國哀嘆：「魯朝夕伐我，幾亡矣。」莒國向晉國、楚國兩國申訴，希望得到大國的干涉。晉、楚兩大國根本不管。後來齊國進攻莒國，莒國乾脆依附齊國。對莒國來說，向魯國繳納貢賦和向齊國繳納貢賦沒有區別，但齊國強於魯國，能夠給予其更強大的保護。果然，魯國

停止了對莒國的用兵。

一些小諸侯國，如魯國、鄭國等，也或多或少地實行改制，謀求富國強兵之道，但由於歷史地理條件的限制，這些國家始終不能發展。另一些諸侯國，如宋國、陳國、蔡國等，則墨守成規，最終只能淪為霸主國的僕從國。國家弱小就沒有國際地位，是千古不變的真理。我們後人讀《春秋》，很少有人不為小國的悲慘處境搖頭嘆息的。

晉楚兩國在和平的外衣下，依舊虎視眈眈。

晉國的基本外交策略是確保黃河中下游的「後院地位」，聯合吳國，對中原以南保持強大的政治和軍事壓力。楚國則力圖鞏固自己的強國地位，繼續以宋、鄭兩國為屏障，抵制晉國的勢力南下；同時極力壓制吳國，控制陳、蔡兩國，聯合齊國和秦國，這是它的基本外交策略。西元前五三一年，楚國滅陳、蔡兩國（後因楚國內亂而復國）。西元前五三〇年，晉國假道鮮虞，進入昔陽，在當年八月壬午，滅亡了肥國。這是嚴重更改弭兵會盟劃定的外交格局的惡性事件，但做了就是做了，沒人站出來說話。

西元前五四一年，晉、楚、齊、宋、衛、陳、蔡、鄭、曹等國大夫在鄭國虢地（今河南鄭州北）開會，目的是鞏固弭兵會盟的成果。楚國的公子圍早有篡逆之心，這次僭用國君儀仗赴會。當和談進展到歃血定盟時，公子圍很在意會盟中的先歃權，以便為自己立威。於是他派人對趙武說：「我們之前有過盟約了。這次我們就不必再立誓書和重複歃血了，將舊約宣示一下就可以了。」晉國的祁午向趙武說上次就是楚國先歃，這次我們晉國不能讓出先歃權。趙武則認為：「公子圍赴會時就暴露出了篡位之心。他歸國後必將謀亂。我們不如順著他的意思以驕其志，推動楚國的內亂。」晉國於是同意了楚國的意見。最終的盟誓只是各國宣讀了上次的弭兵之約及盟誓國家，把祭牲埋在地下即告結束。

第九章　裁軍與和平

　　多年後，到西元前五〇六年，周王派人參加晉、魯、宋、蔡、衛、陳、許、曹、莒、頓、胡、滕、薛、杞、小邾、齊等國諸侯和大夫在召陵的會議，商議伐楚。蔡侯曾被楚令尹子常勒索賄賂，並被楚國拘留三年，因此請求伐楚。在這次大盟會上，晉國本來應該有所作為，但是晉國的荀寅因向蔡國索取賄賂沒有得逞，就對范宣子說，「楚國力量大，不能對它用兵。」會議也就沒有結果而散場。晉國的行為已經喪失人心，也完全失去了自己的霸主地位。西元前五〇一年，曾經不止一次被晉國打得大敗的齊國卻來進攻晉國，打到晉國的夷儀（今河北邢臺西）。晉國爆發範氏、中行氏之亂時，齊、魯、鄭等國都支持晉國的反叛者，結成反晉聯盟，並以武力干涉晉國內政。值得注意的是，一貫對晉國恭順的魯國也敢於加入這個反對晉國的行列，可見晉國在諸侯心目中已經沒有多少地位了。晉國在外交中的軟弱地位，主要是受到國內政治鬥爭所牽制，而不是缺乏軍事實力。畢竟晉國曾經在邾南出動過四千乘兵車，對楚國和其他國家進行示威性的軍事大演習。

　　楚國的國內情況也樂觀不到什麼地方去。楚靈王弒君繼位，之後又被大臣殺死；楚國政權為強悍的大夫所掌握。晉、楚這兩個難兄難弟，誰都嘲笑不了誰。

　　東南方向的吳國在這個時期帶來了巨大的驚喜，為春秋後期的歷史塗抹上了亮麗的色彩。

　　當中原國家停止了戰爭，尤其是晉、楚兩大國四十多年沒有再發生戰爭時，外交的中心便轉移到了東南地區。

　　西元前五一九年，吳王僚率公子光等，興兵進攻楚國控制的淮河流域要地州來（今安徽鳳臺）。楚平王即命司馬蔿越率楚、頓、胡、沈、蔡、陳、許七國聯軍前往救援，令尹子瑕帶病督軍。進軍途中，子瑕病亡，楚將蔿越被迫回師雞父（今河南固始東南）。此時，吳王已移軍鍾

離（今安徽鳳陽東北），尋找戰機。吳國公子光認為，楚國聯軍同役不同心，主帥又剛死，士氣必然不振；代理元帥蒍越不孚眾望，難以統馭全軍，建議吳軍乘機進擊，以奇襲取勝。吳王採納了公子光的建議，揮軍前進，於古代用兵所忌的晦日農曆七月二十九日突然出現在雞父戰場。蒍越倉促以六國軍隊為前陣，掩護楚軍作戰。吳王以左、中、右三軍主力預作埋伏，而以不習陣戰的三千囚徒為誘兵攻胡、沈、陳軍。剛接戰，吳國的誘兵就潰退而逃，三小國軍隊貿然追擊，很快就遭到伏擊而失敗，吳軍俘獲胡、沈兩國的國君和陳國的大夫嚙。這時候，吳國又採取了一個計策，故意釋放了俘虜，讓他們逃回聯軍營地，謠傳國君被殺了。吳軍在後面乘勝播鼓吶喊進攻，許、蔡、頓等軍在謠言和吶喊的大軍面前，喪失了鬥志，不戰自潰。在後面督戰的楚軍原本想以小國軍隊為掩護，還沒來得及列陣就受到前面潰軍的猛烈衝擊，在吳軍的進攻面前潰不成軍，大敗而回。吳軍奪取了州來。

　　州來戰役代表著吳國成了天下外交格局的重要力量，吳國人不僅戰鬥勇敢，而且計謀出眾，絲毫不亞於中原任何國家。而楚國的潰敗，似乎也預示著一場變革的開始。

第十章　東南吳越大爭霸

今夕何夕兮，搴洲中流。

今日何日兮，得與王子同舟。

蒙羞被好兮，不訾詬恥。

心幾煩而不絕兮，得知王子。

山有木兮木有枝，心悅君兮君不知。

《先秦歌謠·越人歌》

小蛇吞大象之戰

　　吳國是一個遲到的大國。

　　吳國的來歷沒有定論，其國境位於今天江蘇、安徽兩省長江以南部分以及環太湖浙江北部，據說發源於梅里一帶。傳說周文王的伯父太伯和仲雍為了將他們的王位讓給周文王的父親季歷，出逃到江南地區領導當地的原住民建立了吳國。周朝建立後，周王室派人尋找太伯和仲雍的後人，得知他們建立了吳國後，正式冊封吳國為諸侯。這個傳說的準確性無從考證，很有可能是吳國人為了讓自己擁有高貴的血統而編造的。實際上的考古挖掘顯示，到春秋中期吳國的社會都不發達，只能算是中原邊緣的一個次要小國。吳國到春秋時才剛剛開始從中原引入君主制度。儘管吳國與中原各諸侯國的交往越來越密切，但很少有諸侯拿正眼去看它。這樣的情況在晉國實行「聯吳制楚」策略後才得到扭轉。

　　吳國之所以能夠崛起，除了晉國的幫助外，吳國因為受周禮影響較淺，世卿世祿制度不嚴，大量引進了他國人才，促進了本國的發展。後世膾炙人口的伍子胥入吳的故事就是一個證明。伍子胥出身於楚國貴族家庭，從小受到良好的教育，史書稱他「少好於文，長習於武」，有「文治邦國，武定天下」之才。伍家在楚國本來過得很富足，曾祖父伍參立過大功，是楚莊王的近臣；父兄都在朝廷和邊關擔任要職。但是伍家不可避免地涉及了楚國的王權爭鬥，陷入了大臣之間的傾軋。西元前五二二年，伍子胥因父親伍奢、兄伍尚罹難，被楚平王追殺而避難逃奔吳國。

　　伍子胥出逃到吳國的過程充滿傳奇色彩。正史中涉及的不多，民間傳說卻很多。什麼「蘆中人」、「過昭關」、「一夜白頭」等說的都是伍子

胥。他真的是九死一生才逃奔到吳國的國都姑蘇。滿懷報仇之心的伍子胥最初只能靠在姑蘇街頭吹簫賣藝，乞討為生。據說他的簫吹得很好，暴露出胸中的才氣，引起了吳王僚和公子光的注意。吳王僚和伍子胥交談後，任命其為大夫。伍子胥對吳王僚很是感激，提出了強吳滅楚的建議。沒想到，公子光有奪位之心，不想能幹的伍子胥成為吳王僚的心腹，增加自己篡位的難度，就不斷說伍子胥的壞話，將他排擠出朝廷。結果伍子胥到姑蘇城外的菜園耕種為生去了。

　　如果平常人遭遇伍子胥這樣的坎坷和困頓，肯定會志向消磨，雄心不再。在伍子胥種菜的時候楚平王也死了，按說他也沒有報仇的對象了。但是伍子胥真不是平常人，不僅報仇滅楚之心不死，還主動投靠了公子光的陣營，博取了公子光的信任。因為他發現公子光有奪位的野心和爭霸天下的雄心。這與自己的報仇計畫是一致的。伍子胥靜靜地等待著機會的到來，還把勇士專諸推薦給公子光。公子光在伍子胥的暗中幫助下，策劃專諸刺死了吳王僚，著名的故事「魚藏劍」說的就是這件事。公子光最終奪得了王位，改名闔閭，帶領吳國加快了爭霸稱雄的過程。

　　在公子光爭奪王位的過程中有個外交插曲。楚平王死後，公子光認為奪位時機已經成熟，以楚國國喪為時機，鼓動伐楚，藉機削弱吳王僚的親信力量。中計的吳王僚出動大軍，由弟弟蓋餘、屬庸率軍進攻楚國；又派出行人、三叔季子出使晉國，觀察中原諸侯對吳國出兵的反應；再派兒子慶忌去聯絡鄭、衛兩國，希望共同出兵。結果吳國伐楚的時機並未成熟，楚國發兵斷絕了蓋餘、屬庸的退路，吳軍成了孤軍。闔閭奪取王位後不發兵救援伐楚的吳軍，坐觀成敗。蓋餘、屬庸兩人棄軍逃亡，吳國的國力和外交都受到影響。這又是一個內政和外交緊密連繫的絕佳例子。闔閭置國家利益於不顧，是不可取的。

　　伍子胥的雄才大略這時才顯露出來。闔閭任命他為行人，作為心腹

謀臣。伍子胥為使吳國內可守禦，外可應敵，首先建議闔閭「必先立城郭，設守備，實倉廩，治兵庫」，並親自受命選擇吳國都城城址。傳說伍子胥「相土嘗水」、「象天法地」，最後選定現在的蘇州古城，合理規劃，建造了闔閭大城。當時在齊國混得也不如意、滿腦子軍事思想得不到認同的孫武也投靠了吳國，成了吳國的大將。孫武將自己的軍事思想貫徹到了吳國軍隊的建設中。如果齊國君臣知道孫武日後的「兵聖」名聲，會不會把腸子都悔青了？招攬人才的結果使吳國的內政、軍事在短期內得到了實質上的飛躍進展。

　　吳國君臣厲兵秣馬，將矛頭對準了楚國。

　　吳楚兩國無論從哪方面相比，都類似於小蛇對大象。

　　如果吳國直接進攻楚國，斷沒有成功的可能。闔閭與伍子胥確定了兩項基本策略：一是蠶食楚國勢力範圍；二是不斷騷擾楚國，讓楚國疲憊。最終目的是滅楚稱霸。

　　西元前五一二年，吳王闔閭先後滅掉附庸楚國的小國徐國和鍾吾國。闔閭想趁機大舉伐楚。孫武認為楚國實力還很強大，便進言道：「楚國是天下強國，非徐國和鍾吾國可比。我軍已連滅兩國，人疲馬乏，軍資消耗，不如暫且收兵，養精蓄銳，再等良機。」伍子胥也勸闔閭說：「人馬疲勞，不宜遠征。現今楚國內部不和，我軍如用一部人馬出擊，楚軍必定全軍出動，等楚軍出動後，我軍再退回，這樣經過幾年後，楚軍必然疲憊不堪。那個時候，我們便可以考慮大舉伐楚。」

　　闔閭採納了伍子胥的建議，將吳軍分為三支，輪番騷擾楚軍。當吳軍的第一支部隊襲擊楚境的時候，楚國真的派大軍迎擊。待楚軍出動時，吳軍便往回撤。而楚軍返回時，吳軍的第二支部隊又攻入了楚境，如此輪番襲擾楚國達六年之久，致使楚國連年應付吳軍，人力、物力都被大量耗費，國內十分空虛，楚軍將士疲於奔命，鬥志喪失。

　　這就好像一頭肥碩的大象，被一條蛇逗弄得來回奔波、氣喘吁吁了。

　　和許多春秋大戰一樣，吳國和楚國的策略決戰也是因為附庸國的歸屬問題而引起的。

　　西元前五〇六年，楚國令尹囊瓦率軍圍攻已歸附吳國的小國蔡國，蔡國在危急中向吳國求救。吳國決定向楚國攤牌。吳王闔閭親自掛帥，以孫武、伍子胥為大將，闔閭的胞弟夫概為先鋒，傾全國水陸之師，乘坐戰船，由淮河溯水而上，直趨蔡境。吳軍擎著「伐楚救蔡」的大旗，浩浩蕩蕩。如此場景在春秋早期和中期經常出現，蔡國就一直扮演那隻狼群爭奪的小羊的角色，只是現在的主角不再是晉、齊、秦等傳統強國，而是後起之秀的吳國。吳國能夠動用的兵力只有三萬，遠比不上傳統強國的兵力，遠遠落後於楚國的二十萬兵力，能夠旗開得勝嗎？

　　楚國令尹囊瓦見吳軍來勢兇猛，不得不放棄對蔡國的圍攻，回師防禦本土。當吳軍與蔡軍會合後，另一小國唐國也主動加入吳、蔡兩軍行列。蔡國、唐國的加入是因不滿於楚國對兩國貪得無厭的欺凌。於是，吳、蔡、唐三國組成聯軍，浩浩蕩蕩，溯淮水繼續西進。

　　吳軍進抵到淮汭（今河南潢川，一說今安徽鳳臺）後，孫武突然決定捨舟登陸，由向西改為向南。水師和水戰是吳軍的看家本領，現在臨時改變，引起了全軍的不解。孫武解釋說：「行軍作戰，最貴神速。應當走敵人料想不到的路，以便打他個措手不及。逆水行舟，速度遲緩，我軍優勢難以發揮，而楚軍必然乘機加強防備，那就很難破敵了。」他的計畫得到了闔閭、伍子胥的支持。孫武進一步挑選三千五百名精銳士卒作為前鋒，迅速穿過楚國北部的大隧、直轅、冥厄三道險關，直插楚國縱深。事實證明，這是將吳國導向勝利的戰術傑作。不出數日，漢水東岸就出現了吳軍的身影。

　　當得到吳軍出現在楚國腹心的漢水東岸的報告時，楚昭王驚訝得

說不出話來。在之前的春秋歷史上，還沒有其他國家的軍隊出現在漢水下游。

　　楚昭王慌忙以令尹囊瓦和左司馬沈尹戌，調集全國兵力，傾巢而出，在漢水西岸布防與吳軍對峙。左司馬沈尹戌向令尹囊瓦建議：由囊瓦率楚軍主力沿漢水西岸正面設防，自己願意率部分兵力北上現在的河南方城地方，迂迴到吳軍的側背，毀其戰船，斷其歸路；而後與囊瓦主力實施前後夾擊，一舉消滅吳軍。楚軍的數量遠多於吳軍，再加上孫武帶領的吳軍是孤軍，沈尹戌的計畫是楚軍擊敗吳軍的上策。囊瓦馬上同意了沈尹戌的建議，分兵北上，自己則率主力拖住吳軍。

　　這時候，楚國內部的政治衝突暴露了出來，導致了楚軍上策的流產。當沈尹戌率部北上方城後，楚將武城黑卻提醒囊瓦說：「按照沈尹戌的計畫，令尹全力拖住了吳軍，而沈尹戌只是出奇兵夾擊，最後的戰功卻將為沈尹戌所獨得。令尹不如率主力先發動進攻，擊破東岸吳軍，這樣令尹將全收敗吳之功，位居沈尹戌之上。」大夫史皇也說：「現在國人討厭您而讚揚沈尹戌。如果沈尹戌先戰勝吳軍，功在您之上，那麼您的令尹之位恐怕也難保了。我們先向吳軍發動進攻才是上策。」囊瓦私心一起，就改變原來的作戰計畫，在沒有充分準備的情況下，傳令三軍，搶渡漢水，向吳軍發動進攻。

　　其實，長期隔著漢水對峙，對於孤軍深入的孫武來說最為不利，吳軍迫切需要速戰速決。孫武見楚軍主動出擊，大喜過望，遂採取後退疲敵、尋機決戰的方針，主動由漢水東岸後撤。囊瓦也大喜過望，以為吳軍被自己打敗了，揮軍直追。吳軍以逸待勞，會合趕來的吳軍主力在今湖北漢川東南至湖北境內大別山脈間迎戰楚軍，三戰三捷。膽怯、昏庸的囊瓦連敗三陣就想棄軍而逃。史皇趕緊攔住他說：「平時您爭著執政，做令尹，很風光；現在作戰不利，您棄軍逃跑，這是死罪，而且會遭到

國人的唾棄。現在我們只有與吳軍拚死一戰，才可以解脫戰敗的罪過。」當時楚軍雖然連敗，但瘦死的駱駝比馬大，楚軍依然保持著對吳軍的優勢。囊瓦這才勉為其難，重整部隊，在柏舉（今湖北麻城，一說湖北漢川）一帶列陣，準備再戰。

西元前五〇六年十一月十九日，吳軍也前進至柏舉，列陣與楚軍相峙。

決戰前，夫概對闔閭說：「囊瓦這個人名聲很差，楚軍鬥志渙散。我軍主動出擊，楚軍必然潰逃，我軍主力隨後追擊，必獲全勝。」闔閭沒有答應。夫概回營後，對部將說：「將在外君命有所不受。事有可為，我們應見機行事，不必等待命令。現在我們要發動進攻，拚死也要打敗楚軍，攻入郢都。」於是群情激昂，夫概所部五千將士呼嘯而出直撲楚營。果然，楚軍支持不住，陣勢大亂。闔閭見夫概突擊得手，馬上以主力配合，投入戰鬥，楚軍很快便土崩瓦解。史皇戰死，囊瓦棄軍逃往鄭國。楚軍殘部撤到柏舉西南的清發水（今湖北安陸西的溳水），渡河西逃。圍追的吳軍等到楚軍渡了一半的時候突然出擊，俘虜了將近一半的楚軍。渡過河的楚軍殘部逃到雍澨（今湖北京山縣境），又遭到狂奔疾進的夫概部吳軍的追擊，再次大敗而逃。楚國大地上出現了驚心動魄的一幕。吳軍追趕著潰逃的楚軍，由敗軍引導著向郢都而去。

楚軍的左司馬沈尹戍之前仍然按照和囊瓦約定的計畫繞道河南。得知囊瓦主力潰敗的消息時，沈尹戍的軍隊已經到達了息（今河南息縣境內）。他慌忙中途折回，南下救援國內。沈尹戍的軍隊遭遇了夫概部的追擊部隊。滿懷救國壯志的沈尹戍部對長途跋涉、長時間作戰的夫概部發動了凌厲的反擊。夫概部被打敗，吳軍的攻勢這才被遏制住了。可好景不長，沈尹戍獨立抵擋吳軍的進攻，很快就被紛湧而至的吳軍主力包圍了，沈尹戍奮勇衝殺仍無法衝出包圍。最後沈尹戍多處受傷，見大勢已

去，就叫部下割下自己的首級回報楚王。沈尹戌部全軍覆滅後，吳軍一路暢通無阻，向郢都撲去。

郢都城內早已是風聲鶴唳，人心惶惶。楚昭王不顧主戰大臣子西、子期的反對，放棄自己的責任，悄悄地帶上幾名家眷開門出城，向雲夢澤方向逃去。不想，楚昭王逃入雲夢澤後遭到強盜的襲擊，不得不北逃到鄖地，受到威脅後再逃到隨地。小部吳軍一路尾隨，但就是沒有抓住楚王。

楚昭王棄城而逃的消息傳到軍中，尚存的楚軍四處渙散。子期率部分軍隊去追隨楚昭王，子西率部分殘兵逃向西部。十一月二十九日，吳軍在取得柏舉之戰的輝煌勝利十天後占領郢都。

吳楚相爭最後以楚國的慘敗和國都淪陷而告終。吳國完成了「蛇吞象」的奇蹟。

吳國對楚國的巨大勝利為平淡的春秋後期歷史投入了一顆重磅炸彈。

一貫保持超級大國形象，支撐起南半邊天的楚國轟然倒塌，受到了空前的創傷；在國際格局中聲音低微的吳國聲威大震，為吳國進一步爭霸中原奠定了堅實的基礎，春秋晚期的整個國際格局都因此而改變。

吳國的勝利是軍事奇蹟。孫武以三萬兵力，擊敗楚軍二十萬，創造了中國戰爭史上以少勝多、快速取勝的光輝戰例。戰國時期軍事家尉繚子稱讚道：「有提三萬之眾，而天下莫當者誰？曰：武子也。」在吳軍軍事勝利的背後，是吳國國家策略的整體勝利。首先，這是吳國修明政治、發展生產、充實軍備的結果。而楚國則陷於內鬥難以自拔，楚國君臣沒有吳國君臣那樣團結進取的精神。其次，這是吳國外交的成功。吳國不僅爭取到了晉國的支持，也得到了唐、蔡兩國的協助，得以組成聯軍。在整個伐楚戰爭中，吳國都沒有給予外國任何援助楚國、干涉吳楚鬥爭的機會。最後，吳國在實戰中妙計連出，一氣呵成，展現出了高超

的戰鬥技巧。一是「疲楚」策略，讓楚軍疲於奔命，並且鬆懈戒備。二是毅然乘隙擊虛，實施遠距離的策略襲擊，牢固掌控了策略主動權。如果按部就班地進攻，龐大的楚國領土會讓吳軍吃不消，並陷入曠日持久的戰爭。三是在擊敗楚軍後，吳軍策略追擊，不給楚軍以任何重整旗鼓反擊的機會。任何奇蹟都是一連串成功的累積，吳國就是這樣一步步從勝利走向輝煌的。

楚軍的失敗也是其國家發展的整體失敗。春秋後期的楚國政治腐朽、內亂不止、將帥不和。更可怕的是，楚國貌似平分了天下霸權，不可一世，實際上是四面樹敵，陷入了各國在楚國即將滅亡的時候都不施以援手的孤立境地。楚軍在戰爭中一觸即潰的表現正是楚國政治、外交全方面失敗的反映。

所以說，任何奇蹟都是有必然性可循的。

崛起東南的霸國

　　每個國家在危難存亡之時，都會出現赤子忠臣。在生死線上掙扎的楚國也不例外。

　　楚國的忠臣就是伍子胥的朋友申包胥。當年，伍子胥出逃吳國的時候對申包胥說：「我一定要滅亡楚國。」申包胥說：「你能滅亡楚國，我也一定能讓它復興。」後來楚昭王在隨國避難，伍子胥對楚平王掘墓鞭屍，申包胥就長途跋涉，去秦國請求出兵。春秋中後期，秦國和楚國關係相對較好。

　　我們來看看申包胥是怎麼勸說秦國君臣的。他說：「吳國是洪水猛獸，它多次侵害諸侯，楚國只是最先受到侵害的國家而已。現在我們國君不能保衛祖國，流落在荒野沼澤之中，特派遣小臣來告急求救。楚王說，『吳國的貪欲無法滿足。它吞併楚國後就成了秦國的鄰國，就會對秦國的邊界造成威脅。趁現在吳國還沒有平定楚國全土，秦國可以出兵奪取部分楚國的土地。如果楚國不幸滅亡了，這部分領土就是秦君的土地了；如果憑藉君王的神威安撫楚國，楚君將世世代代侍奉君王』。」秦哀公不敢和風頭正盛的吳國作戰，婉言謝絕道：「我知道楚國的情況了。大夫暫且去客館休息吧！我們再考慮考慮。」申包胥回答說：「我們國君還流落在荒野沼澤之中，無法安身。我為臣的怎麼能去客館休息呢？」說完，申包胥就在秦宮的高牆下痛哭，哭聲日夜不停，連續七天水米未進。哭到最後，申包胥感動了部分秦國大夫，這部分大夫還一起來為楚國求情。秦哀公也很感動，當著申包胥的面唱起了秦國的〈無衣〉歌謠，同意出兵。秦國派遣子蒲、子虎率兵車五百乘援救楚，和楚國的殘餘部隊會合一處。

這是西元前五〇五年的事情。

吳軍在楚國的成功真應了「其興也勃焉，其亡也忽焉」的描述。

秦軍已經很久沒有參與諸侯爭鬥了，楚軍則是哀兵作戰，沒有退路。秦楚聯軍很快便在稷地打敗了吳軍，連續取得了幾次勝利。同時，秦楚聯軍滅亡了唐國，迫使蔡國退出了吳國陣營。闔閭攻占郢都後，忙於慶功作樂，在富庶的楚國流連忘返；吳軍在勝利面前迅速腐化，軍紀敗壞，和楚國百姓的關係很差。最要命的是，吳國因為傾國而出，大軍盤踞在楚國，內部空虛，南邊的越國國王允常乘機襲擊吳國；而吳王闔閭的弟弟夫概悄悄溜回吳國，自立為王。闔閭面臨著後方被篡奪的危險，便被迫跟楚國講和，匆忙回師，趕跑夫概，保住了王位。楚國正式復國。

收復郢都後，楚昭王論功行賞。申包胥功勞最大，楚昭王要給予他重賞。申包胥堅持入秦求救是為了國家百姓，隱居山中拒絕受賞，安度餘年。

我們再從宏觀上考察吳楚的鬥爭，吳國雖然受到了重大挫折，但國家畢竟處於強盛階段，始終掌握著對楚國戰爭的主動權。回師的次年，吳國又以舟師打敗楚軍，俘虜了楚國兩個水軍將領和七個大夫。楚國不得不遷都鄀（今湖北襄陽宜城東南），以避其鋒芒。在這個時期，吳國使用伍子胥、孫武的策略，向西打敗了強大的楚國，向北威震齊國、晉國，向南降服了越國，成了新的霸國。

東南地區還有一個國家，就是地處現在浙江地區的越國。

越國是古代越族建立的國家，和吳國一樣來歷不明。越國人傳說自己的祖先是大禹的後裔，被封於會稽（今浙江紹興），「紋身斷髮，被草萊而邑」，歷二十餘世而至允常。越國的活動最早出現在春秋歷史上，是在西元前六〇一年，楚國滅群舒，越國和吳國一道同楚國會盟了一

次。此後，越國又銷聲匿跡了幾十年。就是在這個時期，越國和吳國結下了世仇，交戰不斷。吳王餘祭就是被一名越國的戰俘刺死的。西元前五一〇年，吳國大舉進攻楚國前，為了解除後顧之憂，也為了懲罰越王允常對吳國的不順從，大舉進攻越國，占領檇李（今浙江嘉興地區）。當時越國的實力落後於吳國，被吳國打敗。五年後，當吳軍主力滯留在楚都郢時，越國乘機侵入吳境，對吳國造成巨大威脅。兩國矛盾日趨激化。同時，復國的楚昭王吸取了教訓，開始勵精圖治。楚國在外交上的重要舉措就是採取「聯越制吳」的策略，多少有點亡羊補牢，向晉國學習的味道。

吳國要爭霸中原，必先征服越國。這是歷史和現實對吳國的要求。西元前四九六年，吳王闔閭率軍大舉攻越，意圖一戰滅越。兩國主力戰於檇李。當時的越王勾踐在決戰前，讓一隊死罪刑徒跑到吳軍陣前集體自刎，引起吳軍騷動。勾踐乘機驅動大軍猛攻，大敗吳軍。吳王闔閭在戰鬥中受傷，歸國後創傷發作，病情嚴重。臨終前，闔閭對太子夫差說：「你能忘掉勾踐殺你父親嗎？」夫差回答說：「不敢忘記。」闔閭死後，夫差成為吳國新的君主。

吳越之間的仇恨越結越深了。

夫差繼位之初，就只有一個目標：報仇。

兩年後，夫差親率大軍攻打越國，在夫湫殲滅了越軍主力。勾踐帶著殘兵敗將逃到會稽山上，被吳軍重重包圍。越國似乎到了亡國滅種的邊緣，山上僅餘少數老弱殘兵，國土被占領分割；山下是如狼似虎、志在滅越的夫差大軍。在危如累卵之時，越國君臣決定死馬當作活馬醫，派大夫文種用重禮賄賂吳國太宰伯嚭請求媾和。越國承諾將國家政權託付給吳國，甘心做吳國的附庸。

吳王夫差得到越國的乞求後，心裡很想答應越國。其實，他已經滿

足於將越國打得奄奄一息，並沒有將越國從地圖上抹去的堅定決心。伍子胥強烈反對保留越國，認為「今不滅越，後必悔之」。伯嚭滿足於越國求和的承諾和繼續送上的賄賂，建議保留越國。夫差很想看看成為吳國附屬的越國是什麼樣子，認為越國已經完全不能對吳國構成威脅，再加上他本人急於北上中原爭霸，便否決了伍子胥的意見，同意保留越國。但是夫差也不笨，提出了要求越王勾踐為人質去吳國當奴隸，越國每年繳納繁重的賦稅作為條件。勾踐答應了如此屈辱的條件，穿上奴隸衣服，進入吳國。吳國又解散了越國所有的軍隊，拆除了越國國都會稽的城牆，留下駐守軍隊後，這才撤軍回國。

此後三年，勾踐夫婦和陪同的大夫范蠡為吳王駕車養馬，執役三年。勾踐不僅將夫差的馬養得好好的，出門時還任憑夫差踩踏，據說在夫差生病時還親口品嚐夫差的糞便以查明病因，贏得了夫差的信任。越國境內的文種等人高度配合，不僅年年滿足吳國的賦稅要求，還不時地多交一些金銀、錢糧和器皿等。越國送給伯嚭的賄賂和送給夫差的珍寶不絕於路。文種還在國內發現了絕色美女西施，進獻給夫差。夫差終於高興了，將勾踐等三人釋放回越國。

在這三年中，吳國的國際地位不斷提高。在艾陵，夫差把傳統大國齊國的軍隊打得大敗，還懾服了鄒國和魯國。中原諸侯越來越承認吳國的強國地位了。

另一邊，歸國的勾踐整天睡在薪條上，身邊總放著一個苦膽，坐臥飲食不忘先嚐苦膽，藉以牢記會稽之辱。勾踐每天都讓衛士定時問自己：「勾踐，你忘記會稽之辱了嗎？」范蠡和文種為勾踐制定了一套富國強兵的復仇方略。勾踐親自耕田，夫人親自織布，食不加肉，衣不重彩，禮賢下士，賑貧恤死，深得民心。越國很快便富強了起來。

勾踐還製造了一對竹簡，上書「十年生聚、十年教訓」，概括了興

越滅吳的長期策略，並隨身攜帶。這十年中，越國在內政上實行發展生產、獎勵生育及尊重人才等政策，安定民生，充裕兵源，收攬人心，鞏固團結，從而增強綜合國力；在軍事上，勾踐實行精兵政策，加強訓練，嚴格紀律，以提高戰鬥力。在浙東山區，那裡至今還有當年勾踐偷偷冶煉、鍛造兵器的遺蹟。春秋時期，弩剛出現在作戰中。戰車、戰船等龐然大物在兵弩面前失去了往日的威風。尤其是大規模的連發弓弩，殺傷力讓人膽顫心驚。勾踐於是聘請精於弓弩射法的人教授越軍弩射技術，包括瞄準、連續發射及掌握弩力與箭重最佳比例等方法，結果「軍士皆能用弓弩之巧」。春秋時期，戰鬥勝負往往取決於最後的衝鋒。勾踐又聘請了善於劍戟格鬥的人教授越軍手刃格鬥技術，結果軍士「一人當百，百人當萬」，單兵戰鬥力很強。

暗中的復仇是最可怕的，勾踐就像一隻紅著眼睛的惡狼，注視著毫不知情的夫差。

文種曾將越國的復仇計畫歸納為「九策」。

第一，相信天佑越國，要有必勝之心。第二，贈送吳王大量財物，既讓吳國信任越國、疏於防範，又讓夫差習於奢侈、喪失銳氣。第三，先向吳國借糧，再用蒸過的大穀歸還。夫差見越穀粗大，就發給農民當穀種，結果第二年根本生不出稻穀，導致吳國大饑。第四，贈送夫差美女，讓他迷戀美色，不理政事。夫差寵愛的西施和鄭旦就是越國贈送的。第五，向吳國輸送能工巧匠、巨石大木，引誘夫差大起宮室高臺，空耗國家財力、民力。第六，賄賂吳王左右的奸臣，敗壞吳國朝政。這個奸臣主要是伯嚭。第七，離間夫差和忠臣的關係。這個忠臣主要是伍子胥。第八，越國積蓄糧草，充實國力。第九，鑄造武器，訓練士卒，尋找機遇攻吳滅吳。

這是文種為勾踐和越國策劃的綜合內政和外交的整體策略。在中國

古代歷史上，這也是少有的詳細的策略方案。越國如實實施的結果果然助長了夫差原本隱藏的享受欲望：愛好宮室，大興土木，沉溺女色，耗費國力；擴大了吳國統治集團的內部矛盾，朝政昏暗。吳國不復闔閭時那個上下團結一致、積極進取的吳國了。吳王夫差在講求享受的同時，放鬆了對越國的戒備，對外野心膨脹，北上中原爭霸。十年之後，越國「荒無遺土，百姓親附」，國力復興。越軍成了一支裝備精良、訓練有素且「人有致死之心」的精銳部隊。

　　到現在為止，我們對吳越爭霸的勝負已經相當清楚了。

春秋道德的謝幕

我們有必要跳出吳越具體的爭鬥史實，關注越國在其中透露出的非道德外交思想。

文種和范蠡在吳越爭霸過程中，提出了一整套現實到驚人、坦白到不能再坦白的外交觀念和外交思想。他們以國家復興、復仇和爭奪霸權為最高目標。為了實現這一目標，越國可以不擇手段，不受任何道德的約束。違心品嘗仇敵的糞便、用煮過的穀子還貸、進獻美女弱化對方、表面恭順暗地裡加緊鍛造兵器，這些在春秋前期都是難以想像的，現在越國全都做了。

文種號稱「遠以見外」，深諳霸王之術。文種和范蠡在越國戰敗的情況下，認為保全越國的存在是日後復興的基本條件。為此，越國可以不惜接受任何屈辱的條件，包括勾踐到吳國為奴養馬。在文種看來，拋棄道德束縛，用一切手段迷惑吳國，根據夫差的喜好，採取各種方式攪亂對方的發展等都是理所應當的。現實目的是最終歸宿，通向目的地的道路是次要的，無論是現實的還是理想的都可以。

文種、范蠡為了達到目的，完全拋棄一切道德束縛，採用賄賂、離間、迷惑等手段擾亂對方，大搞陰謀詭計，這與中國傳統文化中重信用、重禮義、重道德的主流外交思想格格不入，應該摒棄。但是這一外交思想中一些相當深刻的反思精神對後世影響很大，如忍辱負重，君子報仇十年不晚；韜光養晦，避免鋒芒畢露；臥薪嘗膽，以圖日後振興等等。

在中國古代歷史上，文種和范蠡是第一次，也可能是唯一一次在國家策略層面公開地宣揚自己的現實主義思想，在整個歷史車輪上留下了

驚世駭俗的痕跡。

我們再來看看吳、越兩國最後的命運。

吳王夫差在征服越國後將外交策略轉變為「北進爭霸」。伍子胥依然建議「定越而後圖齊」，認為越國才是吳國的心腹大患，而「齊魯諸侯不過疥癬」之疾。吳國應該將越國徹底從地圖上抹去，之後再北上也不遲。夫差沒有採納伍子胥的建議，從此，伍子胥在國家決策層中被邊緣化了。

西元前四八九年，吳國進攻陳國，陳國降服。吳國解除了北進時來自側翼的威脅。接著，吳國馬不停蹄地打敗了魯國，打開了進軍中原的大門。為建立北進策略基地及打通北進軍事運輸交通線，吳國於此期間在長江北岸營建了規模宏大的邗城（今江蘇揚州），開鑿了由今揚州經射陽湖至淮安的邗溝，溝通長江和淮河水域，並進而與泗、沂、濟水連結。一千多年後，邗溝成了隋煬帝時期開通的京杭大運河的重要組成部分，又過了一千多年，邗溝依然在南北水運上發揮著重要作用。

萬事俱備後，吳國把進攻的矛頭對準了有大國之名，卻沒有大國之實的齊國。夫差率魯、邾、郯等國聯軍由陸上攻齊；吳國大夫徐承率水軍由長江入海，向山東半島迂迴，攻齊國側後。吳國的水軍海上作戰失利，陸上聯軍隨之退回。兩年後，吳國再次攻齊，終於在艾陵（今山東萊蕪東北）全殲齊軍精銳。吳國的霸國地位得到極大鞏固。

舉個例子來說明吳國的外交威勢。西元前四八三年秋，子貢隨叔孫氏陪同魯哀公、衛出公與吳國會盟。夫差扣留了看不順眼的衛出公。衛國人請子貢出面調解。子貢就對吳國太宰伯嚭說，衛出公堅持主張來與吳國會盟，是吳國的朋友，而衛國國內有人阻止衛出公來會盟。現在吳國扣留了衛出公，恰恰幫了那些反對吳國的人。吳國不應該做這種親者痛、仇者快的事，應該釋放衛出公。伯嚭轉告夫差，夫差這才釋放了衛

出公。能夠將二流諸侯國的國君玩弄於股掌之間，吳國不是霸國又是什麼呢？

西元前四八二年，吳王夫差約晉定公、魯哀公等中原諸侯到黃池（今河南封丘西南）會盟，計劃正式明確自己的霸主地位。為了炫耀兵威，夫差出發時將吳國的精兵強將都帶走了，只撥了部分軍隊留守。在黃池盟會上，原本的霸國晉國已經無力和吳國爭當盟主了，將首歃權讓給了夫差。最後的歃血順序是先吳後晉，魯、邾等小國也分別「賦於吳八百乘」和「六百乘」。夫差得到了夢寐以求的霸主稱號。

與晉及中原諸侯的會盟讓吳國的霸業達到了頂峰。

萬丈光芒之中往往存在盲點，吳國外交輝煌的基礎其實並不牢固。

對於夫差一心追求中原霸主地位，伍子胥是堅決反對的。伍子胥對人說：「越國十年生聚，十年教訓。二十年之後，如今輝煌的吳國宮室就要被廢毀為沼池了。」吳國將伐齊國的時候，越王勾踐謙卑地率領越國文武朝見夫差，並賄賂其左右。夫差很高興，以為自己天下無敵了。大臣們紛紛向夫差道賀，只有伍子胥恨恨地說：「這是越國在縱容吳國犯錯。」伍子胥建議夫差停止伐齊，夫差不理，伯嚭趁機進讒言。夫差賜伍子胥自盡。伍子胥在自殺前說：「把我的眼睛剜下來吧！掛在姑蘇城的東門，讓我看看越國是怎樣滅掉吳國的。」夫差更生氣了，下令將伍子胥的屍體放在革囊中，漂浮江上，不許入土。一代傳奇人物伍子胥就這麼告別了政治舞臺，為越國的最後一擊掃平了障礙。後人為了紀念他，將今天江蘇蘇州城的東門稱為胥門。吳人還命名了胥江、胥口、胥山等地名以示對忠臣的永久紀念，並立祠廟祭祀伍子胥。

伍子胥自殺是西元前四八四年秋天的事情。當年，同樣心灰意冷的孔子回到了故鄉魯國。

朝拜完夫差的勾踐回國後就傾巢而出，調動士兵四萬，水兵兩千，

加上近衛精銳六千，兵分三路殺向國內空虛的吳國，以滅亡吳國為目標。其中，范蠡領兵入海，負責截斷吳軍歸路；前鋒輕裝快騎，直逼姑蘇；勾踐自率中軍隨後。吳國留守軍隊在今蘇州附近的泓水迎戰，大敗。越軍焚燒了姑蘇，奪取了吳軍留在國內的船隻。吳國告急！

敗訊傳到黃池的時候，夫差主導的諸侯盟會還沒有開始。夫差決定封鎖消息，將在場聽到消息的七個官吏全部就地斬首；同時曉諭全體將士，秣馬食士，明天一定要爭得盟主地位。吳軍整頓軍隊，擺出一副玩命也要爭得盟主地位的架勢。其他包括晉國在內的諸侯見此狀都惴惴不安。第二天開會的時候，夫差頤指氣使，強硬地說，這個應該怎麼辦，那個應該怎麼做。晉國不知底細，十分惶恐。大夫董褐悄悄告訴趙鞅說：「吳王面帶墨色，估計國內有大憂。也許是越國偷襲吳國後方了。這種亡命之徒可以許為盟主，讓他去吃苦頭。」於是晉國讓出了首歃權，將霸主的位置讓給了夫差。可見，當時還保持著同盟關係的晉、吳兩國其實也是鉤心鬥角，毫無誠信可言。也許這是面對現實利益時，所有盟國的共同反應。

夫差會後迅速班師回國。沿途他怕列國知道越軍敗吳的消息，做出不利於吳軍回師的舉動來，竟然焚燒了宋都的外郭示威。回國後，夫差向越國求和。越王勾踐自忖不能馬上滅吳，同意和談。越國第一次伐吳就此結束。但越國再也不是吳國的附庸國了。

夫差對勾踐恨得牙癢癢，之所以與越國和談是為了爭取喘息的時間。

當夫差集中精力，將國家大政方針轉移到內政建設上去時，突然發現這是不可能完成的任務。吳國經過夫差多年的荒淫、昏暗、暴虐統治以及戰亂和越國最近的攻擊後，滿目瘡痍，短時間內難有起色。西元前四七八年，吳國發生了饑荒，越國再次趁機進攻吳國。越軍一如既往地快速進軍，甚至夜半渡江。吳國分兵抵禦。勾踐充分發揮越軍的格鬥能

力，率眾軍突擊，一舉殲滅了吳軍主力。越軍一直打到蘇州城下才撤退。從此，越軍牢牢掌握了戰場主動權。

西元前四七五年，越軍最後一次伐吳。勾踐這次立志滅亡吳國，因此徐徐進取，發兵占領吳國領土。對吳國首都姑蘇，越軍採取了長期圍困的戰術。連續的圍困使姑蘇陷入山窮水盡的地步。兩年後的冬天，越軍發起強攻，一舉占領姑蘇。夫差等人被圍困在姑蘇臺。夫差派伯嚭向勾踐乞降，願意成為越國的藩屬。就在勾踐猶豫的時候，范蠡對伯嚭說：「上回，上天給吳國下達了滅亡越國的命令，可惜你們沒有遵守。現在，我們不能不遵守上天要求我們滅亡吳國的命令。」越國堅持要滅亡吳國，只同意在甬東劃出一塊土地和幾百口人給夫差安身。夫差苦笑著說：「我已經老了，服侍不了越國了。」夫差最終自殺身亡。吳國被越國吞併。

吳國的迅速衰落為我們考察強國的興衰提供了極好的案例。我們只能籠統地認為吳國的失敗是內政外交一系列失敗的綜合結果。這其中，能力出眾、志向不俗的夫差的欲望膨脹是國家敗亡的催化劑。後人多有將惡果歸咎於西施。唐朝羅隱的詩歌寫道：「家國興亡自有時，吳人何苦怨西施！西施若解傾吳國，越國亡來又是誰？」任何國家的興衰都不能簡單歸咎於某個領域的失敗，要從總體上、深層地尋找原因。

再說吞併吳國後的勾踐繼續率軍北渡江淮，與齊、晉等諸侯會盟於徐州。中原諸侯剛剛被貌似強大的吳國震懾住，現在很容易便接受了越國對吳國地位的繼承。甚至連周元王也公開封勾踐為伯。「越兵橫行於江淮東，諸侯畢賀，號稱霸王」，越國終於成為春秋時期的最後一任霸國。這時的越國相對強大，墨子說：「今天下好戰之國，齊、晉、楚、越。」可見越國在時人眼中是與晉國、楚國一樣的霸國。

越國的崛起也可算是一個奇蹟。

當越國進攻吳國的時候，作為與吳國有盟約的晉國，本該「好惡同

之」，對吳國施以援手。但黃池之會已經完全暴露了晉國的力不從心，也將晉國和吳國的矛盾暴露得一覽無餘。在吳國即將覆滅時，晉國採取了兩面派的手法。一方面，晉國派人去越國對勾踐說，吳國侵略中原各國多次了，各國聽說越軍討伐吳國，都很支持，晉國願意去吳國幫忙打探虛實。另一方面，到了吳國，晉國卻實話實說，晉、吳兩國早有盟約，現在吳國有難了，晉國本該援助，但是晉國力量有限，愛莫能助。臨走前，晉國使節硬是擠出了幾滴眼淚，說：「親愛的吳國兄弟，你們一定要頂住啊！」

吳國最後還是滅亡了，想必晉國君臣不是不屑一顧，就是長吁了一口氣。

童書業先生對越國的作為給予了高度評價：「春秋末年南方混戰的局面，對於整個的中國史是很有關係的。因為當時北方諸國的政局不定，倘若南方形勢稍微安穩，楚吳必乘晉霸衰微，起來併吞中原。這樣一來，或許為中國文化基礎的戰國文化便會大變換個樣子。」

不幸的是，越國在達到國勢巔峰後也迅速衰落了。重臣范蠡就在越國最輝煌的時刻，瀟灑而去。范蠡是楚國人，出身於布衣之家，是曠世奇才，但楚國人都以為這個人瘋了，難以理喻，因此范蠡在楚國混得很不好。他就思索楚國不能用自己，自己能不能去報效越國，以越制吳，也可以消除楚國東顧之憂。於是，范蠡邀請好友文種一起告別了楚國，踏上了東去越國的道路。他和文種兩人是越國稱霸的最大功臣。但是范蠡發現勾踐的為人，只「可與共患難，不可與共樂」，又相約文種離去。文種不願離開成功的事業。范蠡獨自離開，更名改姓，泛舟五湖。據說范蠡到了陶地，操計然之術以治產，成為巨富，自號陶朱公。因為經商有道，民間尊陶朱公為財神。范蠡最終在外交和經濟兩界都取得了巨大的成功。

後人梁辰魚的著名崑曲〈浣紗記〉就是透過虛構范蠡與西施的愛情故事，串演了春秋時期吳、越兩國興亡的全部歷史。再加上「伍子胥吹簫」、「專諸刺王僚」、「孫武練兵」等傳說，吳越春秋的歷史一直是後人最喜愛的歷史題材之一。

當年的范蠡就乘著扁舟遠去三江，遁入五湖煙水。雲霧蒼茫中的那個孤帆遠影，代表著一個時代的結束。

第十一章　弱國更要講外交

　　詩云：「穆穆文王，於緝熙敬止。」為人君，止於仁；為人臣，止於敬；為人子，止於孝；為人父，止於慈；與國人交，止於信。

　　見賢而不能舉，舉而不能先，命也。見不善而不能退，退而不能遠，過也。

《大學·兩則》

衛國：典型的內政不修

　　沒有任何一個國家從一開始就是強國、霸國。所有的強國、霸國都是從小國發展起來的。但並不是每一個小國都能成功崛起，稱雄天下。每一次崛起的道路都是獨特且不可複製的。春秋時期也有一些立足點領先很多的諸侯國，在大浪淘沙的殘酷競爭中被淘汰，最後湮沒在歷史的漫漫黃沙中。

　　衛國就是立足點領先卻沒發展起來的諸侯國之一。

　　衛國的領土位於春秋時期最重要、最繁華的河、淇地區，大致在今天的河南北部和河北南部。衛國的始封君是王室貴冑、周文王的兒子、當時的天子周成王的叔叔康叔。西周初期，周公平定東方殷商故土的叛亂活動後，任命其弟康叔坐鎮以控馭東方。衛國定都朝歌，是控制商朝舊地、拱衛王室的東方諸侯之長。後繼的衛國君主在整個西周時期繼續充當方伯，為維護西周在東方的統治做出了貢獻。春秋初期，衛國仍是東方的大諸侯國。周王室東遷的龐大工程就是在以衛武公為首的各諸侯支持下完成的。衛君因功晉封為公爵。

　　應該承認，衛國在春秋外交揭幕的時候，立足點是很高的。衛國東鄰魯國、齊國，西接晉國，南接鄭、宋等國，占據黃河南北。這就替衛國提供了廣闊的外交縱橫空間，加上衛國相對實力較強，如果策略措施得當，必將呈現給後人精彩的外交表演。當然了，衛國也有外交劣勢。因為它是晉、齊兩國進軍中原和楚國北上的要道，所以衛國是當時諸大國的必爭之地。而且衛國領土與周圍諸國犬牙交錯，邊邑與齊、晉、宋、魯、曹等國接壤。在春秋諸侯兼併的情況下，零散的地形，加上國內無險，易攻難守，衛國的崛起道路上也有許多需要克服的障礙。

　　當然了，任何國家的外交前途都不會是一帆風順的，關鍵是怎麼做。

　　對於衛國這樣機遇和障礙並存的國家來說，擁有穩定團結的內政是極其重要的。

　　衛武公時期的衛國比較強盛，政治也很清明。衛武公在位五十五年，各諸侯國還比較老實，衛國也沒有多大的作為。衛武公之後繼位的是衛莊公，再之後是衛桓公。這時候，衛國就出現了內政危機。衛桓公溺愛弟弟州籲，導致衛國在西元前七一七年爆發了州籲之亂。

　　事情得從衛莊公說起。衛莊公有三個兒子，長子完、次子晉、三子州籲。州籲生性暴戾好武，善於談兵。衛莊公很喜歡州籲，進而偏愛起來。州籲的性格本沒有什麼錯，但他依仗父親的偏愛為所欲為就是他的錯了。為人耿直的大夫石碏看到了其中的危險，他對州籲的作為很不滿，多次勸諫衛莊公說：「臣聞愛子，教以義方，費納於邪。夫寵過必驕，驕必生亂。」君主和普通百姓不同，老百姓對子女有所偏愛不會產生什麼不好的影響，儘管這樣會導致那個受偏愛的孩子驕橫無理起來，對孩子的將來不見得有利。但君主對孩子的偏愛不僅對孩子的成長不利，而且可能使這個孩子對國家權力產生不恰當的聯想，進而對整個國家的發展不利。但是衛莊公沒明白這個道理，不聽忠言，對州籲放任自流，為國家埋下了禍根。衛莊公時期，春秋早期的爭霸趨勢已逐漸興起，恰恰是衛國集中精力和國力參與諸侯爭霸的時期。衛莊公死後，長子完繼位，就是衛桓公。衛桓公生性懦弱，對弟弟州籲也放任自流。州籲肆無忌憚，更加驕橫奢靡。

　　大夫石碏年紀大了，再加上國君不用其言，便告老辭職。他的兒子石厚與州籲交情甚密。兩人時常通車出獵，騷擾百姓。氣憤的石碏把兒子關在家裡的小屋中，鞭打責罵，不許他出門。石厚越牆逃出家門，住進了州籲的府中，與父親決裂了。終於，貪婪驕橫的州籲和石厚合謀刺

殺了衛桓公，州籲自立為衛君。之後州籲採取的外交行動在鄭莊公一章
中有所描述。州籲弒兄而立，又窮兵黷武，並沒有得到衛人的擁戴。州
籲後來想出一招，讓石厚去請他的父親、在衛國很有威望的石碏出面支
持自己，以鞏固自己的君位。石碏早就想除掉二人，於是將計就計，建
議由石厚去陳國求陳桓公，讓陳桓公引薦石厚去朝覲周天子安定其位。
因為州籲的繼位是不合法的，如果現在周天子公開以諸侯之禮接見了州
籲，在事實上就追認了州籲的謀逆行為。那為什麼選擇陳桓公引薦呢？
一是因為州籲不能自己跑去求見天子，萬一被拒絕了怎麼辦；二是因為
陳桓公和周天子關係很好，和石碏的關係也很好，石碏暗地裡寫了一封
信給陳桓公，介紹了衛國國內的情況，請求陳國拘留二人。

　　州籲和石厚不知是計，便興高采烈地去找陳桓公了。陳國宮門口有
一塊牌子：不忠不孝者禁止入內。州籲兩人看著有點彆扭，沒細想就進
去了，結果被陳桓公當場拿下。石碏則在衛國國內召集大臣說明情況。
最後衛國派遣右宰去陳國將州籲殺死在濮，石碏派遣自己的家臣獳羊肩
殺掉親生兒子石厚，為衛國除掉了二害。石厚之前還希望老父親看在親
情上饒過自己，誰知道迎來的卻是父親的利刃。這就是成語「大義滅親」
的典故來歷。

　　衛國立衛桓公次子晉為衛君，稱衛宣公。衛宣公的繼位完全是國內
大臣力量扶持的結果，使衛國的發展蒙上了一絲不和諧的色彩。原來衛
宣公是衛桓公的弟弟，衛莊公的次子，為人淫縱不檢。做公子的時候，
衛宣公就和其父的小妾夷姜私通，生下一子，叫做伋，寄養在民間。成
了國君後，夷姜得寵，私生子伋被立為太子。衛宣公和夷姜又生了兩個
兒子，一個叫牟，一個叫碩。太子伋成年後，約定迎娶齊僖公的女兒宣
姜為妻。衛宣公聽說未來的兒媳婦宣姜長得國色天香，貪戀她的美色，
竟然將宣姜占為己有，在淇河之畔建了新臺，金屋藏嬌起來。衛宣公和

宣姜在新臺生活三年，連生二子，長子叫做壽，次子叫做朔。有了新人後，夷姜失寵，太子伋自然也就失寵了。

卻說公子壽和公子朔兩個兄弟，雖然同父同母，但品行高低天差地別。公子壽生性善良孝順，和哥哥太子伋親如手足；公子朔奸詐狡猾，陰蓄死士，對國君之位時刻覬覦，對權力繼承序列排在自己前面的太子伋和親哥哥公子壽都想除去。公子朔常常在母親和父親衛宣公面前誣陷幾位哥哥。衛宣公對太子伋也起了殺心。為了殺掉太子伋，衛宣公與公子朔密謀，假裝派遣太子伋出使齊國，暗中埋伏殺手於途中劫殺他。公子壽事先得到消息，趕忙告訴太子伋，勸他別去齊國。太子伋說：「為人子者，以從命為孝，棄父之命，即為逆子。」公子壽見勸不動太子伋，就冒名太子伋提前出發。途中，衛宣公埋伏的刺客將公子壽當作太子伋誅殺。恍然大悟的太子伋迅速趕到現場，見親愛的弟弟公子壽倒在血泊中，悲憤慟哭，向還未散去的刺客表明了自己的真實身分，刺客們接著又殺了他。於是衛宣公立公子朔為太子。太子朔繼立後就是衛惠公。果然，衛惠公執政時，國內政治不穩，曾一度喪失了權力，後來又復國。

衛惠公是靠讒害兄長太子伋和公子壽被立為國君的。原來輔佐太子伋的右公子職和輔佐公子壽的左公子泄也反對衛惠公繼位，密謀廢黜他。衛惠公繼位的第四年，左右公子向衛惠公發難。衛惠公不敵，逃往齊國。太子伋的庶弟黔牟被立為衛君。八年後，齊襄公以王命為名聯合諸侯討伐衛國，誅殺左右公子，扶持衛惠公復位。黔牟逃往周地。衛惠公亡命他國八年，其間衛國都處於動盪之中。

衛惠公死後繼位的是衛懿公。衛懿公本應該及時扭轉國內不穩定的狀況，迎頭追趕國際發展趨勢。但是衛懿公是個極其有個性、有愛心的國君，也不能用窮奢極欲來形容他。他喜歡上了寵物仙鶴，不理朝政，天天養鶴。衛懿公不僅和仙鶴稱兄道弟（大概是自己想成仙），還按照

大夫的標準給予仙鶴們優厚的待遇。衛國的都城成了仙鶴的樂園。結果衛懿公在位的第九年國家遭到北狄的侵犯。敵人逼近朝歌了，衛懿公要組織國人去迎戰。人們諷刺他說：「叫你的鶴兄鶴弟去抗敵吧！」沒有人願意替衛懿公賣命。衛懿公只好硬著頭皮迎戰，結果一戰被殺，朝歌失陷，衛國差點亡國。

我們只能替衛國感到可惜：在春秋諸侯剛起跑的時候，衛國就摔倒了。

衛國在之後一直沒有逃過內亂的陰影。

衛懿公之後的衛文公在齊桓公的幫助下復國並遷都楚丘。衛文公是一位不錯的守成之君。他艱苦創業，發展生產，使衛國的國力從谷底回升，並完成了吞滅邢國（今山東聊城地區）的功績，國勢復興。衛文公去世後兒子衛成公繼位。衛成公原本是一個普通的君主，直到他遇到了逃亡的晉國公子重耳。衛成公對這位日後的春秋霸主非常無禮，讓成為晉文公後的重耳一直對衛成公恨得牙癢癢。當時晉國已經崛起，逐漸掙脫了山西山區的束縛，實施了東進策略。衛國於是成了晉國爭霸天下要掃除的第一個障礙。

西元前六三二年，晉軍一舉滅衛。衛國再次跌入了谷底。衛成公逃亡各國，最後還是落入了晉軍手中，還差點被毒死。後來衛國成為晉國附庸後，衛成公才被放回。衛國復國，接受了晉國劃定的疆域範圍。衛國經過這次沉重的打擊，一蹶不振。西元前六二九年，狄人再次大舉進攻衛國。衛成公敵不過，只得遷都帝丘（今河南濮陽南）避其鋒芒。

之後的衛國依然沒有平靜下來，未能穩定國內政治，全力對外，奮起直追那些早已跑到前頭的諸侯國。西元前四九二年到西元前四七七年這十六年間，衛國連續爆發大規模內亂。蒯聵、衛出公父子不顧名分爭奪君位，鬧得國內烏煙瘴氣。衛出公去世後，他的叔叔竟然攻打自己的

孫子輩、衛出公的太子，成為衛悼公。衛悼公去世後其子衛敬公繼位，衛敬公去世後其子衛昭公繼位，都碌碌無為。衛昭公只在位六年就被衛懷公殺死，衛懷公在位十一年又被衛慎公殺死。

衛國的統治者忙於應付內亂，沒時間理會國外形勢。等他們猛然回頭時，春秋外交已經謝幕了，戰國的大幕已然拉開。

衛國是因內政不修導致最終失敗的典型案例。

衛國作為西周分封的諸侯大國，地位很高，遠較齊、魯、宋、晉等國重要。但整個春秋時期的衛國史幾乎是一部內亂史。衛國的國君鮮有不腐化墮落、驕奢淫逸之人，君臣父子爭權奪利、互相殘殺的景象一再出現。衛國處於天下四方的交叉點，交通便利，對當時各國轟轟烈烈興起的圖強稱霸的消息瞭如指掌。對於準確掌握春秋政治發展的大趨勢，衛國具有得天獨厚的優勢。但事實並非如此，衛國統治者缺乏改革意識，也沒把精力放在改革發展上，沒有決心發展生產，自然也就沒有足夠的物力和財力去擴充軍力，不能勇敢而自信地參與外交競技了。

我們在衛國外交上也找不到任何一個可圈可點之處。「衛國多次遭到晉國進攻，卻得不到楚國援助。春秋初期衛企圖依靠齊國，結果遭到齊國的進攻。魯國原是衛國之友，衛卻幫鄭攻魯。衛聯陳抗鄭，陳卻與鄭結盟。外交上之失利導致諸國交相侵伐，衛國由大變小，由強變弱，直至滅亡。」在城濮之戰前，衛國捨近求遠，親近楚國，採取了聯楚抗晉的對策。它太過於靠攏楚國了，一點餘地都沒為自己留下。結果楚國大敗，衛國被晉軍滅亡。城濮之戰後，晉國致力於使衛國順服，採取了暗殺、進攻、駐軍等手段。在晉國霸業持續不衰的情況下，作為晉國鄰國的衛國即使不採取向晉國「一邊倒」的策略，也不應該去招惹晉國。不料，在晉國霸業確立後，衛國仍作無力的抗爭，數次與晉國作戰。西元前六二六年，各諸侯國朝見晉侯，衛成公非但不去，反而派孔達侵襲鄭

國。晉國率領諸侯聯軍攻占衛國的戚地，俘虜了孫昭子。衛國屈服了，請陳國出面以孔達為人質化解這次晉衛危機。長期與晉國為敵的結果是，衛國的百泉、河內、朝歌、邯鄲、五鹿等大片領土都被晉國占領，衛國最後還不得不歸順晉國。

　　春秋初期的大國衛國是以三流國家的身分進入戰國的。戰國時期，衛國遭到趙國的不斷蠶食，國土日削，卻依然沒有澄清政治，腐敗依舊。但衛國處於韓、趙、魏、齊等大國之間，地理位置極其重要，衛國的存亡將影響大國，尤其是趙、魏兩國間的均勢。所以魏國採取了攻趙救衛的策略，使衛國僥倖保存下來，衛國不得不成了魏國的附庸。衛君多次自我貶低，將爵位從公爵一直降到君。秦王政六年（西元前二四一年），秦國攻滅魏國，占領濮陽一帶設置了東郡。秦人將衛國遷徙到野王（今河南沁陽）一帶，使衛國轉受秦國的保護。秦國統一天下，衛國獨因弱小的緣故繼續存國。直到西元前二〇九年秦二世廢衛國末代君主子南角的爵位，衛國才滅亡。衛國竟然靠其地理位置，成了最後滅亡的周代封國。《史記》以「宣縱淫嬖，釁生伋、朔。蒯聵得罪，出公行惡。衛祚日衰，失於君角」來概括衛國大半時間的亂史。

　　衛國實在是一個研究內政和外交關係的絕佳案例。

宋、鄭：都是地理位置惹的禍

　　下面我們要看看宋國和鄭國這兩個地處中原腹心的諸侯國的春秋外交歷程。

　　宋國的統治區域大致相當於今江蘇徐州以西，安徽宿縣以北，河南開封、杞縣以東，山東菏澤、定陶以南一帶。這片地區是中國歷史上的「四戰之地」。因為這一地區地勢平坦、無險可守，所以容易被四周的敵人進攻，卻難以向四周反攻。本地區肥沃的土壤和發達的經濟只能成為吸引四周敵人進攻的目標。從整個地理環境來看，宋國是東方國家進入中原腹心，以及中原各國通往東南吳越的交通要道，可謂兵家必爭之地，策略位置十分重要。

　　二十世紀末，宋國商丘的城牆經過考古隊的挖掘，呈現出了兩千多年前的宏偉景象。宋國將都城的城牆修建成頂寬十二到十五公尺，底寬二十五到二十七公尺，高十一點五到十二公尺的規模。而在同一時期魏國的城牆高才二到六公尺，牆基厚十三到十五公尺；魯國的城牆高四點五公尺，城牆底部寬二十公尺。宋國的城牆無疑是各諸侯國中最難以攻破的。修築城牆雖然勞民傷財，但從楚莊王曾以優勢兵力圍困宋國都城長達九個月都沒有攻破來看，堅固的城牆無疑發揮了很大的作用。

　　宋國人為什麼熱衷於修建高牆大城呢？這和宋國人的品行和特質密切相關。肥沃的土壤和充足的水源使宋國人發展出了高度的農耕文明，農耕文明下的人追求的是安定的生活，性情溫柔。在殘酷的競爭狀態下，農耕文明的國家習慣於修建高牆大城，而不會想到耗費財力和物力來裝備、訓練一支強大的軍隊，主動出擊。因此宋國有「守株待兔」的故事；同樣，農耕文明的鄭國有「鄭人買履」的故事。所以，諸侯盟

軍的和平行動才會由宋國人出面發起主持。這樣的國家守成有餘，強盛不足。

春秋初期，宋國的外交活動是相當活躍的，不過馬上就沉寂了下來。

在春秋兩強鄭國和宋國的爭鬥中，宋國被鄭國打敗了。客觀地說，這一時期的宋國或與對手鄭國結盟，或與搖擺的魯國結盟，或參與齊、魯、鄭在不同場合下召集的會盟，外交技巧很高超，建立的外交關係錯綜複雜。雖然在外交競爭中失敗了，但是宋國仍不失為春秋初期的強國之一，沒有出現像之後那樣長期追隨霸主的情況。齊桓公時期，宋國開始了追隨強國的歷程。齊桓公之後，宋襄公組織起了宋國最後的力量，希望效仿齊桓公實現霸業。可惜他採取了「蠢豬式」的策略戰術，遭到了慘敗。強國的光輝只在宋國的頭上停留了很短的時間。

更長的時間裡，宋國主要是追隨齊桓公、晉文公等不同霸主，失去了外交獨立性，直至淪為大國附庸。在「從強附庸」的外交階段，宋國主要是親晉。「宋成公繼襄公即位後，雖然修復了宋與楚的關係，但不久因為晉國日漸強大即叛楚附晉。宋成公、昭公、文公、共公、平公曾不斷追隨晉國參加不同的會盟。綜合起來，這一時期宋參與晉國組織的會盟約有二十三次。宋國在這一時期也曾參與了與楚的結盟，不過，僅有魯成公二年蜀之盟這一次。」直到晉楚兩國平分天下霸權的時候，宋國才稍微扭轉了一下重晉輕楚的局面。宋國為什麼親晉？除了宗法親近的原因外，還在於宋國和晉國比較鄰近，晉國的霸業較持久。親晉外交加強了晉、宋兩國的關係，宋國多次得到晉國的援助。

當和平成為春秋中後期的主流外交主張時，宋國的實力有所恢復，開始表現出對晉國的離心傾向。但晉楚衰微，加上宋國的離心傾向並不明顯，和平態勢並沒有被打破。進入戰國後，與衛國自我貶爵不同，宋國國君在戰國七雄紛紛自稱為王的浪潮中也稱宋王，可見宋國當時還是

很有自信的。但當宋王開始挑釁周邊國家、擴張領土的時候，韓、魏等強國讓它的自信心徹底粉碎，宋國很快被吞併。

宋國在戰國的隨起隨滅表明了沒有強國依靠的小國的安全環境是多麼的脆弱。

後人在論及宋國的亡國時，主要歸咎於兩個原因。

第一個原因是除了宋國作為農耕國家的內斂平和的心態不適應殘酷瘋狂的春秋外交之外，宋國頑固恪守周禮，還繼承了一整套殷商遺留下來的宗法，任用公族執政。宋國的世祿世官制度在國內形成了權力很大且世代相襲的宗族勢力。國內政治因循舊規，由強宗大族擅權。春秋時宋昭公曾想採取措施革除強宗的力量，不僅沒有實現，還被祖母襄夫人殺死。國內的政治鬥爭牽制了統治者的目光，外交事務在國家事務中被邊緣化了。

第二個原因是宋國的地理位置實在太差了，戰爭頻仍，缺乏致力於內政獨立發展的時間。在春秋前期，宋國是南北強國爭霸拉鋸的主戰場；在春秋中後期，宋國因為處於中原和吳越的交通要道，大戰稍息，小戰依然不斷。任何國家身處宋國那樣的情形都會步履維艱，更何況是內亂紛擾的宋國了。

鄭國的外交處境與宋國相似，外交過程也相似。鄭國的地理位置也決定了它既是軍事策略要地，也是大國相互爭雄的焦點。春秋國際局勢風雲變幻，鄭國給人的感覺就是左右搖擺，兩面討好，又往往成為眾矢之的。

鄭國立國之初國家強盛，從鄭武公開始經鄭莊公到鄭厲公的近百年時間是鄭國的全盛時期。在這個階段，鄭國左右出擊、縱橫捭闔，成就了「春秋小霸」鄭莊公的事業。到了「有力回天」的鄭厲公執政時期，鄭國極不情願地進入了衰落期。鄭國的歷史、實力和人才不能支撐它成

為一個國際強國。多數時期，諸侯爭鄭的戲碼一再上演。首先是齊楚爭鄭，齊勝而鄭歸齊。其次是宋楚爭鄭，鄭國始終站在楚國一邊；後來秦晉爭鄭，鄭國很艱難地在秦晉之間尋求平衡。最後是晉楚爭鄭，鄭國的壓力不斷增大。鄭國在威服於楚莊王後，晉國增援的大軍還在路上。鄭國派人向晉國無奈地表示：「鄭之從楚，社稷之故也。」在鄭人看來，保存社稷，繼續獲得參與外交活動的資格是最重要的，外交尊嚴是次要的。鄭國的外交政策可以用「唯強是從」來概括，大致就是誰最強、誰勝利，鄭國就投靠誰。即使奉行這樣的政策，鄭國仍然多次受到強國的進攻，並不能保障自身安全。誰讓鄭國的位置極其重要，又沒有保障國家安全的實力呢！

　　子產相鄭也許是鄭莊公之後鄭國最大的亮點。子產較為成功地約束了國內貴族的權力，解決了國內矛盾，恢復發展生產；同時，在對大國的態度上不再唯命是從，而是以不卑不亢的態度，有理有據地盡可能維護國家利益。需要注意的是，鄭國對於與自己對等或更弱小的國家，採取兼併擴張的政策，有一種「己所不欲，仍施於人」的感覺。在華夏大戰不再出現的情況下，鄭國穩定與大國的關係後，開始了對小國的征討兼併。弭兵之後，鄭國依然小規模地進行兼併擴張戰爭。鄭國多次對東方的宋國和南方的許國用兵，擴張領土。鄭國的國家血液中還是有擴張稱雄的因子，抓緊時機擴張壯大始終是春秋諸侯處世的法寶之一。

　　鄭國勉強進入了戰國，最後亡於韓國。

魯、虢：故步自封的悲哀

　　魯國是春秋時期的文化強國。宋國保存的是殷禮，魯國保存的則是典型的周禮，即所謂「周禮盡在魯矣」。

　　魯國都城是曲阜，大概擁有今山東省泰山以南地區，兼有河南、江蘇、安徽三省的一隅。魯國既為姬姓，又為周公之裔，故在諸侯位次序列中有「班長」之稱，被列為首席。春秋時期，「政由方伯」，但在各諸侯國會盟的班次上，並不強大的魯國往往位居前列。宋襄公受楚成王侮辱的時候，還是爵尊禮強的魯國出面解救的。文化和禮儀是魯國的驕傲，可惜魯國人並沒有將它們轉化為國力，卻因過度拘泥於禮儀規章，嚴重影響了國家的行政效率。它留給後人的最大教訓是「禮儀之邦」的稱號固然光榮，但並不是切實的國家實力，中間的轉化是微妙且艱巨的，切不可坐在光榮簿上不思進取，空喊口號。

　　魯國可能是過於注重內部文化建設了，在外交上乏善可陳。魯國外交主要是圍繞著與齊、晉、楚、宋、衛等大國的關係展開的，並把國內的道德規範和周禮周制引入了外交中。在對各國的態度方面，魯國與衛、晉走得比較近，因為魯國與晉國、衛國乃兄弟之國。小國交魯，魯國也往往親近同姓。在諸小國中，曹、滕與魯同姓，邾、莒、薛、杞皆為異姓。故曹太子朝魯，魯以上卿相賓；滕、薛爭長，魯國偏向滕侯。而邾、莒為魯國近鄰，杞、邾頻頻朝聘魯國，但這些小國一旦不敬，魯國就去征討。邾、莒等小國最後和魯國的關係也不太好。因為魯國的宗法觀念是：「凡今之人，莫若兄弟。」「兄弟鬩於牆，外禦其侮。」魯國自春秋以來外交日窘，沒有一個和平友好的睦鄰環境就是一大導因。

　　魯國最重要的雙邊外交關係就是與齊國的關係。齊國和魯國是近

鄰，在國家發展上存在不可調和的矛盾。春秋時期，兩國戰爭不斷，魯國不能獨自對抗齊國，因此，魯國引入其他強國來與齊國進行抗衡。實際上，魯國外交的重點在很大程度上是為了遏制齊國。魯國最先選擇的強國是楚國，後來則一心投靠晉國。在晉、楚兩國達成勢力均衡後，山東半島基本恢復了平衡。力量削弱的齊國不再侵魯，魯國也不敢去招惹齊國，這是一種微妙的平衡。

魯國在春秋後期也沒有逃脫在內爭中衰落的命運。《禮記》稱魯國「君臣未嘗相弒也，禮樂、刑法、政俗未嘗相變也。天下以為有道之國。是故，天下資禮樂焉」。魯國的內亂將這些讚譽無情地擊碎了。「三桓」長期把持朝政，在魯襄公十一年（西元前五六二年）三分公室，建立三軍，各領一軍。魯昭公五年（西元前五三七年）「三桓」又四分公室，季孫氏獨得兩份。魯昭公時期，「三桓」發兵攻擊國君，魯國公室從此名存實亡。魯昭公之後的魯定公、魯哀公都是被「三桓」逼到國外流亡死去的。孔子曾經短期執政魯國，對強大的公卿力量略一試探，就不得不掛冠而去，周遊列國。孔子年老後回到魯國，雖被尊為「國老」，但仍得不到重用。他也不再求仕，而是集中精力繼續從事教育及文獻整理工作。

這也許是魯國這個文化強國留給後人的最大財富。

最後要挖掘一個被歷史迷霧掩蓋的小國：虢國。

春秋歷史初期的虢公石父、林父等人就是虢國的國君。虢國為後人留下許多膾炙人口的故事，如神醫扁鵲救太子、虢公拜神、假途滅虢等。但是之前人們對虢國投注的目光實在太少，以至於九〇年代大量虢國的墓地和古蹟挖掘出來的時候，人們對春秋到底存在幾個虢國、虢國的疆域等基本問題都不清楚。春秋史書中一共出現過五個虢國：東虢、西虢、北虢、南虢和小虢。能夠確定的是，西周王朝建立時周文王分封給他的弟弟虢仲和虢叔建立諸侯國，稱虢國，結果卻出現了五個同名的

國家。有一個國家在陝西寶雞附近的雍，稱為西虢；封在今虎牢關東汜水一帶的虢叔之國，史稱東虢，後來被東遷的鄭國滅亡了；還有一個小虢阻擋在秦國東進的路途上，被秦國滅亡了。西虢只是封邑，而不是國家；東虢和小虢的國家都比較確定。有問題的是北虢和南虢。北虢在平陸，在黃河北岸；南虢在三門峽，在黃河南岸。北虢和南虢隔河相望，其實是一個虢國。北虢後來擴張到了南岸，往南遷都，後來改稱南虢。因此有人提出了四個虢國的說法。但有人考證出南虢和北虢其實是西虢的後代隨周平王東遷後建立的國家，提出了三個虢國的說法。

虢國為什麼東遷到三門峽一帶呢？因為虢國在當時是一個重要的諸侯封國，是周王室的重要依靠。虢國國君長期在朝中擔任公卿重職。虢國跟隨周王室來到三門峽後，被周王室賦予了監視和征伐北方的夷狄和南鄰的盧、伊洛、陸渾戎，以確保雒邑東、西、南界的安全和南崤道暢通的使命。虢國從三門峽立國到西元前六五五年被晉國所滅，先後有八位國君在位，歷時近二百年。我們論述的重點就是這個虢國。

虢國的國力達到了相當的高度。九〇年代以來，虢國貴族墓地出土的各類文物中不乏國寶級的珍寶，許多物品保持著文物挖掘多項第一的紀錄：「中華第一劍」將中國冶鐵史向前推進了二百年；真車、真馬成縱隊進行墓葬的做法，開「軍陣隨葬」之先河，成為後來秦兵馬俑的葬俗淵源；另外還出土了兩套中國迄今為止最早的編鐘，且刻有銘文六十餘字，可謂「寶中之寶」。國君虢季墓和虢仲墓、太子墓、貴妃墓除了發現大量的珍貴殉葬品外，還挖掘清理了十三座殉葬車馬坑，其中虢季墓陪葬的車馬坑長四十七點六公尺，葬有十六輛車、七十餘匹馬，遺蹟明晰，十分可觀。虢國不僅物質豐富、國力強盛，而且擁有一支強大的軍隊。虢國是一個以猛虎為族徽，崇尚武勇的諸侯國，立國之後頻繁地參與戰爭。虢國人擁有良好的軍事素養和優良的軍事裝備。虢國的戰車、

武器和甲冑都是天下聞名的。從三門峽地區挖掘出土的虢國貴族墓葬車馬坑群是中國迄今發現規模最大、車馬最多、年代最久的車馬坑群。陪葬車馬坑更是規模宏大，形成一個龐大的戰車軍陣，戰馬、戰車成隊，氣勢恢宏。

虢國國力很強，和周王室的關係很好，作用很重要，但就是沒有發展成為強國。

虢國的失敗可以歸咎為兩大因素：一是盲目追隨周王室的外交路線，僵化不知變通；二是貴族階層沉溺於享受，缺乏進取精神。歸根究底，還是一個成語：故步自封。

周王室將地處三門峽的虢國當成王室的西部屏障。虢國占據的位置極其重要，易守難攻。作為關中和關東之間唯一的水陸「雙軌」通道，虢國擁有「一夫當關，萬夫莫開」的天險函谷關，還占據著陡峭險峻的崤山古道，巍巍的秦嶺及晉國南下必經的黃河要津。周王室將虢國分封在如此咽喉之地，一是出於對虢國的信任和器重，希望方便虢國貴族參政；二是希望利用虢國強大的軍隊，護衛王室。虢國的確沒有辜負周天子的期望，自始至終唯周王室馬首是瞻。虢國始終緊跟周王室的外交步伐，是最聽話的諸侯國之一。周王室發生王子穨之亂時，虢國就和鄭國合作，出兵平亂。虢軍從北門進入周都，殺死了王子穨及叛亂的五個大夫，扶持周惠王復位，鞏固了周朝政權。後來，樊皮叛亂，虢國又奉命討伐樊皮。虢公攻入樊，將樊皮抓到雒邑。

虢國的「守紀律」是不計自身實際，不看國際形勢變化的盲從。結果，虢國的外交變成了對周朝外交的響應，並沒有增進虢國的國家利益。正是因為虢國的盲從，周朝也特別喜歡指揮虢國（周朝能指揮得動的諸侯國也不多了）。春秋初期，晉國爆發了公室爭權之亂。在翼的大宗與在曲沃的小宗發生軍事衝突。周朝出於維護宗法制度的目的，支持晉

國的大宗。虢國多次奉命討伐晉國，扶翼而抑曲沃。西元前七一八年，虢公奉命進攻曲沃，在翼扶持了晉哀侯；西元前七〇四年，虢公又奉命討伐曲沃，在翼扶立晉侯緡。第二年（西元前七〇三年），虢仲又和芮伯、梁伯、荀侯、賈伯一起討伐曲沃。西元前六六八年，虢國接收晉國的流亡公子，再次討伐晉國，秋天打了一次，冬天又打了一次。翼地的晉國大宗很大程度上是受周王室和虢國扶持的。虢國屢次干預晉國內政，激化了晉國國內矛盾，也沒能阻擋曲沃小宗勢力的發展。最終曲沃小宗消滅了翼地大宗，奪取了晉國政權。虢國的國家利益要求虢國和相當強大的晉國保持良好的關係。晉國內部的權力鬥爭與虢國並沒有直接關係，虢國完全沒必要參與晉國內鬥。虢國的一再出兵在晉國看來就是侵略，只會惡化虢、晉兩國的關係。加上虢國策略地位十分重要，晉國擴張的拳頭很快就落在了虢國身上。

虢國統治者的政治素質也乏善可稱。周幽王時的虢石父就是「讒諂巧從之人」，結黨營私，廢太子宜臼，是誘發犬戎入侵、導致西周滅亡的罪魁禍首之一。虢公林父不敬畏神靈，不愛護百姓，只會橫徵暴斂，使虢國出現了衰敗跡象。虢國的亡國之君虢公醜以無德和窮奢極欲著稱。「民疾其君侈」、「民疾其態」，致使「宗國既卑，諸侯遠己，內外無親」。上梁不正下梁歪。虢國貴族政治保守，抱殘守缺，把主要精力放在享樂上。考古挖掘的虢國貴族墳墓的奢侈豪華程度令人震驚。其中，一墓出土文物三千二百件，其中青銅器一千七百多件，金器十三件，玉器一百二十一件、組；另一墓出土文物三千六百件，其中大型青銅器二百多件，玉器近千件。西周春秋時期的大墓並不罕見，但隨葬品如此豐富的墓葬卻極少。虢國貴族生前的貪圖享樂可見一斑。低劣的政治素養、保守的政治立場導致虢國重大決策屢屢失誤。虢國君臣故步自封，放棄了發展大業，而把精力傾注在享樂和日益衰微的周王室身上，不顧歷史

發展潮流，盲目干涉他國內政，最終把虢國引向了滅亡。

西元前六六一年秋，一道流星白光落到虢國莘原。虢公向史官詢問是什麼緣故，史官為了取悅國君胡謅說：「這是先主虢仲的神靈從天而降，保佑國君治理國家。」虢公轉憂為喜，耗費大量人力、物力建造了宏偉的工程──社稷壇。社稷壇上塑造了虢仲高大的神像，虢仲遺留下來的卷宗檔案都放置到塑像前的香案上，被奉為「至聖天書」。虢國遇到重大決策，君臣們就來神像前燒香禱告，然後打開「聖書」。「聖書」上面怎麼寫，國君就怎麼做；如果遇到的新情況、新問題在「聖書」中沒有提到，國君就視而不見。

遠在雒邑的周惠王聽到虢國故步自封至此，只能連連嘆息。

西元前六五八年夏，晉獻公命里克、荀息率軍攻伐虢國。晉國先用國寶好馬和玉璧向虞國借路。虞君貪圖珍寶，同意晉軍通過虞國去攻打虢國。晉軍很快便攻陷虢國北方軍事重鎮和國都下陽，占領虢國北方領土。虢國渡過黃河南遷，定都上陽，改稱南虢。虢國在下陽失陷後，並沒有加強對晉國的防務工作，反而繼續向西線用兵，同犬戎在桑田（今河南靈寶市稠桑村，現已被三門峽水庫淹沒）作戰，從而給晉人以可乘之機。虢公醜戰勝了犬戎，大肆慶祝。虢國大夫舟之僑從暫時的勝利中預見到了「虢難將至」，對虢公醜的執政進行了猛烈抨擊。三年後（西元前六五五年），晉獻公親自統軍，再次向虞國借道伐虢。貪財的虞君不顧大夫宮之奇「輔車相依，唇亡齒寒」的勸諫，再次向晉軍敞開了國門。晉軍很快便圍困了上陽。虢國進行了三個多月的抵抗，最終在這年十二月被滅亡。

虢公醜在國亡後逃奔雒邑開展過復國活動。虢公醜死後，虢國貴族為晉國和生活所迫，停止了復國行動。原本很有大國潛力的虢國就此退出了歷史舞臺。

　　春秋外交是大國外交和強權政治橫行的外交。小國從來就沒有成為過外交舞臺上的主角，大國牢牢掌控著外交主動權。

　　強國對小國的欺壓和控制是全方位的。分兵討伐小國；扶持、聯合小國的敵人，共同對付小國；占領邊境要衝，駐兵防守，威懾小國；在小國統治階層內部進行人事變動，清除異己、扶持傀儡、扣押人質等等；直接在小國國內留駐監視的軍隊。缺乏實力的小國只能逆來順受，稍有不順就會遭到攻打。因此就有人提出了「弱國無外交」的觀點。

　　其實，弱國更要講外交。每個強國都有一個由弱到強的過程，如果每個國家都放棄努力，那麼這個世界就是靜止的，永遠是強者更強、弱者更弱；如果每個國家都消極應付，那麼外交的領域將會灰濛蒙一片。這裡的「弱國外交」概念主要是指對外交局勢的準確掌握，對現行遊戲規則的認同和遵守以及外交技巧的高超運用，目的是為弱國創造一個相當穩定的發展環境，為其逐步發展成強國提供可能。小國外交的重點就是對現行弱肉強食的外交遊戲的精通和熟練運用。任何外交現狀都是實力對比的反映，只要小國盡到自己的義務，就可以把自己的權利和義務限定在固定範圍內，為崛起創造可能。高超的外交技巧應該是小國外交成功的工具。在沒有實力公然說不的情況下，技巧可以彌補力量的不足。這些都是從古代外交中吸取的血淚教訓。

　　從衛國到虢國的一系列小國都是失敗的國家。它們失敗的原因各異，但都有一個共同點：外交失敗。成功的外交對小國尤為重要。

第十二章　回顧春秋大外交

冽彼下泉，浸彼苞稂。愾我寤嘆，念彼周京。

冽彼下泉，浸彼苞蕭。愾我寤嘆，念彼京周。

冽彼下泉，浸彼苞蓍。愾我寤嘆，念彼京師。

芃芃黍苗，陰雨膏之。四國有王，郇伯勞之。

《詩經·曹風·下泉》

人的面容最鮮豔

　　春秋外交中最寶貴、最醒目的內容是什麼？是人，是人的外交謀略和外交實踐。

　　外交人員是外交的根本。外交的籌劃、進展和反饋都離不開人的執行。古今外交人員承擔著外交運轉和紛繁複雜的外交事件。人員的素質優劣決定著外交品質的高低。對於統治者來說，在用人環節就開始了外交過程。用人著實是首要的、最大的外交謀略。春秋和之後的戰國時期是人的面容最生動的時代，更多閃耀著人性光輝和智慧火花的故事記載於史冊。在回眸春秋外交的開始，我們先來看看春秋外交人物的鮮豔面容。

　　從管仲、百里奚到文種、范蠡，一個國家因為人才運用得當而興起的例子在春秋時期非常多。春秋各國有許多禮遇人才、厚待人才的例子。因為屬於國內政治的內容，書中沒有就此展開論述。比如，吳國堂邑人專諸原本是無業遊民，因為公子光（即吳王闔閭）的看中而受到了多年的禮遇款待。專諸的社會地位上升，最後成了春秋第一刺客。又如，齊國的孫武在本國不被重用，就前往潛力巨大的吳國做了大將，訓練了一支強大的軍隊，終於造就了以三萬弱師幾乎滅亡泱泱大國楚國的奇蹟。與吳國善於招攬人才形成鮮明對比的是楚國。春秋中後期，楚國在人才流動方面長期處於「入不敷出」的「出超」狀態。吳越爭霸中的主角伍子胥、文種、范蠡都是楚國人。正是因為發現了人才的重要性，春秋各國才或多或少地尊重人才、招攬人才。比如，齊國就興建了「稷下學宮」，聚眾招賢，合則留用，來去自如。因此春秋時期「士散於野」，文化開始普及，人才輩出。在各國政府政策的配合下，春秋人才東

來西往，喧喧嚷嚷，好不熱鬧，被後人稱為「百家爭鳴」。

在眾多外交人物的故事中，我們先講講孔子的弟子子貢「存魯，亂齊，破吳，強晉而霸越」一氣呵成的外交傑作。子貢，衛國人，姓端木，名賜，子貢是他的字，比孔子小三十一歲。子貢見識廣，反應快，巧舌如簧。孔子曾貶斥子貢，但又常常在關鍵時刻用他。

舉個例子，西元前四八四年，齊國的權臣田常企圖奪取齊國君主之位，因為畏忌國內高、國、鮑、晏等卿大夫的勢力，計劃透過發動國際戰爭來轉移國內衝突，實現自己的野心。他派遣了許多卿大夫去伐魯，意在立威，也想藉機削弱卿大夫的力量。身為魯國人的孔子知道這一情況後，決定挑選弟子展開外交斡旋，拯救明顯不是齊國對手的魯國於危難之中。

孔子選中的弟子就是子貢。

子貢的對策就是利用各諸侯國的矛盾，借力打力，將齊國的軍鋒從魯國移開。這個策略在外交戰場上最常用，難度也最高。子貢是怎麼做到的呢？

子貢首先到了齊國，見到田常，為他分析了攻打魯國不如攻打吳國有利的道理。子貢遊說田常說：「您伐魯很難成功。魯國的城牆又矮又薄，又缺乏迴旋的領土；國君愚昧不義，大臣狡詐無用，老百姓都討厭打仗，所以很難戰勝。您不如讓齊軍去進攻吳國。吳國城牆高大，地域廣闊；兵甲新而堅固，士卒精幹，供應充足。吳國既有重器精兵，又有賢明的大夫守衛，很容易征伐。」田常聽到這話勃然大怒：「子貢，你當我是傻子啊？哪國強、哪國弱是明擺著的事。你這麼說是什麼意思？」

子貢回答：「我是根據您的實際情況做出的判斷。憂患在內部的要攻打強國，憂患在外部的要攻打弱國。您的憂患在內部。您多次想進封都沒能成功，大臣中存在不服從您的勢力。破魯的確很容易，但結果只能

是擴大齊國領土，增加領兵大夫們的功績，對您來說有什麼好處呢？只會壯大敵人的力量，和君主的交情日漸疏遠，想要圖謀自己的大事，就更難了。齊國真的不如去攻打吳國。齊國進攻吳國不會勝利，部隊會受損，朝廷會空虛，但同時會削弱那些與您過不去的大夫的力量，便於您孤立君主、控制齊國政權。」

　　田常恍然大悟道：「你說的有道理。但是齊國進攻魯國的軍隊已經出發了，中途讓大軍離開魯國而去伐吳，引起朝廷的騷動怎麼辦？」子貢建議：「齊軍可以在魯國按兵不動。我去見吳王，說動他救魯攻齊，然後齊軍再派兵迎戰。」田常同意了，並讓子貢去說動吳國救魯。

　　短短的兩個回合，子貢就說服了田常。子貢的成功是因為他準確抓住了田常的私心。田常根本就不在乎本國對魯國戰爭的勝負。子貢從田常希望消耗、削弱政敵的目的出發進行誘導，快速達到了拯救魯國危局，將戰火引向吳國的目的。

　　子貢到了吳國後，對夫差說：「現在強大的齊國要吞併弱小的魯國，是為了以後和吳國爭強。您如果救魯國，打敗齊國，就能夠揚名立威，安撫泗水之濱的諸侯，威懾強大的晉國。同時吳國才能保存魯國，既獲得一個忠實的盟國，又能遏制暴虐的齊國，名利雙收。」夫差早就有心進攻齊國，問鼎中原了，但他還是有所顧慮：「你說的有道理。然而吳國和越國是世仇，我國要分出力量來防範越國的報復。如果吳國大軍北上，越國發動突襲，我們的策略目標就難以實現了。還是等吳國滅了越國後再按你說的辦吧！」子貢不以為然地說：「越國的力量不超過魯國，吳國的強大不超過齊國。您不顧齊而去伐越，等您凱旋後齊國早就吞併了魯國，更加強大了。機不可失，時不再來。吳國不滅越國，能向諸侯展現仁義之心；救魯伐齊，就能威懾晉國，迫使諸侯群起朝拜吳國。吳國的霸業就成功了。大王如果實在擔心越國，我願意去見越王，讓他出

兵隨從。名義上是讓他跟隨大王伐齊，實際上可以削弱越國。」夫差大喜，認為子貢為自己解決了難題，授權子貢出使越國。

子貢抓住了夫差稱霸的野心和好大喜功的虛榮心，連連用霸業誘惑，讓吳國也接受了自己的思路。吳國當時正處於國力上升時期，夫差迫切需要尋找到展示力量、樹立權威的機會。但夫差對越國的擔心是有道理的，勾踐臥薪嘗膽，越國實力逐漸增強，的確對吳國構成了威脅。只是時機沒有成熟，勾踐才沒有動手。

子貢來到越國，受到勾踐的隆重歡迎。

越國地處偏僻，極少有中原名人光顧。現在子貢千里迢迢而來，在勾踐看來是天大的面子。勾踐清掃道路，到郊外迎接子貢，並親自駕著車子到子貢下榻的館舍問候客人：「越國是個偏遠落後的國家，大夫怎麼屈尊光臨啊！」子貢對勾踐說：「我知道大王有報仇雪恥之心，但千萬不要暴露在吳王面前。現在就有一個機會，吳國要進攻齊國了！您應該主動向吳王請求出兵助戰，用厚禮和美言迷惑他的心竅，讓吳國對越國放鬆戒備。吳王暴虐，民憤很大；國內奸臣當權，君臣二心，吳國正在走向滅亡之路。吳王攻打齊國，戰敗了，是越國之福；戰勝了，吳軍必然轉而攻打晉國。那時，我去說服晉國國君，讓晉國出兵與吳國作戰。吳國精銳兵力將長期困在齊國和晉國之間，到時越國趁機興兵，滅吳將是輕而易舉的事情。」勾踐非常高興，答應照計行事。臨行前，勾踐還送給子貢黃金百鎰，寶劍一把，良矛二支，子貢都沒有接受。

子貢先回到吳國，報告夫差說：「越王很懼怕你，斷不敢輕舉妄動。」這一邊，勾踐按照子貢的計策，假裝向吳王請求出兵助戰，並向吳王君臣重禮行賄。夫差對子貢的話確信不疑，轉過來問子貢可否讓越國參戰。子貢說：「不可以。那樣既不仁義，又會讓越國分享戰功。」夫差於是拒絕了勾踐的「好意」，集中全國之兵北上進攻齊國去了。在這

裡，子貢保留了越國的軍隊，沒有讓吳國徵召越軍一起北上，是為了激化東南方向的矛盾，等待吳越爆發大規模的戰爭。

　　緊接著，子貢馬不停蹄地前往晉國，對晉國國君說：「我聽說，有備無患。不事先謀劃好計策，就不能應付突如其來的變化，不事先治理好軍隊，就不能戰勝敵人。現在齊國和吳國大戰在即，如果吳國不能戰勝齊國，越國必定會趁機襲擊吳國；如果吳國戰勝了齊國，吳王為了爭霸一定會帶領大軍逼近晉國。」晉國在春秋後期最不願意打仗了，驚慌地問子貢該怎麼辦。子貢說：「整治軍備，訓練士卒，以逸待勞，迎戰吳軍。」晉國於是下令全國整軍備戰。

　　至此，子貢成功地完成了一連串的複雜外交布局，環環相扣，堪與德國俾斯麥十九世紀末在歐洲構建的德國外交布局相媲美。

　　夫差北上爭霸的結局，我們在上一章已經了解了。

　　子貢回到魯國以後，吳國和齊國就打了起來。吳軍大破齊軍，俘虜了國書（田常的政敵）等五位大夫，繳獲兵車八百乘，斬首三千，獻給魯哀公。失敗的田常反而對子貢很感激。得勝的夫差不但沒有收兵回國，反而掉頭去進攻晉國，結果被早有防備的晉軍遏制。同時，勾踐對吳國發動突襲，獲得大勝。夫差迅速回頭迎戰越軍，連戰連敗。吳國從此盛極而衰。子貢的祖國魯國安然無恙，只是在一旁觀戰而已。

　　憑著這場外交傑作，子貢完全可以躋身於中國古代大外交家之列。戰國時代的蘇秦、張儀等人只能算是子貢的後輩而已。子貢導演這場大戲取得成功的原因，固然和當時交通不發達，消息傳播速度慢，各國資訊相對閉塞，以及個人的精湛遊說技巧有關，最主要的還是子貢對各國、各派政治力量利益所在的準確判斷和掌握。子貢順應利益流向，巧妙安排，成功地使時局朝著有利於自己祖國的方向發展。齊國、吳國、越國、晉國都按照子貢的設計展開了戰爭，最後的結果也在子貢的預料

之中。魯國保存了，齊國的田常和晉國都高興了，吳王夫差和越王勾踐也都感激他。

能夠讓所有被利用的人都感激自己，子貢不愧為春秋大外交家。

我們再來看看春秋各國的人才爭奪戰。

對於傑出的人才，各國都不遺餘力地爭奪。我們先來說說晉國士燮的事例。士燮的表現在之前幾章中我們有目共睹。晉襄公死後，士燮等人被派到秦國去迎接公子雍回國繼位。沒想到，士燮護送著公子雍回國的途中，遭到了晉軍的伏擊，敗逃回秦。原來士燮在秦國的時候，晉國國內政治發生了戲劇性巨變，趙盾等人反悔，扶立了新國君。結果士燮成為國內鬥爭的犧牲品。士燮有國不能回，只好滯留在秦國做大臣。

士燮在秦國的表現很不錯，很快受到秦康公的重用。晉秦河曲之戰時，士燮為秦康公出謀劃策，誘使趙穿出戰，差點破壞了晉國的堅守策略。這件事，再加上當時晉國因為內爭導致的人才短缺，促使執政的趙盾決定招攬士燮回國。於是趙盾就派遣魏壽余假裝割據魏邑叛變。為了表演逼真，晉軍還裝模作樣地進攻魏邑，還把魏壽余的妻兒都拘押了起來。魏壽余落荒「逃」到秦國，向秦康公「投降」。秦康公見了大喜。有他國的大將主動投靠，怎能不讓人高興呢？更何況魏壽余還願意帶領秦軍渡河去進攻自己的老巢魏邑，歸附秦國。秦康公當即同意。

退朝的時候，魏壽余偷偷踩了士燮一腳，又默默走開。聰明的士燮立刻就明白了。他畢竟有心歸國，立刻判斷出魏壽余是來掩護自己回國的。

之後秦康公帶著大臣，整頓了軍馬，來到黃河西準備接受河東的魏邑。秦康公讓魏壽余先過河回魏邑準備，自己的兵馬隨後過河。魏壽余坦率地說：「請國君派人和我一同過河，以示我魏壽余沒有二心，同時也可以協助我的勸降工作。」秦康公覺得有理，開始想派誰去合適。魏壽

余趁機說：「請國君最好派遣熟悉晉國情況，會說晉國話的人與我同去，這樣可以方便工作。」秦康公立刻覺得這樣的人選非士燮莫屬了，於是就讓士燮和魏壽余一起過河。

士燮日夜希望渡河回晉國，可又怕自己回國之後秦國為難他留在當地的家人，於是裝出很不情願的樣子說：「晉人都懷有狼虎之心，不能輕易信任。如果我不幸失敗，死在晉國或者被晉國俘虜。到時候，請國君您一定要善待我的妻兒。不然我也不放心過河啊！」秦康公做人很厚道，爽快地說：「你放心，寡人這就對著黃河發誓，如果你在晉國殉難，或者滯留晉國，寡人一定把你妻子兒女都送回晉國！」士燮這才裝出勉為其難的樣子說：「既然國君都發誓了，我就勉力前行。」

士燮和魏壽余的這場表演雖然騙過了秦康公，但是沒有騙過秦國的大臣們。士燮、魏壽余兩人忍住內心的狂喜準備上船，正要登舟解纜時，忽然，有一個大夫一把扯住士燮，冷笑道：「大膽的士燮，今日此去，就永不再回來了吧！」士燮大驚失色，一看原來是秦國大夫繞朝。只見繞朝冷笑道：「你們瞞得了國君，卻瞞不了我！可惜啊，主公憨厚老實，執迷不悟，也算是老天成全你們全家。我這裡有一根馬鞭贈予士燮。來日睹此贈物，你們晉國莫欺秦國無人！」士燮接過馬鞭，和魏壽余千恩萬謝，渡過河去。

士燮、魏壽余一行人剛到黃河東岸，就被接應的晉國人接下船。大家抬著士燮和魏壽余，歡聲雷動。晉國人根本就不理什麼魏邑，徑直登車而去。晉國人的歡呼鼓噪之聲聲震九霄，連黃河西岸苦苦等待的秦國人都聽得一清二楚。秦康公這才明白，自己被士燮和魏壽余騙了，氣得差點暈過去。秦軍白白奔波了幾百里路，浪費錢糧，還讓國君空歡喜一場。對於自己對士燮的誓言，秦康公嚴格遵守，把士燮的家小全都送回晉國，與士燮團聚。

士燮，出身於晉國官宦世家，年輕時即步入政壇，任晉國大夫，輔佐晉文公、晉襄公稱霸中原。在晉楚城濮之戰中，士燮勇猛奮戰終於使晉軍以弱勝強，大敗楚軍，奠定了他在晉國政治舞臺上的牢固地位。《國語·晉語》評價士燮說「佐文、襄為諸侯，諸侯無二心」。之後，士燮在秦國流亡長達七年。當時晉國大臣們一致認為士燮「能賤而有恥，柔而不犯，其知足使也，且無罪」，不僅為士燮平反昭雪，還用妙計使他返回晉國。士燮返回晉國後，馬上受到重用，出掌上軍。西元前五九三年，士燮因消滅赤狄有功，被晉景公封為中軍元帥，兼太傅之職，從此成為晉國三軍統帥，開始執掌晉國國政。士燮輔佐晉成公和晉景公，對外戰爭中沒有出現過敗績，在國內明確刑法，貫徹訓典，晉國在他的治理下依然維持著霸國地位。

秦國用五張牡羊皮從楚國贖回了興秦的百里奚，晉國則巧計「賺回」了士燮。這是春秋歷史上的兩大佳話。

晉國也有使用人才失敗的慘痛教訓。

大家還記得不聽軍令，牽制荀林父，導致晉國在邲地大敗的先縠嗎？在邲大敗後，晉景公原本要嚴懲相關人員，後來在大臣們的勸說下，晉景公覺得正是用人之際，便沒有處置任何人。先縠依然做他的官。為了扭轉大敗後晉國國內動盪和國際地位衰落的局面，先縠曾建議晉國與宋國、衛國、曹國會盟，以穩定內部，盡量解決國家的困難問題。晉國授權先縠到清丘主持了這次會盟，但效果並不理想。清丘會盟原本應該盡可能團結中小諸侯，扭轉外交不利。誰知先縠竟然命令宋國去討伐不太聽話的陳國。當宋國執行晉國的命令討伐陳國時，對晉國不滿的衛國居然出兵營救。先縠不僅破壞了整個清丘會盟，還暴露了晉國難以控制中原諸侯的境況，使晉國的外交局面更加惡化了。

西元前五九六年秋，先縠居然勾結翟人攻打晉國。我們不知道他為

什麼要這麼做，或許他想借動亂掩蓋責任從而轉移壓力，或者他仍然覬覦荀林父的元帥位置，想掀起動亂頂替荀林父的職位。結果事機不密，先縠的陰謀敗露。國家追究他招引翟人的責任，並追究他在邲之戰中的責任。二罪歸一，先縠在當年冬天被處死，先氏家族也慘遭滅門之禍。從此，先氏家族徹底退出晉國的政治核心。先縠的不當行為不僅為國家帶來了災難，也株連了整個家族。

　　談到用人，春秋時期的生活環境對人們的性格，進而對國家的外交行為有很大的影響。以宋國為例，宋國境內缺乏山川之饒、魚鹽之利，人民以農耕為獲取生活資源的主要方式。宋國人日出而作，日落而息，春耕夏耘，秋收冬藏，周而復始，在這樣一個有規律、有秩序、寬緩安定的生活環境中，逐漸形成了文質彬彬的性格和尚文習禮的風俗。他們忠厚質樸，討厭戰爭，所以春秋時期兩次重要的弭兵大會都由宋人發起，並在宋地召開。消極的一面就是宋國鮮有主動、積極的外交行動，總是被動處理外交難題，備受打擊。而秦國地處西戎，既使人民養成了團結強悍的民族精神，又為秦國獨霸西方創造了有利條件。

　　從人，到國家，再到外交，這是連續不斷的影響鏈。人始終是最根本的要素。

子產和小國處世

西元前五四二年，子產陪同鄭簡公出訪晉國。

鄭國君臣朝拜晉國，是盡霸權秩序下小國的義務。當時的晉平公輕視鄭國，剛好魯襄公死了，晉平公就以為魯襄公致哀為藉口，遲遲不接見鄭國使團。不接見也就算了，晉國還將鄭國君臣安排在一所簡陋的館舍裡。館舍雖然未到讓人晚上難以入睡的地步，但也好不到哪裡去。館舍空間很小，鄭國隨行的車輛財物等只能暴露在館舍外的空地上。隨行的子產不管三七二十一，命令隨從人員推倒館舍圍牆，趕進車馬，將財物禮品都擠滿館舍。

晉大夫士文伯跑來責問子產：「你為什麼毀掉館舍圍牆？」子產回答說：「鄭國是個小國，時刻都聽大國的吩咐，不敢怠慢。這次我們國君親自帶著禮品朝拜貴國，你們有事一直不安排會見，我們理解，也耐心等待。可是招待我們的館舍實在太簡陋了，車輛和送給貴國國君的禮品都曝曬在外面。我擔心風吹雨淋把禮物破壞了，受到晉君的怪罪，所以只好把圍牆拆了。」接著子產又說，「我聽說晉文公主盟天下時，自己住的宮室低矮簡陋，而接待諸侯的館舍卻高大恢宏。賓客到達時，樣樣事情都有人照應，給人賓至如歸的感覺。可我在晉國看到晉君的銅鞮宮綿延數里，而朝拜的諸侯只能住在下人的居所。門不容車，也不能自由進出；盜賊公行，又缺乏警戒；接見的日子遙遙無期，如果禮物受到損壞，那罪過可就大了。魯國有喪，也是我們鄭國的憂喪。如果能和貴國國君面談，修葺院牆，處理喪事，這些事情哪敢勞煩貴國大夫過問？」

子產在這裡用巧妙的言辭坦白了毀壞館舍圍牆的原因，又委婉地表達了鄭國的不滿。鄭國的不滿代表了當時中小諸侯的心聲。士文伯無言

以對，只好回去勸晉平公安排會見。晉國這才隆重宴請了鄭國君臣，給了豐厚的回贈禮物，並下令建造接待諸侯的新館舍。

子產以自己的勇氣和智慧，維護了中小國家的尊嚴。

這裡要隆重介紹中小諸侯國的傑出外交家 —— 子產。子產的外交策略展現的是春秋時中小諸侯的不滿、牢騷和據理力爭。

子產是春秋後期鄭國的執政大臣，鄭穆公之孫，名僑，亦稱公孫僑。在子產成為鄭國執政大臣後，宋國弭兵之會的約束依然存在，晉楚之間保持了較為鞏固的和平局面。鄭國夾在晉、楚兩國之間，作為二等諸侯國勉強矗立在中原腹地。鄭國的國力大不如前，如今面臨著外交平衡和穩定發展內政的雙重任務。子產的政治任務是很重的。

子產內心是親晉的，他為卿時曾數次往晉。在他擔任執政後，就必須在晉、楚之間保持平衡，維護國家利益。在宏觀格局上，子產承認霸權秩序，並恪守鄭國應盡的職責和義務。我們不能簡單地用奴性來概括鄭國的行為，子產謙恭服侍強國的目的是要借助國際格局的力量來壓制強國的過分要求，將鄭國的壓力限制在一個固定的範圍內。在微觀操作上，子產利用巧妙的外交辭令和周禮，在朝聘的錢幣額度等具體問題上盡可能地維護鄭國的利益（諸侯重幣，鄭國輕幣）。

西元前五五一年，晉國以盟主身分命令鄭國去晉國朝聘，子產就去了。晉平公責問鄭國為什麼老和楚國來往。子產回答：「鄭國有時不能不交好楚國，很大一個原因是晉國沒有盡到保護藩屬小國的責任。」接著，子產正色說：「如果大國能夠安定小國，那麼小國自然會朝夕去朝見晉國；同樣，如果大國不憐恤小國的難處，不考慮小國的經濟困難，那麼小國負擔不起剝削，也只能選擇背離大國。這是大國和小國都感到憂慮的事情。」晉平公聽了子產這番話之後，自知理屈，便再也不責備鄭國了。

在弱肉強食的外交格局中，弱國、小國能做到這一步已經相當不錯了。

在與大國打交道的過程中，子產不敢有半點馬虎。小國承受不起任何額外的壓力，不能因為一些次要的枝節開罪大國。

鄭國的公孫段曾經出使晉國。晉平公很喜歡公孫段，就把州的一塊土地賜給了他。州在晉、鄭交界之處，已更替過多個主人。晉國國內的韓宣子、范宣子、趙文子三家都對它垂涎已久。公孫段不得不接受後，等於是讓鄭晉關係埋下了一顆定時炸彈。所以公孫段一死，子產就勸公孫段的兒子豐施把這塊土地歸還給晉國，豐施同意了。當時晉國是韓宣子執政。子產對韓宣子說：「公孫段因為能任其事，蒙賜晉國的州田。現在公孫段無祿早死，不能享受晉國的大恩大德。他的兒子不敢繼續領有州地，所以私下送給晉國的諸位大夫。」子產直接將州地送給了晉國的大夫們，排除了一顆定時炸彈。

西元前五二六年，韓宣子出使鄭國。鄭君舉行了隆重的歡迎儀式，並舉行宴會。在儀式開始之前，子產宣布：「苟有位於朝，無有不共恪！」要求朝野鄭重接待韓宣子，不能馬虎。誰料鄭國的大夫孔張還是在宴會時遲到了，只能站在客人中間。司儀糾正了他，孔張想繞到客人的後面進去。晉國來的人故意不讓他進去，孔張只好站到了懸掛著的鐘磬等樂器中間。主人歡迎客人時站在樂器中間，在周禮中是嚴重的失禮行為。晉國人看到這種場景，忍不住笑出聲來。大夫富子因此向子產諫言道：「國而無禮，何以求榮？孔張失位，吾子之恥。」他建議子產懲罰孔張，以討好韓宣子。子產為了保持鄭國的尊嚴，既嚴屬批評了孔張的外交失禮行為，也對富子的媚外態度加以怒斥。

在整個子產執政時期，鄭國沒有因為未盡禮數職責，或者舉止失措而引發的外交衝突。

　　同時，子產對大國始終保持著強烈的戒備心理，提防大國對鄭國內政的干涉和對國家利益的侵犯。小國在恭事大國的時候，很容易恭敬有餘、防範不足，子產導正了這一傾向。

　　在保持晉鄭良好關係的同時，子產對楚國也保持著和平的關係。西元前五四一年，楚公子圍和公孫段氏兩家聯姻，來到鄭國。將入館舍時，鄭國人發現楚國人帶著兵器。子產忙讓行人子羽與楚人交涉，暫時阻止公子圍一行進入國都。最後公子圍讓步，倒掛著箭囊進入館舍，表示沒有攜帶武器。這個公子圍為人凶暴不馴，巧言令色，缺乏政治誠信。即使結姻娶妻，他也是暗藏禍心，並不是無意攜帶武器的。迎親之日，公子圍其實是計劃暗藏兵甲，直入鄭都而輕取鄭國。幸虧子產警惕性高，婉言推辭，嚴密防範，才使公子圍被迫答應在郊外迎親。鄭國避免了一場血光之災。

　　西元前五二四年，宋、衛、陳、鄭四國同時發生嚴重的火災。作為北方霸國的晉國沒有發起任何救濟活動。各諸侯國也對晉國不抱任何希望，各自奮力救火。火災發生當天，子產不先救火，反而發放兵器，整備軍隊，命令各地先登城戒備，以防不測。晉國方面對鄭國的舉動感到不快，說：「鄭國有災，晉國的君臣十分著急，天天忙著為鄭國占卜、祈禱、祭祀。我們如此為你們的災難擔心，你們卻在兩國邊境加強警戒，整備部隊，這是針對誰啊？晉國的邊防長官很恐懼、很不解，不得不告訴你們。」子產回覆說：「敝國的災難導致晉君憂慮了。這是敝國政治有失，所以上天降災懲罰。火災發生後，我們恐怕國內某些陰險讒佞之輩趁機活動，勾結國外的貪婪之輩，做出對國家不利的事情，不得不事先防範。如果鄭國發生火災的同時，又加重了內亂，那豈不是讓晉國君臣更加牽掛了？如果發生了內亂，我國倖免於亡國還好；鄭國萬一不幸亡國，就會有大量難民投奔晉國。到時候，晉國君臣就不僅僅是占卜、祈

禱這麼簡單了。」子產的話令晉國人聽了無話可說。子產最後還宣誓：
「鄭國既然事奉晉國，就不敢懷有二心。」事實證明，子產的做法是十分
必要的。

兩年後，楚國的太子建逃亡宋國，宋國發生內亂，太子建又來到鄭
國，受到鄭國的厚待。誰料太子建又跑到了晉國，與晉國人密謀裡應外
合偷襲鄭國。陰謀敗露後，鄭國果斷殺死了太子建。

子產對大國君臣的許多非分要求，也都能做到堅決抵制。西元前
五四九年，晉國范宣子執政。當時諸侯朝見晉國時繳納的貢品很多，貢
賦讓鄭國背負著沉重的負擔。當年鄭簡公朝拜晉國，子產便託隨行的子
西帶信給范宣子，勸他減輕諸侯朝聘的負擔。子產在信中說：「掌管國家
和大夫家室事務的，不是為沒有財貨而擔憂，而是為沒有美名而擔憂。
諸侯的財貨都在晉國國君的宗室，諸侯就離心。如果您過分看重財貨的
累積，晉國人就會離心。諸侯離心，晉國就會垮臺；晉國人離心，您的
家室就會垮臺。德行，是安定國家和家室的基礎。您應該致力於累積德
行和美名。如果人們都說『范宣子養活了我們』，而不是說『范宣子榨取
了我們來養活自己』，您和您家室的地位就會永遠鞏固了。」范宣子覺得
很有道理，便減輕了諸侯朝聘的貢品。

西元前五二六年，韓宣子到鄭國聘問。他有一隻很喜歡的玉環，非
常希望能夠湊成一對。另一隻玉環在鄭國商人手裡。因此這次他來鄭國
的一個重要目的就是要求子產將玉環配成一對。鄭國子太叔、子羽等人
怕得罪晉國，認為應該滿足韓宣子的私願，子產卻堅決不同意。他說鄭
國先祖和商人有過盟誓，只要商人不叛國，官府就絕不干涉商人的經
營，不強買強賣，這是鄭國的基本國策。因為執行得好，所以商人在鄭
國的經濟中發揮著越來越重要的作用。現在我們不能強迫商人把玉環賣
給韓宣子。同時，子產又嚴肅地對韓宣子說：「今天您以私人的好惡，要

求敝國強奪商人的商品，是讓敝國背棄盟誓，是絕對不可以的。不然，您即使得到了玉環，也失信於諸侯，得不償失。」韓宣子聽了子產的話，不再堅持強要玉環了，還表示：「我考慮不周，差點因為一個玉環失信於諸侯，還差點得罪了鄭國。」

試想，在外交史上，像子產這樣巧妙地維護國家原則和利益的小國外交官能有幾人？

所有這一切都是建立在子產對當時形勢洞若觀火的基礎之上的。

楚國公子圍派公子黑肱、伯州犁在楚鄭邊境修築犨、櫟、郟三城。鄭人以為楚國要來進攻，都害怕起來。子產卻讓大家不要害怕，指出這是公子圍篡位野心的暴露。公子圍的目的是轉移國人的視線，而不是真正要攻鄭。公子圍修築城壘是為了支開黑肱和伯州犁。「禍不及鄭，何患焉！」果然，幾個月後，公子圍弒楚王，自立為楚靈王。鄭國人對子產的形勢洞察力都很佩服。西元前五三六年，楚國的公子棄疾赴晉過鄭。鄭國子產、罕虎、游吉三人陪同國君在相地歡迎他。公子棄疾很有禮貌。鄭君送給公子棄疾八匹馬作為禮物；公子棄疾按照自己見楚王的禮節，以上卿之禮拜見罕虎，以六匹馬作為禮物；送給子產四匹馬，送給游吉兩匹馬，並且下令他的隨從士兵不芻牧，不進入田中，不砍伐樹木，不強買等等。這是過去楚人進入小國境內所沒有的現象。因此子產斷定公子棄疾有為王的野心，現在是在收買人心。後來楚靈王被弒，公子棄疾果然繼位為楚平王。子產的預測又對了。

因此子產在鄭國朝野得到了料事如神的讚譽。

在《史記》中，子產是以「循吏」的身分出現在《循吏列傳》中的：

「子產者，鄭之列大夫也。鄭昭君之時，以所愛徐摯為相。國亂，上下不親，父子不知。大宮子期言之君，以子產為相。為相一年，豎子不

戲狎，斑白不提挈，僮子不犁畔。二年，市不豫賈。三年，門不夜關，道不拾遺。四年，田器不歸。五年，士無尺籍，喪期不令而治。」

　　子產除了在外交方面多有建設，在內政上也將鄭國治理成了路不拾遺、夜不閉戶的樂土。雖然鄭國沒能發展成大國，但鄭國在春秋後期的日子相對來說還算不錯。子產執政鄭國二十六年之久。他死的時候，青年號哭，老人悲啼，都說：「子產拋棄我們走了，我們應該怎麼辦？」

　　一個政治家能做到這個程度，即使沒能富國強兵，也稱得上是極其成功了。

　　在大國爭霸的歷史背景下，小國的生存處境每況愈下。在這樣的情況下，小國更要發掘一切資源，尋找所有的途徑來保障自己的利益。外交的努力能夠為小國的發展壯大提供強有力的保護。現在的遊戲規則雖然對小國不利，但是小國沒有能力打破舊的外交格局，營造新的對自己有利的國際政治經濟秩序，還不如運用好現有的遊戲規則，盡可能地追求國家利益最大化。其中對秩序的遵守、對霸國的承認、對規則的運用等成功是子產給予我們的有益啟示。以子產所在的鄭國為例子，春秋的小國們沒有坐以待斃。它們盡力發掘自己的生存潛力，恪盡職責，量力而行，有理有節地交涉。很多時候，小國生存和大國興衰一樣，值得關注。

　　小國更需要外交。誰說弱國就一定無外交的？

春秋外交的軌跡

　　我們在梳理春秋外交遺產的時候，很容易就能看出霸權學派、仁義學派、自然學派、超限制學派等四大思想主流。

　　霸權學派的代表人物是管仲。管子霸權論的核心是秩序，簡單地說就是維護周禮的秩序。管子認為，中原諸侯都應該在周禮的框架下，繼續保持與周王室的傳統關係，尊重周王室。儘管周王室已經衰弱，實力落後於一些大的諸侯國，但還是應該承認天子與諸侯之間的君臣等級秩序。諸侯國應該繼續承擔對周王室的義務，尤其是根據分封制確定的義務，保護周王室的安全，阻止外夷對周王室和中原諸侯的攻擊，這就是所謂的「尊王攘夷」。在管仲設計的秩序中，齊國既是支撐者，又是「製片人」兼「導演」，其他諸侯都要服從齊國的指揮。齊國為霸權秩序的建立和維護付出代價，同時也從各國的服從中獲得巨額的回報。

　　齊國霸權的基礎在於國家的富強。管子認為，地大國富、人眾兵強是一國稱霸的基本條件。齊桓公繼位之初，兩次倉促對魯國用兵，結果都沒能取勝。管仲沒有勸阻，也是為了讓齊桓公明白霸權是急不來的，必須建立在強大的國力基礎之上。齊桓公花了多年時間改革齊國內政，發展生產，訓練軍隊，準備充分之後再出兵爭霸。而外交在管子看來是成就霸權的重要手段。管子在重視恩威並施的霸權外交思想的同時，特別強調仁、義、禮和忠信廉恥等原則在霸權的獲取、實施和維持中都有著極其重要的地位。管子還主張對地緣接近的國家在互利的基礎上實行開放政策，在注重自身實力的積蓄基礎上，尤其注意經濟資源的短缺與利用外來資源的問題。這可能是中國最早的對外開放思想。在齊國主持下，周朝一度出現了「諸侯甲不解累，兵不解翳，弢服無矢，隱武事，

行文道，帥諸侯而朝天子」的和平景象。

從思想上來說，管子是理想主義與現實主義兼具的大政治家。他設計的天下霸權秩序雖然帶有理想成分，但是以權力秩序為核心的。而以孔子為代表的仁義學派則整體充滿了理想主義色彩。

孔孟學說的中心內容是主張與人為善，以德治國，行仁義於天下。人與人之間，國家與國家之間都應該遵循仁、義、禮、和、信等道德原則。孔子和孟子以儒家哲學為基礎，從人性出發，逐步推演到社會和國家層面，對國家的外交政策提出了一系列的評論和主張，構建了理想主義的仁義學派。只要所有國家全部、立即、無保留地推行仁義學說，周天子的天下就會成為世外桃源、人間樂土。孔子的一生，很少具體參與外交決策和外交活動，但是他周遊列國，每到一處，都會關注所在國的政治並提出一些自己的看法。主張和平是孔子外交思想的核心。孔子指出，「禮之用，和為貴。先王之道，斯為美，小大由之。」但是在弱肉強食的爭霸環境下，孔子的主張被束之高閣，在三百多年後才開始受到推崇和付諸實踐。

老莊的自然學派也出現在春秋時期。老子學說以「道」為核心，「道」是獨立存在的客觀實際，它以自身獨有的方式和規則運轉，衍生萬物。「道」是宇宙間最理想的存在模式，國家與國家之間的關係也應該遵循「道」的原則。他在外交思想上追求一種無為自然的秩序，是一種自然主義的外交哲學。老子既反對追逐權力和名利的現實主義外交，也反對以仁義為核心的理想主義外交，認為二者都是對自然存在的「道」的人為修改。老子反對強權政治，反對一切戰爭，希望天下恢復到小國寡民與世無爭的狀態。最後，老子乾脆騎著一頭牛去過不知所終的隱居生活了。要不是見過他的一個秦國將領懇求他寫下幾千字教科書式的《道德經》，我們幾乎難以觀察分析他的思想主張。和仁義學派一樣，自然學派

也是到了兩百多年後才受到後人推崇，付諸實踐的。

文種、范蠡的超限制學派我們在前一章已經論述過了。超限制學派在中國的興起是值得我們深思的。它往往成為弱者報復強者的思想利器。令人欣慰的是，與前三個流派不同，超限制學派並沒有在中國流傳、發揚起來。

在先秦諸子百家中，與儒家並列為顯學的還有墨家。墨家的代表人物墨子在當時與孔子齊名。墨子，名翟，宋國人，可能當過工匠或小手工業主，後來上升到士階層，具有相當豐富的生產工藝技能，又自發思考出了一套尚賢、尚同、兼愛、非攻、節用、節葬的思想主張。墨子後來「日夜不休，以自苦為極」，長期奔走於各諸侯國之間，宣傳他的政治主張。相傳他曾止楚攻宋，實施兼愛、非攻的主張；南遊使衛，宣講蓄士以備守禦；多次遊歷楚國，獻書楚惠王，拒絕楚王賜地而去；晚年到齊國，企圖勸止齊國伐魯，未成功。越王曾邀墨子做官，並許以五百里封地。墨子以「聽吾言，用我道」為前提，而不計較封地與爵祿，目的是實現他的政治抱負和主張。遺憾的是，與孔子一樣，墨子的思想主張也是聽的人多，卻沒有人實行。他反映的基本上是處於常年戰亂之下的勞動階層的呼聲，和統治階層稱霸圖強的目的相去甚遠。《墨子》是記載墨子言論和墨家學派思想資料的總集，但在後世遠不如孔子學說那樣被重視。因此，墨家學派在春秋外交的實踐方面基本上可以忽略不計，但它在春秋史上留下的思想令人印象深刻。與墨家情況相同的還有以孫武為代表的兵家等思想流派，在此就不一一列舉了。

我們來看一看春秋外交思想流派的分類對比。表1中增加了戰國時期出現的兩個外交思想流派：外交謀略學派和權力學派。

表 1　春秋戰國外交思想流派分類對比

	霸權學派	仁義學派	自然學派	超限制學派	謀略學派	權力學派
對國際環境的認識	險惡	險惡	險惡	極其險惡	極其險惡	極其險惡
暴力的作用	大	小	反作用	極大	極大	極大
道德規範的作用	大	大	小	無	無	無
外交目的	稱霸並維護周禮	維護周禮	自然狀態	復仇與兼併	兼併	兼併
外交策略	禮、利並重	遵守周禮	無為	結盟和陰謀	結盟	力
對應的國際關係論流派	結構現實主義與建構主義	理想主義	無	進攻性現實主義與古典現實主義	進攻性現實主義與古典現實主義	進攻性現實主義與古典現實主義

　　我們分析表 1 便會發現，春秋戰國時期所有的外交思想流派均認為
國際環境是險惡或極其險惡的。這基本符合春秋戰國時期的實際情況。
但各派學者在如何應對體系壓力的外交原則和政策選擇上存在分歧。仁
義學派重道德規範而輕物質實力，認為只要各國君主按周禮行事，國際
環境就會由險惡轉為友善。自然學派既認為暴力不能有效地解決國際爭
端，也反對把某種特定的仁義道德強加於各國。超限制學派、謀略學派
和權力學派都否認道德規範在外交實踐中有作用，他們與仁義學派代表
兩個極端，霸權學派恰好居於其中。管仲認為，道德規範和物質實力不

可偏廢，二者的作用都很大。霸權學派、超限制學派、謀略學派和權力學派四個外交思想流派的基本外交目標大致相同，都主張國家應該稱王稱霸，建立偉業，統一天下。不過霸權學派主張稱霸也是為了恢復和維護周禮秩序，而不是另起爐灶。

春秋時期，對諸侯爭霸影響最大的是霸權學派和仁義學派。這兩個學派幾乎代表了現實主義和理想主義思想在整個中國歷史交叉發展的大致情況。兩派在外交目的上有共同之處，即恢復和維持周禮秩序，而在策略上有所不同。仁義學派強調道德教化，主要依靠各國自省和自律；霸權學派則強調禮、力並舉，恩威並施。諸侯國君們明顯更青睞霸權派。鼓吹仁義和理想的孔子周遊列國，無功而返的失敗其實就是仁義學派的命運寫照。

春秋外交的故事馬上就要結束了。

「春秋戰國時期的外交思想具有明顯的理想主義和現實主義分野，在春秋時期主要偏重於理想主義，而在戰國時候，尤其是後期則表現出鮮明的現實主義特色。」現實主義外交思想的核心 —— 國家利益觀念在春秋時期也有很大的發展。「君子諱言利」的論斷雖然常常掛在仁義學派嘴邊，但鮮少有人真正放在心中。周王室的衰落是理想主義影響力逐步衰落的直接原因。等周工室的力量一絲一縷被抽光的時候，理想主義外交徹底沒落，現實主義外交開始大行其道。

戰國的門環被春秋外交叩得叮咚作響，異常清澈。

春秋外交年表

年分	外交事件	外交人物
前770	周平王自鎬京東遷雒邑，春秋時期開始	
	秦襄公被封為諸侯，或賜岐山以西之地	
	虢國立王子余臣為王，周朝二王並立	
前760	晉文侯殺余臣，周朝二王並立局面結束	
前750	秦文公伐戎獲勝，收周餘民而有之。秦地至岐，岐以東獻於周	
前740	楚國熊通自立為王，開始征服「漢陽諸姬」	
前722	魯國編年史《春秋》記事開始	
前720	周王室與鄭國交換人質	
	周桓王繼位，周鄭開始交惡	
前719	宋、衛、臣、蔡四國討伐鄭國	
前715	齊國調解宋鄭爭端，瓦屋之盟召開	
前713	鄭齊聯手，以王命討伐他國	
前707	繻葛之戰爆發。鄭國打拜周王率領的聯軍	
前706	山戎伐齊，鄭國救援齊國。山戎被打敗	
前701	鄭國開始內亂	鄭莊公死
前685	齊國管仲為相，進行改革。齊國開始強大	齊桓公繼位
前684	齊魯長勺之戰，齊敗魯勝	
前681	齊桓公與宋、臣、蔡、鄭之君召開北杏大會	
前680		鄭厲公復位為君
前679	齊桓公會宋、陳、衛、鄭之君於鄄。齊國霸業已成	齊桓公成為諸侯長
前678	周王承認曲沃武公代替大宗成為晉侯	
前673	鄭厲公聯合虢國平定周王室內亂，獲得虎牢以東土地	鄭厲公死
前671		楚成王繼位
前663	齊桓公伐山戎以救燕	
前661	狄人進攻邢國。齊桓公伐狄救邢	
前660	狄人伐衛，殺衛懿公。齊桓公救援衛國	

年分	外交事件	外交人物
前659		秦穆公繼位
前656	齊桓公率諸侯之師伐楚	
	齊楚召陵會盟。楚國承認齊國霸主地位	
前655	晉國假道虞國伐虢，滅虢虞兩虢，疆土跨過黃河	
前651	九月，齊相公於葵丘大會諸侯。齊國霸業達到巔峰	宋襄公繼位
前649	王子帶引戎人進攻王城。秦、晉伐戎救周	
前647	秦國借糧給晉國，稱「泛舟之役」	
前645	秦晉韓原之戰。晉敗秦勝；晉忠公被俘	
前643	齊國內亂	齊桓公死
前639	宋襄公借助楚國召開盂地會盟，自取其辱	
前638	十一月，宋楚泓水之戰。宋軍大敗	
前636	王子帶再引狄人攻周。周襄王逃亡	晉文公繼位
前635	四月，晉文公出兵助周襄王，殺王子帶	
	晉國獲贈陽樊、溫、原、橫矛四邑，勢力深入中原	
前633	楚軍聯合陳、蔡攻朱，圍商丘	
	晉軍滅曹、衛，以救宋國	
前632	城濮之戰。四月，晉國聯合齊、宋、秦，大破楚軍	
	周襄王命晉文公為侯伯。晉文公會盟諸侯於踐土。晉國新業已成，持續近百年時間	晉文公死
	晉國作三行，將原來的三軍擴展為六軍	
前627	秦國偷襲鄭國，商人弦高巧計救國	
	秦晉崤山之戰。晉勝秦敗	
前625	秦晉彭衙之戰。晉勝秦敗	楚成王死
前624	秦師渡河伐晉，取王官及郊	
	秦穆公為秦國確立向西發展的國家戰略	
前623	秦伐西戎，開地千里，稱霸西戎	
前621		秦穆公死
前613		楚莊王繼位
前607	鄭宋大棘之戰。宋敗	
前606	楚莊王伐陸渾之戎，陳兵周郊，問周鼎大小輕重	
前597	楚伐鄭，爆發楚晉邲之戰。楚國大勝	
前594	晉國坐視楚國圍宋國而不救。宋國投降楚國	
前591		楚莊王死
前589	晉齊鞍之戰。齊國大敗	
	楚、魯、蔡、許、秦、宋、陳、衛、鄭、齊、曹、邾部十四國在蜀地結盟。楚國為霸國	

年分	外交事件	外交人物
前584	晉國聯絡吳國，實施聯吳抗楚戰略	
前579	宋國華元發起弭兵大會。停戰協定沒有得到遵守	
前576	晉國會諸侯於鍾離。晉吳正式結盟	
前575	晉楚鄢陵之戰。楚敗	
前573	楚國、鄭國伐宋，在彭城扶持宋國叛臣魚石，斷絕晉國和吳國的交通	
前572	晉國晉公彭城，囚禁魚石等人	
前571	晉國修築虎牢關威脅鄭國。晉國最後爭奪到了鄭國，成就了春秋後期最大的外交成果	
前569	晉國大夫魏絳提出和戎政策	
前567	齊國滅萊國，領土擴大一倍以上	
前564	晉國聯合諸侯，兵分三部，輪番晉公楚國，達到疲勞楚軍的效果	
前557	晉魯等十一國會盟於溴梁，大夫主盟 晉楚湛坂之戰。楚敗	
前555	晉魯等十二國伐齊，爆發平陰之戰。齊敗	
前551		孔子生於魯國
前549	晉國同意減輕諸侯對晉國的貢物 楚吳兩國時有交戰，互有勝負	
前546	宋大夫向戌倡弭兵 晉楚等十四國會盟於宋，達成停戰協議	
前543		子產主政鄭國
前534	楚國滅陳，弭兵盟約遭到破壞	
前529	晉國會盟諸侯於平丘	
前520	周王室爭位。王子朝亂起	
前517	魯三桓逐昭公，昭公出奔於齊	
前516	晉軍助周王討伐王子朝。王子朝奉周朝典籍逃奔楚國	
前515		吳王闔閭繼位
前514	吳王闔閭任命伍子胥共商國是	
前510	吳國伐越。吳越混戰開始	
前506	吳楚柏舉之戰。楚國大敗，吳軍攻入楚國都城郢	
前505	申包胥入秦求援。秦軍救楚。吳軍戰敗 越軍攻吳	
前500	齊魯夾谷會盟。孔子相魯君與會，取得外交勝利	
前497	晉國趙氏、范氏、中行氏之戰開始	孔子開始周遊列國

年分	外交事件	外交人物
前496		吳王闔閭伐越戰死
前494	吳越夫椒之戰。越國大敗求和，幾乎亡國	
前493	晉趙鞅與鄭國戰於鐵。鄭敗	
前485	吳魯聯軍伐齊，其中吳國從海路進軍。這是中國使用海軍的開始	
前484	齊吳艾陵之戰。齊敗	孔子歸魯；伍子胥被賜自殺
前482	吳王夫差會諸侯於黃池，與晉國爭當盟主	
	越國乘虛進攻吳國，焚燒吳國首都姑蘇	
前489	魯《春秋》記事結束	孔子卒
前483	吳王夫差自殺，越國滅亡吳國	

後記

感謝閱讀本書！

亂世往往能引起人們無盡的遐想，進而讓人無可救藥地喜愛上它。這就是亂世的魅力所在。春秋戰國、三國風雲和隋唐英雄傳說是流傳甚廣的三大亂世故事。我想大多數四旬上下的人都有過小時候看《三國演義》、《東周列國志》和《隋唐英雄傳》漫畫的經歷。這三套歷史演義小說反映的都是中國古代亂世的景象，也是給予年少的我無限遐想和嚮往的作品。可能是因為年紀的原因，我最先喜歡上的是三國題材的內容，其次才喜歡上春秋戰國歷史。也許是因為三國的亂世線索相對比較簡單，容易掌握，故事連貫且可讀性強。而與三國和隋唐相比，春秋戰國時期的亂世景象就過於紛繁複雜，略顯零碎，難以「參透」了。簡單往往是複雜的基石，精讀簡單往往是品味複雜的基礎。隨著年紀的漸長，我們的認知觸角應該向歷史的縱深發展，投向散發著智慧光芒的春秋和戰國了。

本書只截取春秋時期約三百年的歷史風雲，嘗試從外交的角度去看待、分析春秋的外交政局和外交人物。亂世的一個焦點，是它所提供的豐富多彩的外交案例和隱藏其後的動人思想。春秋時代幾乎具備了外交行為體、國際制度、國際組織、外交活動等所有可以與現代外交相類比的要素；春秋外交的風采絲毫不遜於當今外交。在書中，我沒有過多地關注春秋各國的國內政治，只是講述外交捭闔。過去，我們對春秋時的外交實踐和外交思想尚未進行充分的發掘。現在隨著社會持續發展、人們對外交的關注以及讀者對古代歷史和傳統文化反思的升溫，對春秋外交的探討已經成為可能。

　　從春秋的金戈鐵馬中走出來的人們，沉浸在精彩絕倫的外交縱橫中的人們越來越發現春秋歷史文化的可親和可品之處。

　　春秋之所以吸引人，其中一個因素就在於點綴其中的形象鮮明、可敬可愛的先秦人物。人是這一階段的財富，人的行為和思想是這一階段的寶藏。不管是尊貴豪族還是落魄士人；不管是世襲貴冑還是販夫走卒；不管是白髮碩儒還是粉嫩童子，只要有真才實學，都有可能被春秋亂世的歷史機遇砸中，在外交和歷史舞臺上擁有自己的曲目。諸侯君王是春秋舞臺上最耀眼的角色。後人對主導春秋前期歷史的「春秋五霸」的確切人選爭論不休，但大致上沒離開鄭莊公、齊桓公、宋襄公、秦穆公、晉文公、楚莊王、吳王闔閭、越王勾踐這八個人選。他們每一位各領風騷數十年或十數年，不僅將治下的國家推上了國際地位的巔峰，也將各階段的春秋外交劇目推向了一個又一個的高潮。遺憾的是，我在書中對人物的處理必須符合對整個春秋外交歷史的宏大敘述，無法完整地敘述所有的外交人物。這不能不說是一個遺憾。

　　春秋時期的人物遠比之後的政治人物真實、簡單。他們沒有後人那樣複雜的政治算計、陰謀詭計，但飽含其中的政治智慧更直接，精彩不遜後人。這使他們顯得可近、可愛。

　　首先，我們說一說春秋的謚號。所謂謚號，就是後世依據王、公、卿、大夫生前事跡所給予的追認稱號。雖然後代謚號多為諂媚帝王將相所設，但在先秦，謚號從各個角度客觀地濃縮了君王的一生。直白地說，當時的人還是十分在意謚號的公正性和褒貶作用的。如楚莊王的謚號是「莊」，「莊」字在謚號中的意思是：「兵甲亟作曰莊、叡圉克服曰莊、勝敵志強曰莊、死於原野曰莊、屢征殺伐曰莊、武而不遂曰莊。」我們完全可以從中看出楚莊王在刀光劍影中度過的一生。以管窺豹，春秋人物可說、可寫的事情還有很多，可惜篇幅有限，不能全部展現。

其次，在春秋約三百年的歷史上，華夏族與夷、蠻、戎、狄等少數民族之間逐步融合。隨著周朝的衰落，脫離周天子實際控制的是同一種文化，同一種語言，種族和民族相同的地域政治實體。但還有一種情況，那就是一些與周朝沒有血緣關係的周邊小國逐漸吸收周文化並壯大起來，它們的民族性從一開始是與周朝的諸侯國完全不同的，但受到周朝的強烈影響，在與周朝諸侯國的戰爭與和平的博弈過程中，逐漸以新型獨立國家的身分融入周朝這個聯合國中。葉自成老師在《春秋戰國時期的中國外交思想》中認為秦國的興盛就是其中的第一代表。

民族問題在春秋外交史上占有重要的地位。春秋早期少數民族軍事威脅問題對中原諸侯來說是相當嚴重的：居住在今天淮河流域的少數民族被稱為「淮夷」，他們經常侵犯中原的杞國、繒國等小國。齊桓公聯合諸侯攻伐淮夷，把杞國內遷到緣陵，還召集諸侯為杞國、繒國修築了城牆。對於在今天河南西部一帶伊、洛流域經常侵犯周王室的各個戎族，齊桓公調遣諸侯輪流駐守，又為周王修復了被戎人毀壞的城牆和城門。西元前六六一年，狄人進攻邢國。管仲對齊桓公說：「戎狄豺狼，不可厭也；諸夏親暱，不可棄也。宴安鴆毒，不可懷也。詩云：『豈不懷歸，畏此簡書。』簡書，同惡相恤之謂也，請救邢，以從簡書。」管仲的認知和態度在春秋時期具有代表性。各國尤其是中原邊緣的各國，都有各自的民族問題和民族政策。本來我是希望能夠專門設「奪門而入的家人」為一章，專題介紹春秋時期的民族問題。我的基本認知是這些少數民族最終在混戰與和平中融入了中華民族，在春秋時期採取的民族交流方式主要還是「奪門而入」式的。最後考慮到資料的繁雜和內容相對枯燥，讀者可能不太感興趣，只好忍痛割愛了。

當然了，書中還有其他不盡如人意的地方。比如，寫的是外交政局和外交事件，但我並沒有將外交、軍事和政治三者嚴格區分清楚。儘管

三者的關係交叉性很大，但其中的區別對外交的闡述和分析的影響是存在的。又如，我本想將外交歷史和外交理論分析結合在一起。現在回過頭來看，歷史的堆積有了，但理論分析卻遠遠沒有跟上。

春秋的史料龐雜、分散，遴選不易。本書參考的基本「原典」是司馬遷的《史記》。導師葉自成教授的《春秋戰國時期的中國外交思想》一書，是有關春秋戰國外交的「開山之作」。在書中，葉老師對春秋戰國時期的外交條分縷析，做了開拓性的嘗試。葉老師指出：「春秋戰國時期的外交思想是中國傳統外交文化的基石，直到今天還深深地影響著中國的外交理念和政策。」葉老師對春秋外交進行了系統梳理，提出了許多在今天已經成為定論或公理的觀點。我對春秋外交的整體理解和思路，全書的理論框架都是由葉老師的這本書奠定的。

全書共分為十二章。其中，第一章帶有總括的含意，是介紹春秋外交起源的章節。從第二章到第十章分別就不同時期的外交歷史進行了介紹，力圖闡述背後的外交規律，總結經驗教訓。前六章結合從鄭莊公到楚莊王的英雄事跡寫作。這部分包括了膾炙人口的「春秋五霸」和其他大國崛起的故事。後三章介紹南北對峙的兩極格局和東南地區轟轟烈烈的吳越爭霸。第十一章分別透過衛國、鄭國、宋國、魯國和虢國的外交失敗的例子強調「弱國更要講外交」。第十二章對春秋外交進行了一次回顧，希望能夠加深讀者對本書內容的理解。本書在資料遴選和觀點主張方面難免有誤，所有失誤一概由本人負責。

謝謝大家！

張程

帝國的曙光，春秋外交博弈：

諸侯崛起 × 尊王攘夷 × 弱國求生 × 爭霸中原，見證帝國的興衰與重生，從「外交史」看春秋的風雲變幻！

作　　者：張程
發 行 人：黃振庭
出 版 者：崧燁文化事業有限公司
發 行 者：崧燁文化事業有限公司
E-mail：sonbookservice@gmail.com
粉 絲 頁：https://www.facebook.com/
　　　　　sonbookss/
網　　址：https://sonbook.net/
地　　址：台北市中正區重慶南路一段六十一號八
　　　　　樓 815 室
Rm. 815, 8F., No.61, Sec. 1, Chongqing S. Rd.,
Zhongzheng Dist., Taipei City 100, Taiwan

電　　話：(02)2370-3310
傳　　真：(02)2388-1990
印　　刷：京峯數位服務有限公司
律師顧問：廣華律師事務所 張珮琦律師

定　　價：420 元
發行日期：2024 年 01 月第一版
◎本書以 POD 印製
Design Assets from Freepik.com

國家圖書館出版品預行編目資料

帝國的曙光，春秋外交博弈：諸
侯崛起 × 尊王攘夷 × 弱國求生
× 爭霸中原，見證帝國的興衰與
重生，從「外交史」看春秋的風
雲變幻！/ 張程 著 . -- 第一版 . --
臺北市：崧燁文化事業有限公司，
2024.01
面；　公分
POD 版
ISBN 978-626-357-918-7(平裝)
1.CST: 外 交 史 2.CST: 中 國 史
3.CST: 春秋時代
641.11　112022185

電子書購買

臉書

爽讀 APP